Kleines Lexikon der »Sekten«, Psychogruppen und Strukturvertriebe

Nicolette Bohn

Kleines Lexikon der »Sekten«, Psychogruppen und Strukturvertriebe

Voltmedia

ISBN 978-3-86763-303-1

Genehmigte Sonderausgabe für Voltmedia GmbH, Paderborn, 2007

Bohn, Kleines Lexikon der »Sekten«, Psychogruppen und Strukturvertriebe

Lektorat: Katrin Günther
Satz und Layout: Claudia Hofmann
Gesetzt aus der: Stone Serif LT und der Stone Sans LT
Einbandgestaltung: Oliver Wirth, Paderborn
Gesamtherstellung: GGP Media GmbH, Pößneck
http://www.voltmedia.de

Einleitung

Seit dem 17. Jahrhundert sind die etablierten christlichen Religionen in unserer Gesellschaft mit dem Phänomen der fortschreitenden Säkularisierung konfrontiert. Diese bewirkte, dass die gesellschaftliche Rolle der Religionen als dominante sinn- und identitätsstiftende Lehren immer mehr zurückgedrängt wurde. Als weitere moderne Entwicklung zeichnete sich zugleich die Ausprägung eines religiösen Pluralismus ab. Die vielen Gruppierungen und Bewegungen im weltanschaulichen und religiösen Bereich, die es in der gegenwärtigen Gesellschaft gibt, sind für den Laien mittlerweile nicht mehr zu überblicken und einzuordnen und so mancher wird sich fragen, ob das alles »Sekten« sind. Doch was ist das eigentlich – eine Sekte?

Das Wort Sekte leitet sich vom lateinischen »secta« ab, dem Substantiv vom Verb »sequi« (folgen) und bedeutet sinngemäß dasselbe wie das aus dem Griechischen kommende »Häresie« (Richtung, Partei). Schon in frühchristlicher Zeit wird Sektierertum von den Kirchen negativ bewertet und mit dem Begriff der »Verirrung« gleichgesetzt. Die Religionswissenschaft hingegen benutzt das Wort Sekte bis heute neutral: »Eine Sekte steht als Minderheit mit abweichender Lehre und/oder Praxis einer Religion gegenüber, von der sie sich getrennt hat« (Hemminger, Hansjörg: Was ist eine Sekte?, Stuttgart 1995, S. 14). Das heißt, die Sekte wird von der Mutterreligion her definiert. Demnach gibt es jüdische, christliche, muslimische, buddhistische und hinduistische Sekten.

Anfang der 1970er Jahre traten in Europa zum ersten Mal so genannte Neue religiöse Bewegungen auf, die überwiegend aus dem asiatischen Raum stammten und von den Weltanschauungsbeauftragten der christlichen Kirchen als Jugendsekten bezeichnet wurden, da sie vorrangig junge Leute für eine Mitgliedschaft warben. Gruppierungen wie Hare Krishna, Ananda Marga, die Transzendentale Meditation, Divine Light Mission, Brahma Kumaris und die Osho-Bewegung hatten sich vom Hinduismus und vom Buddhismus abgespalten, so dass der Begriff Sekte im religionswissenschaftlichen Sinne auf diese Gruppen in verstärktem Maße zutraf. Doch die Jugendsekten, welche man auch unter der Bezeichnung Neue religiöse Bewegungen einordnete, waren allein von einem religionswissenschaftlichen Standpunkt aus nicht mehr zu beurteilen. Aus soziologischer Sicht waren die gemeinsamen strukturellen Merkmale charakteristisch für diese Gruppen: An der Spitze stand meist ein Führer, der von den Anhängern als Autorität anerkannt wurde. Zentraler Punkt der Lehre war ein Heilsgedanke, der für die Anhänger der Bewegung als absolute Wahrheit galt.

Durch spektakuläre Berichte über die Neuen religiösen Bewegungen in den Medien entwickelte sich das Wort Sekte zum negativ besetzten Kampfbegriff gegen jede Art von Gruppierung, die von der Norm abwich. Das führte dazu, dass alle weltanschaulichen Gruppen, die irgendwie aus dem Rahmen fielen, in den »Sektentopf« gesteckt wurden und in der Öffentlichkeit Angst- und Panikgefühle auslösten. Viele Gruppen prozessierten deshalb zu Recht gegen den Vorwurf, eine »gefährliche Sekte« zu sein. Sie fühlten sich durch den Begriff Sekte diskriminiert und beriefen sich auf Artikel 4 des Grundgesetzes, der jedem Bürger der Bundesrepublik die Religionsfreiheit garantiert. In Angesicht dieser ungeklärten Rechtsfragen hatte der Deutsche Bundestag 1996 die Einsetzung einer Enquete-Kommission »Sekten und Psychogruppen« beschlossen. In deren Konzeption hieß es u. a.:

»Andererseits unterliegt auch die Religions- und Weltanschauungsfreiheit verfassungsimmanenten Schranken, d. h. durch die Berufung auf die Religionsfreiheit dürfen keine anderen Grundrechte verletzt werden. Diese Schranken aufzufinden und einen schonenden Ausgleich zwischen den kollidierenden Rechtsgütern herzustellen, ist eine ständige Herausforderung der staatlichen Gewalt. Es ist jedoch nicht vorgesehen, zwischen ›guten‹ und ›schlechten‹ Religionen zu unterscheiden. Nicht alles, was von der Norm abweicht, ist prinzipiell schlecht und darf pauschal in den ›Sektentopf‹ geworfen werden.«
(Schätzle, Ortrun: »Was gehen den Staat die Sekten an?«, 1998, S. 1–7/ www.bundestag.de/blickpkt/arch_onl/schaetz.htm)

Staatliche Warnung und kritische Auseinandersetzung erfordern also in jedem Einzelfall eine differenzierte Gewichtung des Sektenbegriffs. Diese sorgfältige Gewichtung erscheint umso notwendiger, als gegenwärtig zu den bereits bestehenden Gruppen mit christlichem, buddhistischem, muslimischem und hinduistischem Hintergrund auch Psychogruppen, Pyramidenspiele und Strukturvertriebe hinzukommen, die ähnliche Merkmale aufweisen wie die religiösen

Sekten. Sie vermitteln ihren Mitgliedern eine Heilsvorstellung in Form einer bestimmten Weltanschauung. Häufig steht im Mittelpunkt der verschiedenen Psychogruppen ein Therapeut, der ebenso wie der Führer einer religiösen Sekte von den Mitgliedern als Autorität anerkannt wird. Experten unterscheiden zwischen

a) Psychogruppen, die ohne religiöses Konzept auskommen und
b) Psychogruppen, die sich an einer transzendentalen Macht orientieren.

Die unter a) genannten Gruppen sind überwiegend erfolgsorientiert und ihr Ziel ist die Optimierung der menschlichen Leistung. Es werden Methoden und Techniken angeboten, um das Leistungsvermögen des einzelnen Menschen zu verbessern. Die Vorstellung, ein leistungsfähiger Mensch zu sein, wird hierbei zur Heilsbotschaft für den Einzelnen und zur Lösung aller Probleme. Die unter b) genannten Gruppen hingegen glauben mit Hilfe der psychotherapeutischen Methode einer transzendentalen Macht näher zu kommen.

Pyramidenspiele und auch Strukturvertriebe hingegen vermitteln in der Regel keine religiöse Botschaft. Jedoch weisen einige von ihnen ähnliche Strukturen auf wie religiöse Sekten und Psychogruppen. So vermitteln viele Betreiber von Pyramidenspielen ihren Teilnehmern, dass sie im Dienste einer guten Sache handeln, wenn sie ihr Geld einsetzen. Mit dem einzelnen Pyramidenspiel ist häufig eine esoterische Lehre verbunden, welche die Vorstellung beinhaltet, dass die Welt gerettet werden kann, wenn das Geld »zum Fließen« gebracht wird. Strukturvertriebe weisen oftmals eine Innenbindung auf, durch welche einzelne Mitarbeiter an den Vertrieb gebunden werden, wie man es von Mitgliedern religiöser Sekten kennt.

Der Bereich weltanschaulicher Lehren erweitert sich ständig durch neue und alternative Heils- und Heilungsrichtungen, wozu auch der Aberglaube, die Astrologie und eine Vielzahl esoterischer Methoden gehören, die der New Age-Bewegung nahe stehen. Hier stellte sich den Weltanschauungsbeauftragten der christlichen Kirchen die Frage nach einem geeigneten Oberbegriff. Noch in den 90er Jahren begegnete man Bezeichnungen wie »Jugendsekten« (Deutscher Bundestag/1992) und »So genannte Jugendsekten und Psychogruppen« (Baden Württemberg/1995), obwohl sich das Angebot der Gruppen

in aller Regel auch an Erwachsene richtete und die ehemals jugendlichen Anhänger der guruistischen Jugendreligionen vor hinduistischem Hintergrund (z. B. Ananda Marga, Brahma Kumaris, Bhagwan- und Krishna-Bewegung, Transzendentale Meditation) der 70er und 80er Jahre inzwischen selbst in die Jahre gekommen waren. Auch der religionswissenschaftliche Sektenbegriff war für eine Differenzierung nicht mehr umfassend genug, da sich nicht alle Gruppen von einer Mutterreligion abgespalten hatten. Ebenso ungeeignet erschien der soziologische Sektenbegriff. Dieser beschreibt in der Regel Gruppen, die eine oft radikale Gegenkultur zu dem entwerfen, was sie an Wertorientierung und Lebensweise in unserer pluralistischen Gesellschaft umgibt. In dieser Definition werden Psychogruppen ausgeschlossen, die keine Gegenkultur entwerfen, sondern anerkannte Aspekte unserer Kultur (Leistung, Erfolg) zur Heilslehre erklären. Ebenso schied der umgangssprachliche Sektenbegriff aus, der mit dem Wort Sekte auf autoritäre Gruppen unterschiedlichster Art Bezug nimmt und Merkmale wie »gezielte Manipulation« und »inhumanen Umgang mit Anhängern« einschließt.
Die Enquete-Kommission entschied sich deshalb bei ihrer Begriffsfindung für die Bezeichnung »So genannte Sekten und Psychogruppen«. Dazu gehören gegenwärtig folgende Bereiche:

- Klassische Sekten
- Scientology und andere Psychogruppen
- Synkretistische Neureligionen
- Fundamentalistische Bewegungen
- Guruistische Bewegungen
- Heilergruppen und Aktivitäten im therapeutischen Bereich
- Esoterische Bewegungen
- Pyramidenspiele und Strukturvertriebe

(Quelle: Sekten-Info Essen e. V.)

Das *Lexikon* behandelt eine Vielzahl von Gruppen, die sich unter der Begriffsbildung »So genannte Sekten, Psychogruppen und Strukturvertriebe« zusammenfassen lassen. Größere Gruppierungen werden in Hinblick auf ihre »Entstehungsgeschichte«, »Lehre«, »Gegenwärtige Situation und Verbreitung« sowie »Unterorganisationen und Abspaltungen« dargestellt. Auch werden die Biographien einiger Führerfiguren ausführlich behandelt. Auf aktuelle Entwicklungen wird weitestgehend Bezug genommen.

Das Lexikon kann insgesamt nur eine Auswahl der wichtigsten Gruppierungen im Zusammenhang mit der Thematik »Sekten und Psychogruppen« vorstellen und erhebt keinen Anspruch auf Vollständigkeit; vielmehr soll der Leser einen ersten Überblick über die Bereiche, welche in der Themenstellung genannt werden, erhalten.

Die einzelnen Textbeiträge sind keine umfassenden Abhandlungen über die jeweiligen Gruppen, sondern werden – aufgrund der Kürze der Darstellung – auf wesentliche informative Schwerpunkte beschränkt. Neben zahlreichen Gruppierungen werden in diesem Lexikon auch einzelne Schlagwörter aufgeführt, die im Zusammenhang mit so genannten Sekten, Psychogruppen und Strukturvertrieben eine Rolle spielen. Da viele so genannte Sekten wesentliche Aspekte ihres Gedankenguts etablierten Weltreligionen entnommen haben, um sie eigenen Lehren anzupassen, konnte auf die Darstellung der fünf Weltreligionen nicht verzichtet werden, um theoretische Hintergründe deutlicher hervortreten zu lassen. Aus demselben Grund werden auch einige wissenschaftlich etablierte, psychotherapeutische Richtungen im Lexikon genannt, da diese oft den Hintergrund heutiger Psychogruppen bilden. Allerdings handelt es sich hierbei ebenfalls um eine Auswahl, welche keinen Anspruch auf Vollständigkeit erhebt.

Nicolette Bohn

AAO

Aktionsanalytische Organisation
– therapeutischer Hintergrund –

Entstehungsgeschichte

Die Aktionsanalytische Organisation (AAO) wurde 1972/73 von ➻ Otto Mühl (geb. 16. Juni 1925) gegründet. Er war von Beruf Hauptschullehrer, machte aber als Maler und als Aktionskünstler öffentlich auf sich aufmerksam. So deklamierte er nackt Gedichte gegen den Vietnamkrieg und köpfte vor Publikum Hühner und Gänse. Als Zeichen gesellschaftlichen Protestes urinierte er auf die Bühne und schleuderte Würmer ins Publikum. Die AAO war eine typische Bewegung für die alternative Szene nach 1968 (➻ Alternativszene). Die meisten Mitglieder kamen aus der Studentenbewegung, trugen oft kahl geschorene Köpfe, die so genannte AA-Glatze, und blaue Latzhosen.

Lehre

Mühls Lehre basierte in ihren Schwerpunkten auf der psychotherapeutischen Schule des ➻ Wilhelm Reich. AAO vereinte Vorstellungen der Psychoanalyse und der antiautoritären Erziehung. Eine zentrale Rolle kam der Annahme zu, dass die Ursache neurotischer Fehlentwicklungen in starren, bürgerlichen Werten zu suchen sei. Mit Hilfe des neuen ›Humanismus‹ sollten die Menschen aus diesen starren Gesellschaftsstrukturen befreit werden. Der Lehre Mühls folgend sollte freie Sexualität in der Gruppe gelebt werden. Eine Zweierbeziehung und die Gründung einer so genannten Kleinfamilie waren innerhalb der AAO ausgeschlossen. Um dies weitestgehend zu vermeiden, wechselten die Anhänger in der Kommune häufig den Partner. Innerhalb der Mühl-Kommune galt alles als Gemeinschaftseigentum. Der Alltag wurde durch »zehn Prinzipien des Zusammenlebens« geregelt:

1. gemeinsames Zusammenleben
2. gemeinsame freie Sexualität
3. gemeinsames Eigentum
4. gemeinsame Ökonomie
5. gemeinsame Wohnung, Kleidung und Nahrung
6. gemeinsame Kinder

7. gemeinsame Selbstdarstellung
8. gemeinsame Bewusstseinsarbeit und -vorbereitung
9. gemeinsame Verwaltung, Organisation und Bewusstseinsstruktur
10. gemeinsame ökologische Identität

Gegenwärtige Situation und Verbreitung

Die Bewegung breitete sich in den 70er Jahren rasch nach München, Hamburg und Berlin aus. Ab 1974 wurde der Friedrichshof im Burgenland zum Hauptquartier der Bewegung und später zu einer großen, genossenschaftlich organisierten Einrichtung mit Schule und Öffentlichkeitsrecht ausgebaut. Ein ähnliches Zentrum entstand 1987 auf den Kanarischen Inseln. Insgesamt traten an die Stelle der anfangs eher kargen Lebensformen immer modernere und kommerziellere Unternehmen. 1991 wurde Mühl zu sieben Jahren Haft u. a. wegen sexuellen Missbrauchs von Kindern verurteilt; weitere Prozesse folgten, was schließlich zur Auflösung der AAO führte. 1997 wurde Otto Mühl aus der Haft entlassen und lebt seitdem in Portugal.

Unterorganisationen und Abspaltungen

- ➻ Bauhütte e. V.
- Freie Kinderrepublik
- ➻ »Jetzt e. V.« und Undersky (Jugendprojekte)
- ➻ Projekt MEIGA
- ➻ Z.E.G.G.

➻ Duhm, Dieter, ➻ Führerfigur, ➻ Gehorsam, ➻ Humanisten

Aberglaube

Im modernen Sprachgebrauch werden unter dem Begriff Aberglaube alle Vorstellungen zusammengefasst, die neben dem sinnlich Wahrnehmbaren Kräfte und Mächte für möglich halten, mit denen nur Eingeweihte in Kontakt treten können, um sie entweder zum Nutzen oder Schaden anderer einzusetzen. Zum Aberglauben gehören neben spiritistischen und okkulten Praktiken die unterschiedlichsten esoterischen Bereiche.

➻ Astrologie ➻ Channelling ➻ Divination ➻ Esoterik ➻ Gläserrücken ➻ Horoskop ➻ Kettenbriefe ➻ Kristallkugel ➻ Magie ➻ Okkultismus ➻ Reinkarnation ➻ Spiritismus ➻ Tarot

Abhängigkeit

In so genannten Sekten und Psychogruppen kommt es nicht selten zu einer starken Bindung der Mitglieder. Grundsätzlich kann man hier zwischen materieller und psychischer Abhängigkeit unterscheiden, wobei sich beide Formen überlagern können. Materielle Abhängigkeit wird oft durch sehr hohe Kosten für Seminare oder Literatur, sowie das häufige Übertragen des persönlichen Vermögens in den Besitz der jeweiligen Sekte oder Psychogruppe verursacht. Die psychische Abhängigkeit von so genannten Sekten oder Psychogruppen kann allgemein als ungewöhnlich starke und meist angstmotivierte Bindung eines Menschen an eine weltanschaulich oder religiös ausgerichtete Gruppe definiert werden, welche daraus resultierend einen totalen und umfassenden Einfluss auf die Lebens- und Alltagsgestaltung ihrer Mitglieder ausübt. Diese Form der Abhängigkeit wird von Fachleuten als das Ergebnis einer grundlegenden Bewusstseinsmanipulation des jeweiligen Mitgliedes eingeschätzt, welche bei Neumitgliedern durch etwaige vorherige psychische Probleme begünstigt werden können (z. B.: Depressionen, persönliche ➻ Krisen, Drogenprobleme oder psychische Störungen etc.).

Abkehr

Viele Mitglieder so genannter Sekten und Psychogruppen kehren sich weitestgehend von der Gesellschaft ab, um das Heil im inneren Kern der Gruppe zu suchen. Die Abkehr des Einzelnen kann verschiedene Gradstufen erreichen und vom Austritt aus den konfessionellen Kirchen bis zur völligen Isolation von der Gesellschaft führen. Nicht selten kommt es jedoch bei den meisten Mitgliedern einer so genannten Sekte oder Psychogruppe nach ihrem Beitritt zu einem Bruch mit dem bisherigen sozialen Umfeld.
➻ Angst ➻ Dualismus ➻ Feindbild ➻ Kritiker

ABLE

Die Abkürzung ABLE steht für »Assoziation für besseres Leben und Erziehung«. ABLE ist eine ➻ Unterorganisation von ➻ Scientology, welche Kinder und Jugendliche mit Hilfe von Nachhilfekreisen und

Ausbildungsangeboten mit scientologischen Methoden vertraut macht. Ein Scientologe gründete im Jahre 1971 in Kalifornien die erste Bildungsstätte, die sich auf die Verwendung der Studiertechniken ➻ L. Ron Hubbards, dem Gründer von Scientology, spezialisierte. Mittlerweile haben weltweit über 3 Millionen Menschen an Lernprogrammen wie ABLE teilgenommen. Die Studiertechniken der Scientologen werden von mehr als 250 Bildungsorganisationen in 29 Ländern auf allen Kontinenten verwendet. ➻ Tarnorganisationen

Abrahamitische Religion

Das ➻ Judentum, der ➻ Islam und das ➻ Christentum werden abrahamitische Religionen genannt, weil sie Abraham als ihren Stammvater ansehen. Für Christen, Muslime und Juden gilt Abraham gleichermaßen als Symbol bedingungslosen Glaubens. Diese Ansicht findet sich bereits im Neuen Testament z. B. im Römerbrief 4, Galaterbrief 3, 6–9 und Hebräerbrief 11, 17–19. ➻ Weltreligionen

Absolutheitsanspruch

Die Lehre so genannter Sekten und Psychogruppen wird von einigen Führern und Gruppenmitgliedern zur absoluten Wahrheit erklärt. ➻ Elite ➻ Lehre ➻ Kritiker

ADRA

Zu den adventistischen Wohlfahrtswerken gehört u. a. »Adventist Development and Relief Agency« (ADRA), eine Bewegung, die in 155 Ländern tätig ist. ADRA leistet u. a. Soforthilfe bei Katastrophen und für die Gesundheitsvorsorge. ADRA Deutschland e. V. ist auch in der humanitären Auslandshilfe tätig und leistet Hilfe in Entwicklungsländern. Die Aufgaben der Entwicklungs- und Soforthilfe wurden in Deutschland traditionell durch das ➻ Advent Wohlfahrtswerk e. V. (AWW) wahrgenommen. Die Verlagerung der inhaltlichen Schwerpunkte von der Nothilfe zur Entwicklungszusammenarbeit machte eine neue Aufgabenverteilung notwendig, die zur Gründung des Vereins ADRA Deutschland e. V. im Jahr 1987 führte. ADRA ist als ein weltweit arbeitendes Netzwerk von unabhängigen Länderorganisationen und Regionalbüros organisiert, die in einem Dachverband, ADRA International, zusammengefasst sind. Das Büro des Dachverbandes hat seinen Sitz in Silver Spring in den USA. Dieses wird nicht aus Mitteln der Länderorganisationen, sondern durch eigene Spendenwerbung finanziert. ➻ Adventisten

Adsum Dolls Vertriebs GmbH

Die Adsum Dolls Vertriebs GmbH ist eine ➻ Unterorganisation von ➻ Fiat Lux. Aufgaben sind der Einkauf und der Vertrieb von Spielsachen und Werbematerial für den ➻ Orden. Gesellschafter und Geschäftsführer des Unternehmens ist ➻ Eberhard Eicke. In den letzten Jahren suchte »Adsum Dolls« im Saarland und in Rheinland-Pfalz, vor allem im Großraum Eifel und Stadt und Kreis Trier für seine Projekte Unterstützung. Die Aktivitäten von Adsum Dolls verlagern sich gegenwärtig verstärkt auf die ehemaligen Staaten des Ostblocks. Mit Hilfe von Spielsachen (u. a. einer Rotkäppchenpuppe) soll somit die Ordenslehre von Fiat Lux verbreitet werden.
➻ Bertschinger-Eicke, Erika

ADSUM e. V.

Der ➻ Orden ➻ Fiat Lux gehört zu den Mitbegründern des internationalen Hilfswerks »Adsum – ich bin bereit e. V. – Internationales Hilfswerk für notleidende Familien«, das im Februar 1994 entstand. Erste Vorsitzende ist ➻ Erika Bertschinger-Eicke. Ihr Stellvertreter im Unternehmen ist ihr Mann Eberhard Eicke. Vor allem durch Flugblätter und die Zeitschrift »Der heisse Draht«, herausgegeben vom Orden Fiat Lux, wird die Bevölkerung gebeten, Hilfsgüter für den Ostblock zu spenden. Zielländer der Hilfsgüter-Konvois sind z. B. Polen, Rumänen, Bosnien und die Ukraine. Adsum e. V. bringt in Abständen von 4-5 Wochen Hilfsgüter in die bedürftigen Regionen.

Advent Wohlfahrtswerk e. V.

Das Advent Wohlfahrtswerk e. V. ist eine Einrichtung der Gemeinschaft der ➻ Siebenten-Tags-Adventisten in Deutschland, welche verschiedene soziale Einrichtungen wie Kindergärten und Altenheime unterhält. Das Advent Wohlfahrtswerk wurde im Jahre 1897 gegründet. Seit 1928 als ein offiziell eingetragener Verein tätig, hat das Advent Wohlfahrtswerk e. V. den Auftrag, unmittelbar gemeinnützigen und mildtätigen Zwecken zu dienen und die sozialen und karitativen Bestrebungen der Gemeinschaft der ➻ Siebenten-Tags-Adventisten auszuführen. Dabei wird sich vor allem auf Inhalte der Bibel bezogen (u. a. Matthäus 25 und Jesaja 58) wo es heißt, es seien christliche Pflichten, Hungrige zu speisen, Obdachlose zu beherbergen, Nackte zu kleiden, Kranke zu pflegen und Strafentlassenen zu helfen. Sinn und Auftrag nach dem Eigenverständnis ist demnach die Arbeit für und am Mitmenschen. Das Advent Wohlfahrtswerk ist dem Paritätischen Wohlfahrtsverband, dem 5. und jüngsten Spitzenverband der Wohlfahrtspflege in Deutschland angeschlossen. Von ihm erhält es wirtschaftliche und ideelle Hilfe.

Adventisten

Entstehungsgeschichte

Adventisten *(lat.: adventus = Ankunft)* glauben an die baldige Wiederkunft Jesu Christi (Advent). Der baptistische Farmer William Miller (1782–1849) kam im Jahre 1816 nach intensiven Bibelstudien zu der Überzeugung, dass die Wiederkunft Christi zwischen dem 21. März 1843 und dem 21. März 1844 erfolgen würde. Es entstand eine adventlich-apokalyptische Massenbewegung, welche zunächst überkonfessionell ausgerichtet war. Jedoch lösten sich Millers Anhänger später von den Kirchen.

Lehre

Die Adventisten glauben an Gott als den Schöpfer aller Dinge. Als die erwartete Wiederkehr Christi ausblieb, wurde der Tag der Wiederkunft auf den 22. Oktober 1844 verlegt. Das erneute Ausbleiben der Wiederkunft führte zum Auflösen der Millerbewegung und zum Entstehen mehrerer kleinerer Glaubensgemeinschaften. Diese vertraten unterschiedliche Auffassungen. Eine Gruppe war der Auffassung, dass 1844 nicht das Ende sei, sondern der Beginn der Versöhnung zwischen Gott und den Menschen. Diese Gruppe wurde unter dem Namen Gemeinschaft der ➻ Siebenten-Tags-Adventisten von James White versammelt. Seine Frau Ellen bemühte sich um den Aufbau eines Bildungs-Zentrums, das der Gemeinschaft zu stetigem Wachstum verhalf.

Gegenwärtige Situation und Verbreitung

Die Zahl der getauften Gemeindemitglieder wird 1999 international mit 10,2 Millionen in 205 Staaten der Erde angegeben. In Deutschland sind im Jahre 1998 ca. 35000 getaufte Erwachsene in 575 Gemeinden verzeichnet worden. Weltweit gibt es etwa 43270 Adventgemeinden, zu denen auch die Gemeinde-Bibelschulen und Heimbibelschulen gehören.

Unterorganisationen und Abspaltungen

- ➻ ADRA (tätig in 155 Ländern)
- ➻ Advent Wohlfahrtswerk e. V.
- ➻ Ärztliche Mission
- Deutscher Verein für Gesundheitspflege
- Gemeinschaft der ➻ Siebenten-Tags-Adventisten

Affenprozess

Der christliche ➻ Fundamentalismus wurde in den USA vor allem dadurch bekannt, dass die Mitglieder die Lehren der Darwinschen Evolutionstheorie bekämpften. 1925 kam es zum so genannten Affenprozess gegen den Biologielehrer John Thomas Scopes. Die christlichen Fundamentalisten versuchten in diesem Prozess zu beweisen, dass der Mensch nicht vom Affen abstamme und dass eine solche Behauptung gotteslästerlich wäre. Scopes verlor den Prozess und wurde zu einer Strafe von 100 US-Dollar verurteilt. Erst 43 Jahre später durfte die Evolutionstheorie in den USA legal gelehrt werden. 1968 erklärte die Oberste Gerichtsbehörde der Vereinigten Staaten alle Gesetze, die dies verbieten, als verfassungswidrig.

➻ Christlicher Fundamentalismus

AFPM

Der Arbeitskreis zur Förderung der Psychologischen Menschenkenntnis (AFPM) ist eine Unterorganisation des Vereins zur Förderung psychologischer Menschenkenntnis (➻ VPM). Am 3. März 2002 beschloss der VPM seine Auflösung. Als Grund für die Auflösung wird in einem Kommunikee bekannt gegeben, dass ein beträchtlicher Teil der Vereinsziele erreicht worden sei. Der Zürcher Journalist und Sektenkenner Hugo Stamm glaubt indes nicht an eine vollständige Auflösung des VPM. Stamm meint gegenüber dem »Tagblatt«, dass VPM-Leute in den vergangenen Jahren zahlreiche weitere Organisationen, Vereine und politische Stoßtrupps gegründet hätten. Er nennt z. B. den Arbeitskreis Wirtschaft und Verwaltung, das Komitee für eine demokratische Volksschule, die Hippokratische Gesellschaft Schweiz, die Zeitung »Zeit-Fragen« und das Forum für Zeit-Zeugen. Deren Ausrichtung sei ebenso rechtskonservativ bis rechtsradikal wie die des ehemaligen VPM, so Stamm. Nicht aufgelöst seien auch die in den vergangenen Jahren gegründeten Privatschulen und der Verlag Menschenkenntnis, der die Schriften des VPM weiterhin verbreiten würde. ➻ Liebling, Friedrich

Ahmadiya-Bewegung

Entstehungsgeschichte

Die Ahmadiya-Bewegung, die aus Pakistan stammt, wird von den Muslimen als Sekte bezeichnet und ausgegrenzt. Dies hat in Pakistan seit Jahren immer wieder zu Bluttaten und Ausschreitungen geführt. Entstanden war die Ahmadiya-Bewegung Ende des 19. Jahrhunderts innerhalb des indischen ➻ Islam. Ihr Gründer war Mirza Ghulam Ahmad, der wahrscheinlich 1835 in Qadiyan geboren worden war und 1908 in Kaschmir verstarb.

Lehre

Mirza Ghulam Ahmad lehrte, dass Jesus die Kreuzigung überlebt habe, nach Indien emigriert und in Kaschmir verstorben sei. Ahmad behauptete von sich, er sei als Erlöser für die ganze Menschheit gesandt worden. In seiner Person würden sich die Heilsbringer sämtlicher Religionen vereinigen. Die Muslime der islamischen Länder lehnen diese Lehre jedoch strikt ab und bekämpfen die Ahmadiya-

Bewegung. Das pakistanische Parlament erklärte 1974 die Ahmadiya-Bewegung zu einer nicht-islamischen Minderheit und verbot ihr gesetzlich, islamisch-religiöses Vokabular zu benutzen und ihre Gebetshäuser Moscheen zu nennen.

Gegenwärtige Situation und Verbreitung

In Europa und den USA hat die Ahmadiya-Bewegung durchaus beträchtliche Missionserfolge vorzuweisen. Aufgrund der umfangreichen Missionstätigkeit der Bewegung gibt es heute etwa 10 Millionen Anhänger in der ganzen Welt, die sich als »echte Muslime« bezeichnen. Die Ahmadiya-Bewegung steht nach eigenen Angaben für eine friedliche Verbreitung des Islam ein. Eine Studie von Hiltrud Schröter (2002) zeigte hingegen, dass es sich bei Ahmadiya gleichwohl um eine islamistische Gruppierung (Islamismus) handelt, da für die von Ahmadiya angestrebte Gesellschaftsordnung nach Maßgabe der Scharia eine Trennung von Religion und Staat nicht vorgesehen ist. Die in den Schriften der Ahmadiya-Bewegung zutage tretenden antidemokratischen, antichristlichen und antisemitischen Auffassungen, die aus der Studie Schröters hervorgehen, haben in letzter Zeit Zweifel an der behaupteten Harmlosigkeit der sektenartig organisierten Politreligion geweckt. Die Staatsanwaltschaft Frankfurt/M. äußerte sich im Februar 2003 sogar dahingehend, dass »Parallelen zu nationalsozialistischem Gedankengut beziehungsweise mafiosen Strukturen« gezogen werden dürfen.

Unterorganisationen und Abspaltungen

In Deutschland gibt es Moscheen der Bewegung in Berlin, Frankfurt a. M., Hamburg, München, in der Schweiz, in Zürich und Genf. Im Ausland bestehen größere Gemeinden u. a. in Indien, Indonesien, in der Karibik und in Südamerika.

➻ Fundamentalismus ➻ Islamischer Fundamentalismus

Alkohol

In der Regel ist der Umgang mit Alkohol in so genannten Sekten und Psychogruppen reglementiert. In einigen Gruppen sind alkoholische Getränke gänzlich verboten; andere wiederum gestatten ihren Mitgliedern exzessiven Alkoholkonsum. ➻ Ausstieg ➻ Drogen

Alternativszene

Die Alternativszene ist von einem Unbehagen gegenüber der kulturellen und strukturellen Zivilisationsdynamik moderner Gesellschaften geprägt und eng mit weltanschaulichen und/oder religiösen Überzeugungen verwoben. So entstanden in den 70er Jahren im Zuge der Studentenbewegung u. a. Landkommunen, alternative Wohngemeinschaften, Kindergärten und Werkstätten. Mit Hilfe von freier Sexualität, Überwindung der Kleinfamilie, Kommunenleben etc. sollte die Welt verbessert und ein »neuer Mensch« geschaffen werden. Gegen Ende der 80er Jahre rückten zunehmend ökologische Fragestellungen in den Mittelpunkt der alternativen Szene. Gegenwärtig hat sich die Alternativszene aus ihrer weltanschaulichen und religiösen Verwobenheit gelöst. Man versteht darunter jede Art von alternativen Entwürfen in Politik und Gesellschaft. ➻ AAO

Älteste

In der Versammlung der ➻ Zeugen Jehovas bezeichnet der Begriff Älteste das höchste Amt. ➻ Präsidenten

Amora

Nach der Lehre des Ordens ➻ Fiat Lux ist mit dem Begriff Amora die gereinigte Erde nach der Endzeit gemeint. ➻ apokalyptische Endzeiterwartung ➻ Kunstwörter

AMURT

Das internationale Kinderhilfswerk Ananda Marga Universal Relief Team (AMURT) ist eine Unterorganisation von ➻ Ananda Marga. AMURT wurde 1965 in Indien gegründet. Zu den Hauptzielen von AMURT gehört es, Opfern von Katastrophen kurzfristige Hilfe zukommen zu lassen. Seit 1985 hat sich die Zielsetzung der Bewegung erweitert. AMURT leistet nun auch langfristige Entwicklungshilfe durch die Unterstützung verschiedener Projekte in den Ländern der Dritten Welt. Die AMURT-Zentrale befindet sich in den USA.

AMWAY

Entstehungsgeschichte

Die AMWAY Corporation (AMWAY wird von American Way abgeleitet) wurde 1959 von den Amerikanern Jay VanAndel und Richard DeVos in Michigan (USA) gegründet. Das Unternehmen begann mit dem Verkauf von Mehrzweckreinigern. Bereits im ersten Geschäftsjahr betrug der Umsatz von AMWAY mehr als eine halbe Million Dollar. Heute ist AMWAY die größte Direktvertrieb-Organisation der Welt mit über 2,5 Millionen Verkäufern, die AMWAY-Produkte an Endkunden verkaufen.

Lehre

Ein Merkmal der Versammlungen ist die hohe Emotionalität, die unter den Teilnehmern herrscht und die dadurch gesteigert wird, dass viele durch den Verkauf der AMWAY-Produkte ihr persönliches Glück zu erlangen hoffen. Das Ziel der AMWAY-Verkäufer entspricht im Wesentlichen den Zielen des Konzerns. Hinzu kommt, dass die Gruppe der AMWAY-Vertreter für viele Mitarbeiter im Laufe der Zeit zum Familien- und Lebensgemeinschaftsersatz werden kann. Die meisten AMWAY-Mitarbeiter setzen großes Vertrauen in die Firma, ihre Produkte und die Hoffnung auf Reichtum. Viele nehmen an Seminaren und Versammlungen über »positives Denken« teil. Dadurch soll der Umsatz gesteigert werden.

Gegenwärtige Situation und Verbreitung

1975 wurde die AMWAY GmbH in Deutschland gegründet. Zu ihren Produkten gehörten neben Multivitaminprodukten auch Körperpflegeprodukte, Sonnenschutzmittel, Waschmittel etc. Das Prinzip von AMWAY ist der Direktvertrieb ohne Zwischenhandelsstufen. Die Mitarbeiter sind keine Angestellten mehr, sondern jeder baut eine eigene Verkaufsorganisation auf und gibt Provisionen ab. Hierbei erhalten die AMWAY-Verkäufer rund 30 Prozent Provision. Daneben haben die haupt- und nebenberuflichen Berater die Möglichkeit, durch ➻ Anwerbung weiterer Berater von deren Verkaufserlösen zu profitieren.

Unterorganisationen und Abspaltungen

Die 1934 von dem Amerikaner Carl F. Rehnborg gegründete Firma Nutrilite (Hersteller von Multivitamin- und Mineral-Nahrungsergänzungsmitteln) gehört heute zu AMWAY.

➻ Strukturvertriebe ➻ Multi-Level-Marketing ➻ Pyramidensystem

Ananda Marga (der Weg der Glückseligkeit)

– hinduistischer Hintergrund –

Entstehungsgeschichte

Ananda Marga (AMPS – Ananda Marga Pracaraka Samgha) – Gesellschaft zur Verbreitung des »Weges der höchsten Glückseligkeit« wurde 1955 von dem Westbengalen Prabhat Ranja Sarkar (1921–1990) in Indien gegründet. Er trug innerhalb der Gruppe den Namen Shri Shri Anandamurti (hocherhabene Gestalt der Glückseligkeit). Die Gruppe breitete sich ab 1965 in Indien aus. Der Vorwurf der Demokratiefeindlichkeit führte 1969 zum Verbot der Mitgliedschaft für Regierungsangehörige. 1973 kam es zur Verhaftung führender Mitglieder. 1976 wurde Anandamurti wegen Anstiftung zum Mord verurteilt. Seine Anhänger protestierten öffentlich mit Hilfe militanter Aktionen und Selbstverbrennungen. Anandamurti wurde am 2. August 1979 aus Mangel an Beweisen aus der Haft entlassen.

Lehre

Der Guru gilt innerhalb der Bewegung als Garant des »Weges der Glückseligkeit«. Er wird Baba (Vater) genannt und als göttliche Inkarnation verehrt. Es ist das persönliche Ziel jedes Einzelnen durch Liebe und Hingabe nach Babas Vorbild zu streben. Das Gesellschaftsmodell der Bewegung ist klar strukturiert: An der Spitze stehen die so genannten Sadvipras, die neuen Moralisten. Die Basis stellen die so genannten Margiis, die Anhänger der Bewegung, dar. Viele Margiis sind meist verheiratet und gehen einem Beruf nach. Sie unterstützen Ananda Marga vor allem finanziell. Es gibt Wohngemeinschaften mit Vollzeitmitgliedern. ➻ Gehorsam gegenüber der Führerfigur und Einsatz aller Mittel sowie Hingabe werden von jedem Mitglied gefordert. Der Tagesablauf ist streng geordnet: Zweimal wird 20 Minuten lang das zugeteilte ➻ Mantra rezitiert. Die Mitglieder halten Waschungen und Kleidervorschriften ein. 16 Punkte der Selbstverwirklichung dienen der Selbstkontrolle und der Leitung durch die Führung. ➻ Ernährungsvorschriften sollen sowohl die körperliche als auch die geistige Gesundheit fördern. So dürfen z. B. Körperhaare nicht entfernt werden. Stattdessen müssen sie geseift, gekämmt und geölt werden. Nach dem Urinieren und dem Stuhlgang müssen die Ausscheidungsorgane mit kaltem Wasser gereinigt werden (linke

Hand benutzen, mit Seife waschen). Als Unterwäsche tragen Männer eine Art Tuch, das so genannte Lungota, Frauen tragen einen BH und weite Unterhosen. Maximal vier Mahlzeiten täglich sollen eingenommen werden, mit maximal jeweils vier Einheiten. Es gibt drei Kategorien von Essen: rajasisch, sattvisch und tamasisch. Milchprodukte gelten als rajasisch. Sattvisch sind Obst, Gemüse, Reis, Nüsse, Körner, Samen, und Hülsenfrüchte. Fleisch, Fisch und ➻ Alkohol sind tamasisch und von daher für alle Mitarbeiter verboten.

Gegenwärtige Situation und Verbreitung
Es gibt gegenwärtig 2,5 Millionen Mitglieder weltweit. In Deutschland leben ca. 100 Familienmargiis. Die Mitglieder gehen einer geregelten Arbeit nach oder studieren. Mönche und Nonnen bilden das Rückgrat der Gemeinschaft. Sie arbeiten als Meditationslehrer in Zentren für ➻ Yoga und ➻ Tantra. Äußerlich fallen sie nicht mehr durch ihre orangefarbene Kleidung auf, sondern tragen Alltagskleidung. 1973 wurde die Sektion in Deutschland (Wiesbaden) gegründet. Seit 1976 ist eine Verbreitung in fast allen deutschen Großstädten zu verzeichnen. Die ➻ Anwerbung neuer Mitglieder geschieht über Mund-zu-Mund-Propaganda, Flugblätter, Werbeanzeigen und über Anzeigenseiten im Internet.

Unterorganisationen und Abspaltungen
- ➻ AMURT (»Ananda Marga Universal Relief Team«)
- ➻ ERAWS (»Education Relief and Welfare Section«)
- SDM (»Seva Dharma Mission«)
- ➻ PROUT (»Progressive Utilization Theory«)

U. a. betreibt die Ananda Marga Bewegung Kinderläden und Biokostläden. ➻ Hinduismus

Angst

Der Begriff Angst bezeichnet im allgemeinen Wortsinn eine Stimmung oder ein Gefühl der Beengtheit und Beklemmung vor einer drohenden Gefahr. Aus wissenschaftlicher Sicht erscheint dieser Begriff wesentlich differenzierter und vielschichtiger: Die Bandbreite der Ängste kann von der konkreten Furcht vor einem bestimmten Gegenstand bis hin zur gegenstandslosen Lebens-, Existenz- und

Weltangst reichen. Allen Ängsten gemeinsam ist ein intensives seelisches Unbehagen, das Gefühl, zukünftige Ereignisse nicht bewältigen zu können. In so genannten Sekten mit Endzeiterwartung befürchten die Mitglieder häufig, dass der Weltuntergang in naher Zukunft eintreten wird. In einigen Gruppen (z. B. ➻ Fiat Lux, ➻ Zeugen Jehovas) sind bereits konkrete Daten errechnet worden, an denen die Welt angeblich untergehen sollte/soll. Das bevorstehende Weltende und die damit verbundenen Gedanken und Zweifel lösen unterschiedliche Reaktionen bei den Gruppenmitgliedern aus: Während bei einigen Mitgliedern keine Ängste, sondern vielmehr eine freudige Erwartung auf den nahenden Weltuntergang besteht, können bei anderen psychotische Ängste und Hysterie entstehen. Die extremste Ausprägung der Angst vor dem nahenden Weltuntergang stellt der kollektive Selbstmord (➻ Massenselbstmord) der Sektenmitglieder dar.
➻ apokalyptische Endzeiterwartung ➻ Ideologie ➻ Irrtum

Animismus

(lat.: animus = Geist, Seele)
Animismus ist die Lehre von der Lebendigkeit der Dinge. Tiere, Pflanzen, Quellen und Steine gelten im Animismus als beseelt und werden nicht selten wie Götter verehrt.

Antichrist

Antichrist ist ein Wort aus der Offenbarung des Johannes. »Das ist der Antichrist, der den Vater und den Sohn leugnet« heißt es in Johannes 2, 22. Der Antichrist residiert nach der Bibel in der Stadt auf vielen Hügeln der »großen Hure Babylons«. Als Babylon wurde zu frühchristlichen Zeiten die Stadt Rom bezeichnet. In vielen so genannten Sekten mit christlichem Hintergrund haben die Mitglieder ➻ Angst vor dem Antichrist.

Anwerbung

Es gehört zu einer Hauptaufgabe so genannter Sekten und Psychogruppen neue Mitglieder für die Bewegung zu werben. Die verschie-

denen Gruppen werben ihre Mitglieder auf unterschiedliche Weise. Die Form der Anwerbung hat sich in den letzten Jahren verändert: Gehörten die Werber der verschiedensten Gruppen in den 70er Jahren noch zum vertrauten Städtebild, so sieht man die meisten gegenwärtig kaum noch auf der Straße. Angeworben wird stattdessen über ➻ Unterorganisationen und ➻ Tarnorganisationen, (z. B. Kurssysteme oder Nachhilfekreise) und übers Internet.
➻ Heimbibelstudium ➻ Mission ➻ Persönlichkeitstest ➻ Straßenwerbung ➻ Spezialzeitschriften

Apokalyptische Endzeiterwartung

(griech: Apokalysis = Enthüllung, Offenbarung)
Der Begriff Apokalypse wird im biblischen Sinne benutzt, um das Ende der Welt zu erklären. Zur Jahrtausendwende 1999/2000 hatten viele Hellseher und Magier aus der Esoterikszene ihre Blütezeit. Für eine Vielzahl der so genannten Sekten haben endzeitliche Vorstellungen eine große Bedeutung. Der Glaube, dass der Weltuntergang nahe bevorsteht, findet sich u. a. in den Lehren der ➻ Bhagwan- Osho-Bewegung, der ➻ Hare Krishna Bewegung, der ➻ Zeugen Jehovas und des Ordens ➻ Fiat Lux. ➻ Angst ➻ Bibel ➻ Esoterik ➻ Nostradamus

Apostel

Das Wort Apostel kommt aus dem Griechischen und bedeutet Sendbote. Die Apostel sind im christlichen Glauben die zwölf Jünger, die Jesus aussandte, um die christliche Botschaft in aller Welt zu verbreiten. ➻ Bibel ➻ Christentum

Apotheke Gottes

➻ Erika Bertschinger-Eicke, die Leiterin des Ordens ➻ Fiat Lux, stellt ein Sortiment aus Kräutern, Heilmitteln und Tinkturen her, welches innerhalb des Ordens »Apotheke Gottes« genannt wird. ➻ Heilmittelgesetz ➻ Kunstwörter ➻ Positivliste ➻ spagyrische Tinkturen

Ärztliche Mission

Die Ärztliche Mission ist eine Unterorganisation der Adventbewegung. Missionare der Adventbewegung, die etwas von Gesundheit verstehen und über medizinisches Wissen verfügen, halten u. a. Vorträge über die natürliche Behandlung von Krankheiten. Die Missionare verschaffen sich häufig über aktuelle Themen, z. B. die Gesundheitsreform, Gehör bei anderen Menschen, die sie auf diese Weise für die Adventbewegung gewinnen wollen. ➻ Adventisten

Ashram

Ein Ashram war ursprünglich ein Kloster. Später bezeichnete man mit diesem Begriff das Haus eines Gurus. Einige Gruppen mit hinduistischem und buddhistischem Hintergrund (z. B. die ➻ Neo-Sannyasins) bezeichnen ihr Zentrum als Ashram.
➻ Buddhismus ➻ Hinduismus

Askese

Die Askese ist eine Übung der Selbstbeherrschung mit dem Ziel, die seelischen Kräfte zu konzentrieren. Strenge Asketen können z. B. längere Zeit auf Nahrung, wärmende Kleidung oder sogar auf Schlaf verzichten. Einige so genannte Sekten bevorzugen einen asketischen Lebensstil. Dieser tritt besonders häufig in so genannten Sekten mit fernöstlichem Hintergrund auf. ➻ Hinduismus

Astrologie

Die Astrologie geht davon aus, dass zwischen den Planeten des Sonnensystems, ihrer Stellung und dem Menschen eine direkte Beziehung besteht. Ziel ist es, die Einwirkung der Sterne auf die Menschen zu erforschen. Hierbei gehen Astrologen von der Vorstellung aus, dass die Stellung der Sterne im Augenblick der Geburt eines Menschen Charakter und Schicksal widerspiegeln können. Die meisten

Wissenschaftler lehnen die Astrologie als unseriös ab. Die Anfänge der Astrologie liegen im babylonischen Ägypten.
➻ Divination ➻ Esoterik ➻ Horoskop

Athrumstrahl Gottes

Im Orden ➻ Fiat Lux dient die Führerin ➻ Erika Bertschinger-Eikke alias Uriella als so genannter göttlicher Kanal. Zu bestimmten Zeitpunkten empfängt sie regelmäßig den Heilstrom Gottes, welcher innerhalb des Ordens Athrumstrahl Gottes genannt wird. Es gehört u. a. zu Uriellas Aufgaben, 21 Minuten lang Wasser in einer Badewanne mit einem Silberlöffel im Linksdrall zu rühren, um es mit dem Heilstrom anzureichern. Viele Mitglieder des Ordens Fiat Lux sind überzeugt, dass sich mit Hilfe von Uriellas Heilwasser, Athrumwasser genannt, auch schwere Krankheiten wie Krebs und Aids heilen lassen.
➻ Eicke, Eberhardt ➻ Kunstwörter ➻ Medium

Atman

Der Begriff Atman bezeichnet im ➻ Hinduismus »die Seele des Menschen«. Atman gilt als Teil des Universums. Die hinduistische Lehre besagt, dass die Seele des Menschen, der seine Einheit mit dem Universum erkennt und zu allem sagen kann »Das bin ich selbst«, vom Kreislauf der Wiedergeburten erlöst wird.
➻ Brahman ➻ Reinkarnation

Auditing

(lat.: audire = hören, zuhören)
Mit dem Begriff Auditing wird ein scientologisches Therapieverfahren bezeichnet. Scientologen nennen es auch »geistliche Beratung«. ➻ L. Ron Hubbard entwickelte die Technik des Auditings, um negative Erinnerungen, so genannte Engramme, aus dem Bewusstsein des Menschen zu löschen. Mit Hilfe des Auditings soll der Mensch von Engrammen befreit (»geklärt«) werden und dadurch einen Bewusstseinszustand erreichen, der innerhalb der Organisation ➻ »clear«

genannt wird. Während des Auditings dienen u. a. auch das ➻ E-Meter und der ➻ Persönlichkeitstest als therapeutische Hilfsmittel.
➻ Church ➻ Scientology

Aufbrechen

Der amerikanische Ausstiegsberater ➻ Steven Hassan hat sich in seinen Schriften mit dem Phänomen der ➻ Bewusstseinskontrolle auseinandergesetzt, das u. a. auch bei Mitgliedern so genannter Sekten und Psychogruppen beobachtet wird. Nach Hassan stellt das so genannte Aufbrechen einen von drei Teilen der Bewusstseinskontrolle dar. ➻ Sekten-Ich

Aufklärung

Aufklärung und Information über die Ziele so genannter Sekten und Psychogruppen stellen eine politische Aufgabe dar. Mit Hilfe von Aufklärung und Information wird die Meinungsbildung des Einzelnen gefördert und dadurch eine kritische Auseinandersetzung erst möglich. Vor allem den Medien kommt in dieser Hinsicht eine bedeutsame Rolle zu.
➻ Elterninitiativen ➻ Enquete-Kommission ➻ Sekten-Info ➻ Sekten- und Weltanschauungsbeauftragte

Aum Shinrikyo

Entstehungsgeschichte
Zu den bekanntesten Sekten Japans zählte die AUM-Bewegung (AUM = Höchste Wahrheit) die von Asahara Shoko 1987 gegründet wurde. Shoko war Heilmittelhändler, Akupunkteur und Yoga-Lehrer, ehe er im Jahr 1987 die AUM-Bewegung gründete. Am 20. März 1995 erregte AUM durch einen religiös motivierten Giftgasanschlag auf das U-Bahn-Netz in Tokio weltweit Aufsehen und entfachte auch in Deutschland eine heftige Diskussion über die Gefahren, die im schlimmsten Fall von so genannten Sekten und Psychogruppen ausgehen können.

Lehre

Asahara Shoko orientierte sich mit seiner Lehre an westlich-esoterischen Einflüssen. Er lehrte seine Anhänger, dass der Materialismus die spirituelle Freiheit des Menschen verdrängen würde. Die Denkfähigkeit würde durch das so genannte Junk-Food der westlichen Welt beeinträchtigt werden. Aum Shinrikyo sah sich selbst als Erlöser, der das schlechte ➻ Karma der Menschen in sich aufnimmt und die Menschheit dadurch reinigt.

Gegenwärtige Situation und Verbreitung

Bis zum Giftgasanschlag in Tokio, der die Bewegung in die Medien brachte und zu ihrer Auflösung führte, gab es rund 10000 Mitglieder überwiegend in Japan, den USA, Russland und Deutschland.

Unterorganisationen und Abspaltungen

Zentrum für Buddhismus und Yoga AUM e. V. Bonn.

➻ Karma

Ausstieg

Das Verlassen einer so genannten Sekte oder einer Psychogruppe kann unter Umständen beim Gruppenmitglied heftige Emotionen auslösen. Oftmals ist mit einem solchen Schritt die Vorstellung verbunden, die Gruppe verraten zu haben. Die Tatsache, dass in den meisten Fällen Freunde des Mitglieds in der Gruppe zurückbleiben, kann zu Schuldgefühlen führen. Auch die ➻ Angst, Gott durch den Ausstieg aus der Gruppe erzürnt zu haben, kann Mitglieder am Ausstieg hindern. Fachleute unterscheiden Expulsion, Exiting und Extraktion als drei unterschiedliche Formen des Ausstiegs: Expulsion bedeutet, dass das Mitglied aus der Gruppe ausgeschlossen wird, z. B. im Krankheitsfall oder weil die Person durch ihr Verhalten dem Ansehen der Gruppe schadet. Auch können Spannungen zwischen Mitgliedern und Gruppenleitung im Einzelfall zum Ausschluss führen. Mit Expulsionen reagieren viele Gruppen, wenn es nicht mehr gelingt, die Konflikte mit einzelnen Mitgliedern intern zu lösen. Exiting bezeichnet eine Form des Ausstiegs, die das Mitglied auf eigenen Wunsch vollzieht. Diesem Schritt können u. a. Zweifel an der Lehre oder eine innere Unstimmigkeit zugrunde liegen. Extraktion bedeutet, dass außenstehende Personen das Mitglied aus der Gruppe

herauslösen. In Amerika tritt Extraktion häufig in Form des ➻ De-Programmierens auf. In Deutschland sind nur wenige Fälle bekannt, in denen Gruppenmitglieder von ihren Angehörigen gekidnappt und de-programmiert wurden. Eine in Deutschland anerkannte Form der Ausstiegsbegleitung ist die Beratung durch Fachleute (z. B. ➻ Sekten-Info, ➻ Elterninitiativen oder ➻ Ausstiegsberater).
➻ Führerfigur ➻ Hassan, Steven

Ausstiegsberater

Die Ausstiegsberatung ist ein spezifisches Fachgebiet, das spezielle Kenntnisse über die Strukturen der einzelnen Gruppen voraussetzt. Ausstiegsberatung erfordert Wissen um die Probleme der Gruppenmitglieder. Es ist das Ziel dieser Methode, das Gruppenmitglied wieder in die Gesellschaft zu integrieren. In den USA ist man mit dem Beruf des Ausstiegsberaters wesentlich vertrauter als dies in Deutschland der Fall ist.
➻ Ausstieg ➻ Bewusstseinskontrolle ➻ De-Programmieren ➻ Hassan, Steven ➻ Sekten-Ich

Autorität

In einigen so genannten Sekten mit hinduistischem Hintergrund verkörpern die Führer der Gruppe, die ➻ Gurus genannt werden, für die Mitglieder eine Autorität. In manchen Gruppen wird der Guru wie ein Gott verehrt. Die Mitglieder bringen ihm meist absoluten ➻ Gehorsam entgegen.
➻ Absolutheitsanspruch ➻ Führerfigur ➻ Guruismus ➻ Hinduismus

Ayurveda

In Indien ist Ayurveda eine alte Überlieferung naturverbundener Medizin. Ayurveda gilt in der westlichen Welt als Vision einer neuen Medizin. Ayurveda wird vor allem zu Werbezwecken von der ➻ Transzendentalen Meditation genutzt und von dieser unter dem Namen Maharishi Ayur-Veda verbreitet.

Bauhütte e. V.

Die Bauhütte e.V. wurde 1980 von ➻ Dieter Duhm gegründet und ist eine Abspaltung der Aktionsanalytischen Organisation (➻ AAO). Im Jahre 1985 druckte die Lokalzeitung »Markgräfler Tagblatt« einen pornographischen Artikel über eine angebliche sexuelle Massenorgie in der Bauhütte. Der Bericht wurde ungeprüft von Zeitung zu Zeitung weitergegeben und es entstanden u. a. öffentliche Hetzkampagnen gegen die Aktivitäten der Bauhütte. 1986 wurden die Aktivitäten der Bauhütte offiziell eingestellt. Gegenwärtig trägt die Bauhütte e. V. den Namen ➻ Projekt MEIGA und ist eine Unterorganisation des Zentrums für experimentelle Gesellschaftsgestaltung (➻ Z.E.G.G.). ➻ Mühl, Otto

Beitritt

Empirischen Forschungen zufolge treten Menschen verstärkt in Zeiten des Umbruchs und der persönlichen ➻ Krisen so genannten Sekten und Psychogruppen bei.

BEP

– therapeutischer Hintergrund –

Entstehungsgeschichte

Das Bewusstseins-Erweiterungs-Programm (BEP) setzt sich aus Bereichen der ➻ Esoterik, der ➻ New Age-Bewegung, des Managements und der Parapsychologie zusammen. Der Österreicher Helmut Josef Ament (Jg. 1956) gründete 1981 in Ulm einen Verlag zum Vertrieb der so genannten BEP-Kurse. 1986 folgte ein zweites BEP-Programm mit dem Titel »Das Geheimnis der Großen«. Dieses Programm wurde über den Aquila Verlag betrieben. 1984 entstand eine in Frankfurt eingetragene Firma namens United Human Foundation AG (UNH), deren Zweck es war, die Mitglieder der so genannten United Human Organisation zu betreuen sowie wiederum das BEP-Programm herauszugeben. Das meiste Startkapital gehörte Helmut J. Ament, dessen Wohnsitz sich damals in der Schweiz befand. Später wurde die Firma in BEP Verlag GmbH umbenannt. Sitz der Firma ist gegenwärtig Leiningen im Hunsrück. In der Werbung der Humanpower AG wird Ament als »Verantwortlicher« bezeichnet. Es ist davon auszugehen, dass er weiterhin bestimmende Kraft des Konzerns ist.

Lehre

Aments Lehre soll über die Persönlichkeitsentwicklung zur Bewusstseinserweiterung führen. Ziel ist es, mit Hilfe bewusstseinserweiternder Methoden »den göttlichen Funken« im Menschen freizulegen. Um dieses Ziel zu erreichen, erwerben die Mitglieder ein BEP-Lernprogramm, das aus einer Vielzahl von Büchern und Kassetten besteht, z. B. das »BEP-Superlearning Programm«, das »BEP-Energiepaket« sowie Lernkassetten zu Themen aus den Bereichen Esoterik und New Age (außersinnliche Wahrnehmung, Hellsehen, Hellhören etc.).

Gegenwärtige Situation und Verbreitung

1986 wurde Ament vom Oberlandgericht Frankfurt rechtskräftig verurteilt, da es das Gericht als erwiesen ansah, dass er mit einer besonders raffinierten Variante des sittenwidrigen Schnellballsystems versucht habe, an das Geld von Leuten zu kommen und damit auch noch Dritte betrogen habe. Die Verbreitung der Methode geschieht über Bücher, Schriften und Videokassetten, die durch Verlage wie z. B. Gemini AG, BEP Verlag, Sirius Verlag, New Age Edition, Aquila Verlag vertrieben werden.

Unterorganisationen und Abspaltungen

- Andromeda BV
- Cosmotronics Software
- Humanpower AG
- Optimistenklub
- Profitmade Institute zur Entwicklung ganzheitlicher Unternehmenskonzepte
- Rainbow Team SA
- United Human Foundation

➻ Parapsychologie ➻ Persönlichkeitstest ➻ Scientology

Berg, Mose David

David Mose Berg ist der Gründer und Führer der ➻ Kinder Gottes. Die Mitglieder der Bewegung nennen ihn u. a. »Mo« oder »Großvater«.

David Mose Berg wurde 1919 in Oakland/Kalifornien geboren. Er schrieb 1972 über sich selbst: »Viele Propheten Gottes prophezeiten über mich, daß ich vom Mutterleib an mit dem Heiligen Geist gefüllt sei, daß ich große Dinge tun würde« (Berg, Mose David: Schriften aus dem Jahre 1972).
1941 trat Berg in den Militärdienst, wurde aber kurz darauf wegen Krankheit entlassen. 1944 heiratete er Jane Miller. Aus der Ehe gingen vier Kinder hervor. Von 1949 bis 1951 arbeitete er als Pfarrer einer katholischen Gemeinde in Arizona, wo er wegen eines sexuellen Skandals entlassen wurde. Berg brach 1951 mit der institutionalisierten Kirche. Von 1952 bis 1967 arbeitete er für Fred Jordans Fernsehsendung »Die Kirche zuhause«. Er reiste einige Jahre ohne Arbeitsstelle in den Vereinigten Staaten umher, um zu predigen und zog bald junge Menschen und gesellschaftliche Aussteiger in seinen Bann. 1969 erhielt die wachsende Gruppe um David Mose Berg von einem Journalisten den Namen Kinder Gottes. 1974 ließ der Generalstaatsanwalt in New York einen Untersuchungsbericht veröffentlichen, in dem er den Kindern Gottes Entführungen, Vergewaltigungen und die Versklavung ihrer Mitglieder vorwarf. Berg verließ die USA über Nacht und lebte in Verstecken, aus denen er bis zu seinem Tode im Jahr 1994 mit einer ungeheuren Flut von sogenannten Mo-Briefen seine Anhänger führte. ➻ Die Familie

Bertschinger-Eicke, Erika

Erika Bertschinger–Eicke ist die Gründerin und Führerin des Ordens ➻ Fiat Lux. Die Mitglieder des Ordens nennen sie Uriella oder ➻ »Sprachrohr Gottes«.
Erika Bertschinger-Eicke wurde am 20. Februar 1929 in Zürich geboren und wuchs in einem katholischen Elternhaus auf. Sie arbeitete lange Jahre als Chefsekretärin und Dolmetscherin und bereiste das Ausland bis sie mit neuoffenbarerisch-spiritistischen Kreisen in Berührung kam. Ab 1967 besuchte sie die Geistige Loge Zürich und sammelte dort erste Erfahrungen mit einem ➻ Medium. 1972 erhielt sie – nach ihren eigenen Angaben – eine Kundgabe Jesu und Mariens. 1973 erlitt sie einen Reitunfall. Durch eine Gehirnerschütterung als Folge dieses Unfalls erlangte sie in den Besitz übersinnlicher Fähigkeiten. Sie wurde nach eigenen Angaben »hellsehend, hellfühlend, hellhörend« und erblickte erstmals einen Engel. Weihnachten 1975

erhielt Erika Bertschinger-Eicke ihre erste Volltranceoffenbarung. Seitdem bezeichnet sie sich selbst als → »Sprachrohr Gottes«, als ein Medium, durch das Gott in der Ich-Form zur Menschheit spreche. 1977 – nach dem Tod ihres ersten Mannes – errichtete Erika Bertschinger-Eicke in Egg bei Zürich die Stiftung → Lichtquell Bethanien, welche auch gegenwärtig noch das Zentrum der Fiat Lux Gemeinschaft bildet. Am 12. Januar 1980 erfolgte die offizielle Gründung des Ordens Fiat Lux. Seit der Heirat mit dem Unternehmer Eberhard Eicke, den sie als ihre »Dualseele« bezeichnet, lebt Erika Bertschinger-Eicke mit ihrem Ehemann vorwiegend in Egg. → Dualliebe

Bethel

Der Begriff Bethel stammt aus dem Hebräischen und bedeutet übersetzt »Haus Gottes«. Die zentralen Produktionsstätten, in denen die → Zeugen Jehovas ihre Zeitschriften → »Wachtturm« und → »Erwachet!« herstellen, werden innerhalb der Gemeinschaft »Haus Bethel« genannt. Für die meisten Mitglieder ist Bethel Wohn- und Arbeitsstätte zugleich. Viele haben sich dem Dienst vollständig verpflichtet. Die zentrale Stelle ist in Selters/Taunus. Weltweit arbeiten ca. 15000 Mitarbeiter in den Bethelhäusern der Zeugen Jehovas. → Hingabe

Bewegung

So genannte Sekten und Psychogruppen sind in der Öffentlichkeit unter verschiedenen Bezeichnungen vertreten. Die geläufigsten Begriffe sind → Zentrum, Bewegung, → Kirche, → Orden, → Gemeinde etc.

Bewusstseinskontrolle

Von dem Amerikaner → Steven Hassan, der selbst lange Zeit Mitglied der Vereinigungskirche war und heute in den USA als → Ausstiegsberater arbeitet, stammt der Begriff der so genannten Bewusstseinskontrolle. Im Gegensatz zur Gehirnwäsche – so Hassan – ist die Bewusstseinskontrolle kaum oder gar nicht mit offener oder körperlicher Misshandlung verbunden. Es handelt sich vielmehr um den systematischen Einsatz von modernen psychologischen Techniken, mit dem Ziel, den Willen des Individuums zu schwächen und Gewalt über sein Denken, Handeln und Fühlen zu erlangen. Nach Hassans Theorie wird das Individuum durch gezielte Manipulation und nicht durch direkte Bedrohung gefügig gemacht. Hassan beschreibt den Ablauf der Bewusstseinsveränderung als dreistufigen Prozess: Zum ersten Schritt gehört das ➻ Aufbrechen oder das ➻ Destabilisieren der Person. Das Aufbrechen wird in der Regel durch radikale Änderung der Lebensgewohnheiten erzielt (z. B. Schlafentzug, Veränderungen in der Ernährung – vor allem eiweißarme vegetarische Kost). In der Vergangenheit ist das Aufbrechen häufig bei Mitgliedern so genannter Sekten mit fernöstlichem Hintergrund beobachtet worden. Das neue Mitglied kann durch die veränderte Ernährung, die Isolation von der Umwelt und durch den Schlafentzug so geschwächt werden, dass es für den zweiten Schritt, den Indoktrinationsprozess, empfänglich ist. Im dritten Schritt, dem ➻ Fixieren, wird die Veränderung der Person aufgebaut und stabilisiert. Die veränderte Persönlichkeit wird von Hassan als das so genannte Sekten-Ich bezeichnet.

➻ Großgruppentherapie ➻ Hypnose ➻ Indoktrinationsprozess ➻ Sekten-Identität

Bhagwan, Shree Rajneesh

Shree Rajneesh Bhagwan wurde am 11. Dezember 1931 in dem Dorf Kuchwada in Indien geboren. Sein Geburtsname lautet Chandra Mohan. 1953 hatte er nach eigenen Angaben ein erstes Erleuchtungserlebnis, aus dem er später den Titel Bhagwan (»der Erhabene«) ableitete. 1957 begann er als Professor für Philosophie am Sanskrit-College in Rajpur zu arbeiten; später folgte eine Lehrtätigkeit an der Universität von Jabalpur. Bhagwan gründete 1969 in Bombay das erste Meditationszentrum, einen ➻ Ashram, dessen Sitz er 1974 nach Poona verlegte. Im Jahre 1981 übersiedelte er von Poona nach Antelope/Oregon in die USA. Diese Stadt, die nach und nach überwiegend von Anhängern Bhagwans bewohnt war, wurde schließlich in Rajneeshpuram (Stadt der neuen Menschen) umbenannt. Die Stadt wurde in der Folgezeit zum Zentrum der Bewegung ausgebaut und behielt diesen Status bis 1985. Im November dieses Jahres wurde Bhagwan Shree Rajneesh von einem Gericht in Portland (Oregon)

wegen Verletzung der Einwanderungsbestimmungen zu einer Haft- sowie einer Geldstrafe verurteilt. Bhagwan wurde Haftverschonung gewährt, jedoch musste er im Gegenzug versprechen, die USA zu verlassen. Bis zu seinem Tod im Jahr 1990 lebte er in einem kleinen Kreis seiner Anhänger in Poona.
➻ Bhagwan-Osho-Bewegung ➻ Neo-Sannyasins ➻ Rajneeshismus

Bhagwan-Osho-Bewegung

– hinduistisch-therapeutischer Hintergrund –

Entstehungsgeschichte
➻ Bhagwan Shree Rajneesh, der mit bürgerlichem Namen Rajneesh Chandra Mohan hieß, wurde am 11. Dezember 1931 in Mittelindien geboren und stammte aus einer Kaufmannsfamilie. In den 60er Jahren kam er mit unterschiedlichen Meditationstechniken in Kontakt. Er erklärte sich am 21. März 1953 für erleuchtet. Bhagwan studierte Philosophie und Psychologie am Rajpur Sanskrit College und wurde 1958 Philosophieprofessor an der Universität Jabalpur. Dort schockierte er mit provozierenden Reden seine Kollegen, indem er Hindu-Heilige als »gottlose Heuchler« bezeichnete. 1970 verlieh er sechs Gläubigen die Mala (Holzkette) mit seinem Portrait. Immer mehr Menschen schlossen sich ihm an und nannten ihn Bhagwan, d. h. »der Erhabene«. 1974 zog Bhagwan mit seinen Anhängern nach Poona, um dort das größte Therapiezentrum der Welt zu errichten. Aus steuerrechtlichen Gründen mussten Bhagwan und seine Anhänger 1981 nach Antelope/Oregon ziehen. Die Anhänger Bhagwans erhielten die Mehrheit im Gemeinderat und nutzten sie, um Antelope in »Rajneeshpuram« umzubenennen. In den Jahren 1981 bis 1984 begannen die Mitglieder der Bewegung die »Stadt der neuen Menschen« auszubauen. Es entstanden Wohngebäude, Lagerhäuser, eine Post, ein Rathaus, ein Krankenhaus, eine Schule, Boutiquen, Eisdielen, ein 100-Betten Hotel und ein Flugplatz. Daneben entstanden durch die Anhänger überall in der Welt Meditations- und Therapiezentren, Diskotheken und Computerfirmen. Doch Konflikte und Spannungen innerhalb der Gruppe führten 1985 zur Auflösung der Gemeinschaft und zum Ende des ➻ Rajneeshismus. 1986 verließ Bhagwan die USA und kehrte nach Poona zurück. Am 19. Januar 1990 starb er an Krebs.

Lehre

Bhagwan lehrte, dass der Mensch selbst von göttlicher Natur sei, aber durch Erziehung und gesellschaftlichen Leistungsdruck Missbildung erfahre. Jedes Kind sei als Buddha geboren und könne ein »Homo Novus«, ein neuer Mensch, werden. (»Ich lehre einen neuen Menschen, eine neue Menschheit, einen neuen Weg in der Welt zu sein«). Um zu höheren Bewusstseins-Stufen zu gelangen, müsse das alte Ego zerstört werden (»Bevor ich euch erschaffen kann, muss ich euch zerstören«). Die Sexualkraft solle frei fließen können. Osho, die Lehre Bhagwans, ist eine Verbindung aller bekannten religiösen und philosophischen Traditionen. Eine Ablehnung christlicher Werte zeigt sich u. a. in der Aufforderung zur Euthanasie behinderter Säuglinge. Bhagwan verbindet westliche Therapiemethoden mit östlicher Religiosität und will Menschen zur Selbstverwirklichung führen.

Gegenwärtige Situation und Verbreitung

Nach dem Tode Bhagwans entwickelte sich seine Lehre zu einem weltweiten Therapieangebot und zog Menschen aus aller Welt an. Der ➻ Ashram in Poona fand vor allem in der westlichen Welt viele Anhänger. Mittlerweile wird er von leistungsstarken Geschäftsleuten organisiert und geführt und expandiert weiter. Die ➻ Anwerbung neuer Mitglieder geschieht durch Flugblätter, Anzeigentexte, in Diskos und durch persönlichen Kontakt zu den Mitgliedern. Die Anhänger werden Sannyasins genannt (»Entsagende«). Während der Mitgliedschaft waren die Mitglieder zunächst untertags rot und abends weiß gekleidet. Sannyasins sind gegenwärtig ein fester Bestandteil der New Age-Szene und des Esoterikmarktes. Kunden sind vor allem unter Akademikern und Freiberuflern zu finden. Es gibt ca. 40000 Sannyasins in der BRD und weltweit über 500000. Die Sannyasins tragen mittlerweile keine rote Kleidung mehr, sondern ganz gewöhnliche Alltagskleidung.

Unterorganisationen und Abspaltungen

- Osho Multiversity (als Platz für Ferien und Selbsterfahrung)
- Rajneesh Foundation International (der Wirtschaftszweig der Bewegung)

➻ Esoterik ➻ Neo-Sannyasins ➻ Primärtherapie

Bibel

Die Bibel besteht aus dem Alten und dem Neuen Testament. Das Neue Testament ist die Grundlage des ➻ Christentums und wird nur von den Christen anerkannt. Die Bibel ist das meistgedruckte Buch auf der Welt. Drei Milliarden Bibeln oder Bibelteile sind in rund zweitausend Sprachen verbreitet worden. ➻ Weltreligion

Bibelcenter

Das Bibelcenter ist eine Unterorganisation von ➻ The Way International. Die Bewegung ist in 61 Ländern verbreitet. Die Anzahl der Mitglieder weltweit wird auf 10000 bis 20000 geschätzt. Im Glaubensbekenntnis des Bibelcenters heißt es, dass Jesus Christus Gottes Sohn ist. ➻ Paul Viktor Wierville, der Gründer von The Way International, hatte diese Ansicht strikt abgelehnt. Er schrieb in seinem Buch »Jesus Christ is not god.«, »Jesus ist nicht Gott.«

Bibelexegese

(lat.: exegesis = Erklärung, Auslegung)
Der Begriff Exegese stammt aus dem Griechischen und bedeutet die Interpretation von Texten. Im engeren Wortsinn ist hiermit die Auslegung der Bibel gemeint. Besonders so genannte Sekten mit christlich-fundamentalistischem Hintergrund lehnen eine Exegese der Bibel häufig aus Glaubensgründen völlig ab. Einige bezeichnen es als Sünde, Gottes Wort zu verfälschen. So legen z. B. die ➻ Zeugen Jehovas die Bibel wörtlich aus. ➻ Christlicher Fundamentalismus ➻ Fundamentalismus ➻ Steinbruchexegese

Blutkult

Die ➻ Zeugen Jehovas lehnen aus Glaubensgründen Bluttransfusionen ab. Sie berufen sich dabei auf die biblische Apostelgeschichte, wo es heißt: »Denn es gefällt dem heiligen Geist und uns, euch weiter keine Last aufzuerlegen, als nur diese notwendigen Dinge: dass ihr euch enthaltet von Götzenopfer und vom Blut und vom Erstickten und von Unzucht. Wenn ihr euch davor bewahrt, tut ihr recht.« (15, 28-29). Dieser Glaubensgrundsatz kann dazu führen, dass den Anhängern dieser Lehre auch in lebensbedrohlichen Situationen kein Fremdblut verabreicht werden darf. Mitglieder, die dennoch eine Bluttransfusion zulassen, werden in der Regel aus der Gemeinschaft der Zeugen Jehovas ausgeschlossen. ➻ Ausstieg

Boston Church of Christ

– christlich-fundamentalistischer Hintergrund –

Entstehungsgeschichte

Die Boston Church of Christ (BCC) wurde 1979 von dem Amerikaner ➻ Kip MacKean gegründet. 1990 wurde die Bewegung in ICC (➻ International Churches of Christ) umbenannt. Ziel der BCC ist es, Menschen aller Nationen zu Jüngern zu machen. Dazu gehört vor allem das Vermeiden von Sünden und ein reines Leben.

Lehre

Die BCC verkündet Jesus Christus als Leitbild für die eigene Nachfolge, indem sein Leiden und sein Tod als vorbildliches Verhalten dargestellt werden. Die BCC ist nach dem strengen Prinzip des so genannten Shepherding aufgebaut, d. h. jedes Mitglied wird einem persönlichen Hirten (engl. shepherd) unterstellt, dem man Gehorsam entgegenbringen muss. Das ➻ Shepherding-Principle beruht auf hierarchischer Weisungsbefugnis (von oben nach unten). Kritische Äußerungen der Mitglieder werden in der Regel als Auflehnung gegen die Gebote Gottes verstanden. Jedes Gemeindemitglied ist einem, im Glauben älteren Mitglied zugeordnet. Für Partnerschaft und Ehe gelten strikte Regeln, nur »Christen« dürfen heiraten, wobei mit dem Begriff Christentum die Regeln und Lehren der BCC gemeint sind. Die Partnerschaft muss beendet werden, wenn ein Partner nicht wirklich der BCC beitreten will oder den anderen am geistigen Wachstum hindert. Neue Mitglieder werden umfangreich in die Gruppenaktivitäten eingebunden.

Gegenwärtige Situation und Verbreitung

Gegenwärtig ist die Boston Church of Christ dabei, sich in ihrer ursprünglichen Form aufzulösen. Kip MacKean ist im Jahre 2002 von allen Ämtern zurückgetreten, nachdem seine Tochter Olivia die Gemeinde verlassen hatte, um an der Universität in Harvard zu studieren. Eine Regel innerhalb der BCC besagt, dass ein Gemeindeleiter von seinem Amt zurücktreten muss, wenn seine Kinder die Gemeinde verlassen. »Ihr eigener Vater verursachte seinen Rücktritt und das war der Anlass für die Gruppe, sich selbst zu überprüfen«, sagte Michelle Campbell, Executive Director von REVEAL, einer gemeinnützigen Organisation, die Informationen und Beistand für ehemalige Mitglieder anbietet. Kip MacKean lebt gegenwärtig in Portland/Oregon als »einfacher Evangelist«. In fast allen Teilen der Welt ist die ICC mehr oder weniger zusammengebrochen, z. B. sind in London nach dem Rücktritt MacKeans 90 % der fast 100 Vollzeitbeschäftigten ausgestiegen oder entlassen worden.

Unterorganisationen und Abspaltungen

- Hope Deutschland e. V.
- HOPE Worldwide

Nach dem Rücktritt MacKeans haben sich viele Repräsentanten von HOPE Worldwide zurückgezogen und arbeiten nicht mehr für diese ICC-Unterorganisation.

➻ Absolutheitsanspruch ➻ Christlicher Fundamentalismus ➻ Fundamentalismus ➻ Gemeinde Jesu Christi

Brahma Kumaris

(Töchter und Söhne Brahmas)
– hinduistischer Hintergrund –

Entstehungsgeschichte

Der Führer der Bewegung war Lekh Ṛaj, ein Diamantenhändler, der 1876 in Hyderabad (Pakistan) geboren wurde. Er war verheiratet und hatte Kinder. 1937 – so erzählt die Legende – erschienen ihm die Hindu-Gottheiten ➻ Vishnu und ➻ Shiva. Lekh Raj verstand sich von dieser Zeit an als Verkörperung dieser Gottheiten mit dem Auftrag, die Schöpfung einer neuen Weltordnung zu beginnen. 1938 zog Lekh Raj, der sich nun Brahma Baba nannte, mit seinen Anhängerinnen (er sammelte meist Frauen um sich) nach Karachi. 1950 zog er nach Mount Abu, wo seit 1952 offiziell der Sitz der Brahma Kumaris World Spiritual University ist. Mount Abu sollte auch der Platz des im goldenen Zeitalter erwarteten Paradieses sein. Lekh Raj starb 1969.

Lehre

Einen wesentlichen Teil der Lehre bildet die Vorstellung, dass die Weltgeschichte sich in wiederholende Zyklen von genau 5000 Jahren aufteilt. In diesem Zeitraum – so heißt es – würden die Seelen verschiedene Zeitalter von je 1250 Jahren Dauer durchlaufen: ein eisernes, ein kupfernes, ein silbernes und ein goldenes Zeitalter. Ziel ist es, dass die Seele in einem der genannten Zeitalter wiedergeboren wird. Das höchste Ziel ist es, im goldenen Zeitalter, welches einem vollkommenen Paradies gleiche, wieder geboren zu werden. Der Zeitplan, der das tägliche Leben der Anhänger regelt, beginnt morgens in der Zeit zwischen 3 und 4 Uhr und endet um 22 Uhr. Während dieser Zeit sollen die Mitglieder alle Aufmerksamkeit auf Baba konzentrieren. Die Ernährung ist durch zahlreiche Vorschriften reglementiert: Auf Fleisch, ➻ Alkohol und Sexualität soll möglichst verzichtet werden. Es heißt, dass Anhänger, die leidvolle Erfahrungen gemacht haben, viel negatives Karma auf sich geladen hätten. Jeder sei selbst verantwortlich für das, was ihm zugestoßen ist. Das gilt auch für Behinderte. Die Lehre der »Höchsten Seele« anzunehmen bedeutet, keine negativen Handlungen mehr zu begehen.

Gegenwärtige Situation und Verbreitung

Brahma Kumaris präsentiert sich in der Öffentlichkeit als eine Organisation, die für den Frieden wirbt. Allerdings treten sie hierbei für einen Frieden ein, der zunächst einen atomaren Holocaust voraussetzt, bevor das goldene Zeitalter als Zeitalter des Friedens folgen könne. In den letzten Jahren hat die Organisation ihr endzeitlich geprägtes Weltbild zugunsten ihrer Aktivitäten, die als Friedensarbeit deklariert werden, zurück gestellt. Tatsächlich wird auch bei Mitgliedern eine gewisse Spannung zwischen dem Einsatz für den Frieden und der unausweichlichen Katastrophe wahrgenommen. Es gibt Vermutungen, dass das Ende vielleicht doch nicht in so schrecklicher Form komme, wie es noch zu Lebzeiten des Gründers Lekh Raj erwartet wurde.

Unterorganisationen und Abspaltungen

- Brahma Kumaris World Spiritual University
- Psychologisches Trainings Center
- Raja Joga Center

➻ Drogen ➻ Ernährungsvorschriften ➻ Hinduismus ➻ Karma ➻ Shiva ➻ Vishna

Brahman

Brahman bezeichnet im Hinduismus den Körper des Menschen. Ebenso wie ➻ Atman ist auch Brahman ein Teil des Universums. ➻ Hinduismus

Brunner, Beatrice

Beatrice Brunner diente den Mitgliedern der ehemaligen Geistigen Loge Zürich als ➻ Medium. Sie empfing Botschaften eines Geistlehrers namens Joseph. Diese Botschaften bildeten die Grundlage der Bewegung. Beatrice Brunner starb im Jahre 1983. ➻ Bertschinger-Eicke, Erika ➻ Neuoffenbarung

Bruno Gröning-Freundeskreise

Entstehungsgeschichte

Bruno Gröning wurde am 30. Juni 1906 als Bruno Grönkowski in Danzig geboren. Nach eigenen Angaben verfügte er bereits seit seiner Kindheit über heilerische Fähigkeiten. 1928 heiratete Gröning Gertrud Cohn. Seine beiden Söhne starben im Kindesalter. Zwei weitere Ehen Grönings, wie sich Grönkowski seit den 30er Jahren nannte, scheiterten. Nach dem Krieg kam Gröning als Gelegenheitsarbeiter nach Hessen. 1949 trat er an die Öffentlichkeit und begann Heilungen durchzuführen. Seine Hauswirtin, deren Nichte er heilte, verbreitete die Nachricht vom Wunderheiler. Der Ingenieur Helmut Hülsmann, dessen Sohn Dieter an Muskelschwund litt, hörte davon und bat Gröning um Hilfe. Dieser konnte eine deutliche Besserung des Leidens erzielen. Die angebliche »Heilung« des erkrankten Jungen stellte Grönings größten Erfolg dar. Die Eltern des Jungen waren so begeistert, dass sie Gröning ihr gesamtes Vermögen zur Verfügung stellten und zu seinen Anhängern wurden. Allerdings trat der Muskelschwund des Jungen Jahre später erneut auf und Dieter Hülsmann verstarb im Alter von 16 Jahren. Gröning selbst bezeichnete sich als »Kanal des göttlichen Heilstromes« und fand in der Nachkriegszeit viele Anhänger. Er verstand es, die Massen zu begeistern. Bereits im Mai 1949 sah sich die Landesregierung von Nordrhein-Westfalen veranlasst, öffentliche Auftritte Grönings zu unterbinden. Gröning und seine Anhänger siedelten sich daraufhin in Rosenheim, in der Nähe der bayrischen Landeshauptstadt München, an. Dort versammelten sich während eines Auftrittes Grönings im Jahre 1954 ca. 15000 Menschen.

Lehre

Gröning selbst entwickelte keine Lehre. Von ihm stammte die Vorstellung des »Heilstrom Gottes«, der durch den Körper des Kranken fließe. Gröning übernahm hierbei die Aufgabe eines Transformators, der die unendlich hohen Energien Gottes in menschlich verträgliche umwandeln würde. Die Ursache von Krankheiten – so Gröning – bestünde darin, dass der Mensch sich von Gott abgewandt habe. Er kann nur gesunden, wenn er dem göttlichen Willen entspräche. Am 26. Januar 1959 starb Gröning an einem Krebsleiden in Paris.

Gegenwärtige Situation und Verbreitung

Die Gründerin des Bruno Gröning-Freundeskreises ist die 1922 geborene Lehrerin Grete Häusler. Seit 1979, 20 Jahre nach dem Tode Grönings, führt sie sein Werk bis in die Gegenwart fort. In den Gemeinschaftsstunden des Freundeskreises werden die Anwesenden aufgefordert, alle Sorgen an Bruno Gröning abzugeben. Sie sollen sich von der Krankheit trennen. »Wer glaubt, wird geheilt«, lautet die Botschaft. Jeder Mensch, der sich richtig auf Bruno Gröning einstelle, könne den Heilstrom empfangen. Zur Verstärkung werden z. B. Stanniolkugeln und Fotos von Gröning benutzt, welche die Gruppenmitglieder in die Hand nehmen müssen, um den Heilstrom noch besser empfangen zu können. Der Zeitpunkt der Einstellung wird auf 9 Uhr und 21 Uhr gelegt. Gegenwärtig wird der Heilstrom mit Prana, Chi und Lebenskraft gleichgesetzt, um esoterische Anpassung zu leisten. Auch die regelmäßig vorgenommenen Erfolgsberichte werden erweitert: neben Kranken werden auch Tiere und Pflanzen sowie technische Geräte geheilt. Allein für den Förderkreis werden 1996 in Deutschland 444 Gemeinschaften mit 24555 Freunden genannt. Weltweit gibt es ca. 354 Gemeinschaften.

Unterorganisationen und Abspaltungen

- ➸ Bruno Gröning-Freundeskreise (gegr. 1979)
- Grete Häusler Verlag
- Kreis für geistige Lebenshilfe e. V. (gegr. 1993 in Hennef/Sieg)
- Medizinisch-wissenschaftliche Fachgruppe (1986)
- Verein zur Förderung seelisch-geistiger Gesundheit (gegr. 1981)
- Verein zur Förderung seelisch-geistiger und natürlicher Lebensgrundlagen in Deutschland e. V. (gegr. 1958)

➸ Heilerkult ➸ Medium ➸ Wunderheiler

Buddhismus

Entstehungsgeschichte

Der Buddhismus ist eine der fünf großen ➸ Weltreligionen. Im Unterschied zum ➸ Christen- und ➸ Judentum, ➸ Hinduismus und ➸ Islam ist nicht Gott der Weg zur Erlösung, sondern der Mensch. Buddha heißt »Der Erwachte« und ist der Gründer der buddhistischen Religion. Sein Geburtsname war Siddhartha Gautama, aus der Familie der Shakyas.

Lehre

Die buddhistische Lehre stellt vier Fragen in den Mittelpunkt: Was ist Leiden? Wie entsteht das Leiden? Wodurch hört das Leiden auf? Wie kann ich das Leiden beenden? Die vier edlen Wahrheiten sind die Antworten auf diese Fragen: Das Leben besteht nur aus Leiden und alles Glück ist vergänglich. Das Leiden wird von der menschlichen Begierde verursacht. Das Leiden hört auf, wenn die Begierde aufhört.
Eine Überwindung des Leidens, das Heil, ist möglich mit Hilfe des achtfachen Pfades, der von den acht Speichen des Rades auf dem Jokhang Tempel in Lhasa symbolisiert wird.
Der achtfache Pfad besteht aus der rechten Rede, dem rechten Lebenserwerb, der rechten Anstrengung, der rechten Aufmerksamkeit, der rechten Konzentration, der rechten Erkenntnis und dem rechten Denken. Ziel der buddhistischen Lehre ist es, sich aus den Leiden des Lebens zu befreien und das Nirwana, die völlige Bedürfnislosigkeit, zu erreichen. Viele so genannte Sekten und Psychogruppen weisen in ihrer Lehre Elemente auf, die aus dem Buddhismus stammen. Besonders trifft dies auf Gruppen mit einem fernöstlichen Hintergrund zu.

Gegenwärtige Situation und Verbreitung

Es gibt vielfältige buddhistische Traditionen in vielen asiatischen Ländern. In den letzten 150 Jahren ist der Buddhismus auch nach Europa und Nordamerika gekommen. Ca. 6 Prozent der Weltbevölkerung bekennen sich zum Buddhismus.

Unterorganisationen und Abspaltungen

Zur Bildung der ersten buddhistischen Gesellschaft in Deutschland kam es 1903 in Leipzig. Buddhistische Gemeinschaften bestehen inzwischen in fast allen Großstädten der Bundesrepublik. Besonders verbreitet sind Zentren für den ➻ Zen-Buddhismus.

Bund für Gotteserkenntnis e. V.

Entstehungsgeschichte

Der Bund für Gotteserkenntnis e. V. zählte mit den ihm angeschlossenen Vereinen zu den größten faschistischen Organisationen in der Bundesrepublik und war fest ins bundesweite Netz nationaler und faschistischer Organisationen eingebunden. Seine Anhänger bezogen sich auf die antisemitischen Verschwörungstheorien Erich Ludendorffs, der am 9. November 1923 Mitinitiator des Hitler-Putsches war und mit seiner Frau Mathilde den Bund für Gotteserkenntnis e. V. gründete. Ziel des Putsches war 1923 die Errichtung einer rechtsgerichteten Diktatur in Deutschland. Die Mitglieder des Bundes betrachteten Adolf Hitler als ihren »Halbgott«. Wegen »Begründung, Stärkung und Erhaltung der nationalsozialistischen Rassenlehre« als »wissenschaftlichen Antisemitismus« wurde Mathilde Ludendorff 1950 verurteilt.

Lehre

Der »Wissenschaftliche Antisemitismus« beruhte auf einer Rassenlehre und war fester Bestandteil der inhaltlichen Ausrichtung des Bundes für Gotteserkenntnis, der offen rassistisch auftrat. Der Grundgedanke war die unterschiedliche Bewertung der menschlichen Rassen. Rassereinheit, besonders für die nordische Rasse, galt als oberster Wert, dieser wurde direkt aus der Stimme des Blutes, einer Art göttlichem Gewissen, abgeleitet. Eng verknüpft mit dem Gedanken des Blutes war der von Boden und Reich. Das Reich wurde mythologisch verklärt und zu einem Heilsgut erhoben.

Gegenwärtige Situation und Verbreitung
1961 ist der Bund in mehreren deutschen Bundesländern wegen verfassungsfeindlicher Ziele verboten worden.

Unterorganisationen und Abspaltungen
- Arbeitsgemeinschaft der Deutschen Glaubensbewegung
- Treuekreis Volksreligiöser Bewegung

C.A.R.P

C.A.R.P bedeutet »Collegiate Association for the Research of Principles« und bezeichnet den studentischen Zweig der ➻ Mun-Bewegung, der seine Mitglieder vor allem an Universitäten wirbt. Als »Deutsche Abteilung: Hochschulvereinigung zur Erforschung von Prinzipien« ist der Verein beim Amtsgericht Bonn unter der Nr. 4707 eingetragen. In Deutschland ist C.A.R.P. seit den 70er Jahren vertreten und sorgte mit seinen Aktivitäten für öffentliches Aufsehen: 1976 griff die C.A.R.P. massiv in den Bundestagswahlkampf ein, was bald gerichtlich untersagt wurde. Die Wahlplakate der C.A.R.P. hetzten gegen den Kommunismus und Sozialismus. Im August 1987 hielt die C.A.R.P in Berlin einen so genannten 4. Welt-Kongress ab. Es kam zu schweren Zusammenstößen zwischen der Polizei und den Demonstranten gegen Mun. Aufgrund dieser C.A.R.P.-Aktivitäten in Berlin behauptet ➻ San Myung Mun bis in die Gegenwart, dass es nur dem Einfluss der Vereinigungskirche zu verdanken sei, dass die Mauer fallen konnte und Deutschland wiedervereinigt wurde. ➻ Studenten-Sekten

Celestine

Entstehungsgeschichte
Das Buch »Die Prophezeiungen von Celestine« wurde 1993 von dem amerikanischen Psychotherapeuten James Redfield veröffentlicht. Die Prophezeiungen zählen mittlerweile zum Standardwerk auf dem Esoterikmarkt.

Lehre
Die »Prophezeiungen von Celestine« sind geprägt vom Gedankengut der ➻ New Age-Bewegung. Das Buch erzählt die Geschichte eines

namenlosen Helden, der an einem Wendepunkt seines Lebens steht. Eine 2000 Jahre alte Handschrift, die er in Peru gefunden hat, soll ihm Antworten auf alle Fragen des Lebens geben. Er macht sich auf den Weg und begegnet immer wieder besonderen Menschen, die ihm nach und nach von den »Prophezeiungen von Celestine« berichten. Auf seiner Reise entdeckt der Held, dass es noch viele andere Menschen gibt, die sich auf der Suche nach den letzten Antworten und einem tieferen Sinn befinden. Ziel der Lehre ist es, den Zweck der eigentlichen Existenz zu erkennen und die materielle und spirituelle Welt zu vereinen. Die Menschen sollen über die gegenseitige Liebe zu ihrem höheren Selbst geführt werden.

Gegenwärtige Situation und Verbreitung

Das Buch wurde in 25 Sprachen übersetzt. Die Gesamtauflage beträgt über 80 Millionen Exemplare. Die Verbreitung geschieht über Videokassetten, Spezial-Zeitschriften für ➻ Esoterik, Internetseiten und das Celestine Journal.

Unterorganisationen und Abspaltungen

- Celestine Prophecy connection

Channeling

(engl.: channel = Kanal)
Channeling ist eine spiritistische Technik, bei der Personen als Kanäle dienen, um Kontakt mit Geistwesen aufnehmen zu können. Die Person, die als ➻ Medium fungiert, versteht sich bei dieser Technik als Kanal, durch den die Geisterbotschaften übermittelt werden. Grundlegend für das Channeling ist der Glaube, dass jeder Mensch einen jenseitigen Führer besitzt. Channeling ist eine moderne Fortsetzung des Spiritismus. Im Unterschied zum ➻ Spiritismus melden sich nicht nur die Geister von Verstorbenen oder Engel, sondern auch Gestalten des ➻ kollektiven Unterbewusstseins. Die Technik des Channeling hat ihren Ursprung in der ➻ New Age-Bewegung.

Gegenwärtige Situation und Verbreitung

In den USA gibt es Channeling Shows im Fernsehen. Die Verbreitung geschieht auch mit Hilfe von Zeitschriften, Videos und Büchern.

Chanten

Die Mitglieder der ➻ Hare Krishna Bewegung chanten (singen) täglich bis zu 1780-mal das ➻ Mantra »Hare Krishna« mit dem folgenden Text: »Hare Krsna Hare Krsna Krsna Krsna Hare Hare Hare Rama Hare Rama Rama Rama Hare Hare«.

Charisma

Im weitesten Sinne bezeichnet der Begriff Charisma eine besondere Qualität einer Persönlichkeit bzw. eines ihrer Talente. ➻ Führer so genannter Sekten und Psychogruppen verfügen in der Regel über genügend Charisma, um die Menschen von der Gruppenlehre zu überzeugen und ➻ Faszination zu bewirken.

Charismatische Bewegung

(griech.: Charisma = Gnadengabe)
Die charismatische Bewegung entstand 1960 in den USA. Es handelt sich hierbei um eine internationale, überkonfessionelle christliche Erneuerungsbewegung, die auch als Neue Pfingstbewegung bezeichnet wird. Innerhalb der Bewegung spielt das Handauflegen eine große Rolle. Es heißt, dass der Gläubige dadurch vom Heiligen Geist erfüllt und getauft würde. Die Zeichen dieser Taufe können das so genannte »Zungenreden« sein sowie die Fähigkeit Sprachen auszulegen oder Geister zu sehen. Die Pfingstkirchen hatten ihren Ursprung in einer ähnlichen Bewegung zu Beginn des 20. Jahrhunderts, als sich kleine Gruppen von Gläubigen aus den protestantischen Kirchen zurückzogen. ➻ Christentum ➻ Evangelikale ➻ Neupfingstlertum ➻ Pfingstlerbewegung

Chinmoy-Bewegung

– hinduistischer Hintergrund –

Entstehungsgeschichte
An der Spitze der Bewegung steht der Inder Sri Chinmoy Kumar

Ghose (geb. 1931). Seit 1962 lebt Ghose in New York. Seine Anhänger behaupten, dass er mit übernatürlichen Kräften ausgestattet sei, die auf seine Göttlichkeit verweisen würden. Angeblich soll er in wenigen Monaten 180000 Bilder in Acryl gemalt und über 400 Bücher geschrieben haben.

Lehre

Im Mittelpunkt steht die Lehre von der Einheit der Religionen. Chinmoy lehrt, dass der Mensch mit Hilfe meditativer Techniken zu einem universellen Bewusstsein geführt werden könne. Um dieses Ziel zu erreichen, müssen sich die Meditierenden in das Bild Chinmoys versenken. Es heißt, dass sich Chinmoy anhand eines Fotos auf die Seele des Suchers konzentrieren könne. Von seinen Schülern fordert Chinmoy die strenge Befolgung von ➻ Ernährungs- und Lebensvorschriften. Die Mitglieder erhalten nach Eintritt in die Bewegung einen neuen Namen, was die ➻ Abkehr von der Welt und die Beziehung zum Göttlichen verdeutlichen soll.

Gegenwärtige Situation und Verbreitung

Seit 1970 leitete Chinmoy eine Meditationsgruppe bei den Vereinten Nationen. Chinmoy bezeichnet sich als Meditationslehrer im Auftrag der UN. In Wahrheit führte er seine Meditationsstunden in Räumen im UN-Hauptquartier durch, die (auch ohne Zustimmung der UN) frei angemietet werden können. Das Zentrum der europäischen Bewegung ist Zürich. Es gibt mittlerweile ca. 20 Zentren in Deutschland, u. a. auch in Leipzig.

Unterorganisationen und Abspaltungen

- Madal Bal Verlag
- Mountain Silence (Chor)
- Sri Chinmoy Verlag

➻ Ernährungsvorschriften ➻ Meditation ➻ Mythos

Christentum

Etwa 2 Milliarden Menschen bekennen sich weltweit zum Christentum. Es gibt viele christliche Gruppierungen und christliche Gemeinschaften. Die größte Gruppe unter den christlichen Kirchen sind mit etwa 900 Millionen die katholischen Christen, gefolgt von den protestantischen Christen, die aus der Reformation hervorgingen, und den orthodoxen Christen. Kernstück der christlichen Lehren ist der Glaube, dass Jesus Christus, Sohn Gottes, Gott und Mensch gleichermaßen, durch das Opfer seines Todes am Kreuz die Menschheit erlöst hat. Durch seine Auferstehung habe er den Tod überwunden. Er wurde etwa 7 vor Chr. geboren. Ein weiterer zentraler Punkt der Lehre Jesu ist die Liebe (u. a. Kor. 1, 13); man soll seine Feinde lieben (»Feindesliebe«) sowie seinen Nächsten (»Liebe deinen Nächsten wie dich selbst«). »Gott ist die Liebe« (Joh. 1, 4–8). Das Leben Jesu wurde durch die vier Evangelisten Matthäus, Markus, Lukas und Johannes im Neuen Testament aufgezeichnet. Das Christentum ging aus dem ➻ Judentum hervor; Jesus wurde als der Messias verstanden (und verstand sich selbst so), den das Judentum jahrhundertelang ersehnt hatte. Grundlage der christlichen Religion, die eine Schriftreligion wie das Judentum und der ➻ Islam ist, sind die Bücher des Alten und des Neuen Testamentes. Die Juden anerkennen nur das Alte Testament, das sie als die hebräische Bibel oder »Gesetz (➻ Thora), Propheten und Schriften« kennen. Die Gründung der christlichen Kirche geschah durch die Osterereignisse der Auferstehung Jesu Christi, durch die Sendung, alle Völker zu taufen und durch die Ausgießung des Heiligen Geistes, der als »Lebens-Prinzip der Kirche« gilt. Im Lauf der Geschichte veränderte sich das Bild der Kirche und etablierte sich »zum Reich Gottes auf Erden«. Viele so genannte Sekten weisen in ihrer Lehre einen christlichen Hintergrund auf. ➻ Bibel ➻ Jüngstes Gericht ➻ Weltreligionen

Christliche Wissenschaft

Entstehungsgeschichte

Die Gründerin der Christlichen Wissenschaft *(engl.: Christian Science)* ist Mary Baker Eddy (1821-1910). Da sie selbst unter Krankheiten litt, beschäftigte sie sich früh mit der Frage nach Heilung. Die christliche Wissenschaft strebt Heilung durch das inspirierte Wort der ➻ Bibel an, das den Menschen umwandelt und geistig erneuern soll.

Lehre

Den Kern der Lehre bildet die Vorstellung, dass Krankheiten, Sünde und Tod nicht von Gott geschaffen seien, sondern nur in der Einbildung des Menschen existierten. Krankheiten seien von daher nicht medikamentös, sondern nur mental heilbar. Der Weg des Heils könne nur über das Gebet beschritten werden. Anknüpfend an die Theorien des Heilpraktikers Quimby, der die Ansicht vertrat, alle Krankheiten seien der Ausdruck negativer Gedanken und durch positives Denken zu beeinflussen, machte Mary Baker Eddy nach seinem Tode 1866 beim Lesen im ➻ Neuen Testament die Erfahrung einer ➻ Spontanheilung. Von 1872 bis 1875 fasste sie ihre Gedanken in dem Buch »Wissenschaft und Gesundheit mit Schlüssel zur Heiligen Schrift« zusammen. Nach mehreren Anläufen wurde 1892 »The First Church of Christ Scientist« in Boston gegründet. 1907 entstand in Zürich die erste Vereinigung der Schweiz, eine deutsche Vereinigung existierte bereits seit 1904 in Berlin.

Gegenwärtige Situation und Verbreitung

Es gibt ca. 3000 Gemeinden, davon ca. 100 in Deutschland. In der ehemaligen DDR wurde die Christian Science (42 Gemeinden) 1951 verboten. Am 3. November 1989 durfte die Bewegung wieder zugelassen werden. In einigen Bundesländern, z. B. in Bayern, Hamburg, Niedersachsen und Berlin, hat die Gruppe den Status einer Körperschaft des Öffentlichen Rechts. An bundesdeutschen Universitäten gibt es z. Z. neun Hochschulgemeinden.

Unterorganisationen und Abspaltungen

Bemühungen, die Lehre von Mary Baker Eddy weiterzuführen, führten zu Abspaltungen innerhalb der Christlichen Wissenschaft.
1933 bildete sich auf Initiative Karl Sprengers der »Schweizer Landesverband freier christlicher Wissenschaftler« mit Sitz in Schaffhausen. 1942 zählte dieser rund 100 Mitglieder. Der Verband löste sich 1999 auf. Weitere Unterorganisationen und Abspaltungen sind:

- Doorly-Bewegung
- Kappeler-Institute
- Neugeist-Bewegung

➻ Körperschaftsstatus

Christlicher Fundamentalismus

Der christliche Fundamentalismus tauchte zum ersten Mal in den USA Ende des 19. und Anfang des 20. Jahrhunderts auf. Die Vertreter dieser Bewegung waren der Auffassung, dass die Wörter des

Originaltextes der Bibel von Gott selbst inspiriert seien. Damit könne es keinen Zweifel an den biblischen Aussagen geben. Es waren vor allem fünf Fundamente, die man als unbezweifelbar ansah: Die Unfehlbarkeit der Bibel, die von Gott selbst inspiriert sei, die leibliche Auferstehung Christi, Jungfräulichkeit der Mutter Maria, Jesu Sühneopfer, welches stellvertretend für die ganze Menschheit geschehen sei und die leibliche Wiederkehr Jesu auf Erden. Ihren Namen erhielt die Bewegung durch eine zwölfbändige Schriftenreihe, die sie zwischen 1910 und 1915 herausgab: »The Fundamentals. A Testimony to the Truth«. In den 70er Jahren erlebte der ➻ Fundamentalismus in den USA einen Aufschwung. Die Bewegung organisierte Protestkampagnen gegen das Recht auf Abtreibung, die Gleichberechtigung der Frau und die Sexualaufklärung an den Schulen. Christlicher Fundamentalismus findet sich heute in den USA vor allem innerhalb verschiedener Richtungen des Evangelikalismus und in der pfingstlerisch-charismatischen Bewegung. Christliche Fundamentalisten wenden sich vor allem gegen die ➻ Bibelexegese. Viele der so genannten Sekten mit christlichem Hintergrund weisen fundamentalistische Grundzüge auf. ➻ Affenprozess ➻ Christentum ➻ Islamischer Fundamentalismus

Church

Scientologen bezeichnen ihre Bewegung als »Church of Scientology« (Scientology-Kirche). Während ➻ Scientology in Deutschland bisher keine staatliche Anerkennung als Kirche fand, gilt die Gruppe in Amerika offiziell als Religionsgemeinschaft. Ein psycho- und sozialtechnisches Gutachten der Ludwig-Maximilian-Universität München, das Ende November 2002 veröffentlicht wurde, stellte fest: »Scientology ist keine Religions- oder Weltanschauungsgemeinschaft im Sinne des Grundgesetzes.« Der bayrische Innenstaatssekretär Hermann Regensburger (CDU) plante aufgrund des Gutachtens eine härtere Vorgehensweise gegen Scientology. Regensburger begründete seine Entscheidung damit, »dass der Staat nicht einfach zusehen dürfe, wenn Scientology Menschen wirtschaftlich und geistig beschädigt und versucht, Unternehmen und Behörden zu Instrumenten ihrer Pläne zu machen.« (Aus: »Bayern plant härteres Vorgehen gegen Scientology«/ Medienberichte 18. 11. 2002, o. S.)

Clear

»Clear« bezeichnet nach scientologischer Meinung einen Bewusstseinszustand, der das Ziel des ➻ Auditings bildet. Wer die Stufe eines Clear erreicht hat, hat keine so genannten Engramme (negativen Erinnerungen) mehr an seine Vergangenheit. Nach der Lehre der Scientologen steigern sich dann die geistigen Fähigkeiten um ein Vielfaches, da der Geist nicht mehr von Gefühlen beeinflusst sei. ➻ Scientology

Colonia Dignidad

(Kolonie der Würde)

Entstehungsgeschichte

1956 hatte sich diese Gruppe auf Betreiben des evangelischen Laienpredigers Paul Schäfer (Jg. 1921) vom Bund evangelisch-freikirchlicher Gemeinden in Deutschland abgespalten. Unter dem Namen Private Sociale Mission gründete Schäfer in Siegburg ein Erziehungsheim, in dem die Kinder der Mitglieder der Bewegung untergebracht waren. Als die Staatsanwaltschaft wegen des Verdachts des sexuellen Missbrauchs der Kinder ermittelte, floh ein Teil der Mitglieder im Januar 1961 nach Chile. Die rechtsextremistischen Botschafter Arturo Masche und Guillermo Osoiro unterstützten Schäfer bei der Wahl des Zufluchtsortes und fanden eine Kolonie 200 Kilometer südlich der chilenischen Hauptstadt Santiago de Chile. Anfangs nannte sich die Kolonie »Vereinigung für Wohltätigkeit und Erziehung« und gab vor, sich um bedürftige chilenische Kinder zu kümmern. 1973, nach dem Militärputsch, entwickelte sich die Colonia Dignidad, was übersetzt »Kolonie der Würde« bedeutet, unter Pinochet zu einem Folter- und Arbeitslager des ehemaligen chilenischen Geheimdienstes DINA. Der Geheimdienst DINA war für die spurlose Ermordung politischer Gefangener zuständig. Außerdem bot der Geheimdienst Neonazis, rechten Terroristen und NS-Verbrechern einen Zufluchtsort und eine Anlaufstelle. Jahrelang stellte die Colonia Dignidad eine politische Schnittstelle zwischen der bayerischen CDU und der Pinochet-Diktatur dar. In der Zeit der Pinochet-Diktatur, 1974 bis 1988, entwickelte sich die Colonia Dignidad zur Folterstätte der Geheimpolizei DINA, die von den Mächtigen der Diktatur oft besucht, umfassend politisch geschützt und materiell unterstützt wurde. Unterstützung genoss die Colonia in dieser Zeit auch von deutscher Seite: In der CDU/CSU gab es einen Freundeskreis der Kolonie und es fanden Besuche des CDU-Bundestags-Abgeordneten Herkenrath statt. 1986 wurde ein hoher Orden des Pinochet-Regimes an den deutschen Verteidigungsattaché Müller-Borchert verliehen, was auch in CDU-Kreisen auf Protest stieß – ausgelöst durch eine öffentliche Stellungnahme von Heiner Geissler.

Gegenwärtige Situation und Verbreitung
Schäfer ist seit 1996 untergetaucht. Sein Sicherheitschef und Stellvertreter Gerhard Mücke wurde im September 2000 verhaftet. Die derzeitige Bezeichnung der Colonia Dignidad lautet »Villa Baviera«. Die Kolonie entwickelt sich z. Z. vom Folterlager zu einer normalen Agrarkooperative und wird demokratisiert. Die strikte Geschlechtertrennung, die unter Schäfer dort geherrscht hat, ist aufgehoben. Die Mitglieder können sich frei auf dem Gelände bewegen und haben Zugang zu Informationen und zur Außenwelt.

Crossroad Church of Christ

Vor der Gründung der ➻ Boston Church of Christ war ➻ Kip MacKean, der Führer der Bewegung, in der Gruppe Crossroad Church of Christ aktiv. Die Bewegung warb ihre Mitglieder im studentischen Umfeld. Später wurde aus der Crossroad Church of Christ die Boston Church of Christ.

Daime

Daime ist ein Teegebräu, das eine ähnlich rauschhafte Wirkung erzeugt wie LSD, Ecstasy oder andere Designer-Drogen. Ende der 80er Jahre kam der Daime erstmals aus den USA nach Deutschland. Das ➻ Natale-Institut in Berlin geriet in den Blickpunkt der Öffentlichkeit und der Justiz, als bekannt wurde, dass der Daime während der Seminare als »Zaubertrank« an die Teilnehmer verteilt worden war. ➻ Drogen

Das Heilmittelgesetz

Das Heilmittelgesetz besagt, dass alle verwendungsfertigen Arzneimittel zulassungspflichtig sind. Von der Zulassungspflicht ausgenommen sind Arzneimittel, die nach ärztlicher Verordnung hergestellt werden. Dies gilt so wohl in der Schweiz als auch in der Bundesrepublik Deutschland, hier durch das Medizinprodukte-Gesetz (MPG) geregelt. (Das Schweizer Heilmittelgesetz ist der EU Gesetzgebung angepasst.) ➻ Fiat Lux ➻ Neue Medizin

Dämonen

Das Wort Dämon leitet sich von dem altgriechischen Begriff »daimon« her, der sich auf Geschöpfe bezieht, die aufgrund ihrer besonderen Fähigkeiten zwischen den Menschen und den Göttern stehen. Diese Fähigkeiten dienen dazu, das Leben der Menschen zu verbessern oder die von den Göttern verhängten Strafen zu vollziehen. Nach dem Verständnis der meisten Religionen ist ein Dämon ein übernatürliches, jedoch nicht göttliches Geschöpf. Es kann auch ein Geist oder eine Kraft sein, mit der Fähigkeit, das Leben von Menschen meist negativ zu beeinflussen. Die meisten Religionen halten Dämonen für reale Wesen. In einigen so genannten Sekten wird die Dämonenangst der Mitglieder bewusst geschürt. Besonders erwähnenswert sind in diesem Zusammenhang das ➻ Engelwerk und die ➻ Zeugen Jehovas. ➻ Schamanen treiben Dämonen aus.

De-Programmieren

Die Loslösung eines Mitgliedes aus einer so genannten Sekte erfordert oftmals fachliche Hilfe, welche Eltern und Freunde in der Regel nicht leisten können. Anfang der 80er Jahre kam das Verfahren des so genannten De-Programmierens von Amerika nach Deutschland. Man ging hierbei von der Annahme aus, dass das Gruppenmitglied mit Hilfe der ➻ Bewusstseinskontrolle in Abhängigkeit gebracht worden war und die Mitgliedschaft in der Gruppe nicht mehr kritisch reflektieren konnte. Mit Hilfe des De-Programmierens sollten im Gruppenmitglied Zweifel an der Lehre der

Gruppe entstehen und das kritische Bewusstsein geweckt werden, um seine Entscheidungsfreiheit zurückzuerlangen. Da die meisten Gruppenmitglieder jedoch zu einer solchen Konfrontation mit Außenstehenden nicht freiwillig bereit waren, ließen Freunde und Angehörige den Betroffenen nicht selten aus der Gruppe entführen. Der evangelische, mittlerweile verstorbene Pfarrer Friedrich Wilhelm Haack sprach sich in den 80er Jahren entschieden gegen das De-Programmieren aus und kritisierte vor allem die Tatsache der Entführung, welche er als »ungesetzlichen Akt der Freiheitsberaubung« bezeichnete. Der Umstand, dass seitens der Jugendreligionen auch schon einzelne Fälle von Freiheitsentzug bekannt geworden waren, würde Außenstehende nicht berechtigen, das Gleiche zu tun. Der Berliner Pfarrer und Weltanschauungsbeauftragte Thomas Gandow kam 1999 zu einer ähnlichen Einschätzung wie Haack. Gandow bezeichnete das De-Programmieren als kriminell. Es wäre – so Gandow – genau das Gleiche, was den so genannten Sekten vorgeworfen wird – die totale Entmündigung des Gruppenmitglieds. Nicht nur in Amerika, sondern auch in Deutschland erfüllt das Kidnappen von Sektenmitgliedern nach wie vor einen juristischen Straftatbestand, der eine langjährige Gefängnisstrafe zur Folge haben kann.
➻ Ausstieg ➻ Ausstiegsberatung ➻ Elterninitiativen ➻ Hassan, Steven

Destabilisieren

Das Aufbrechen oder Destabilisieren der Persönlichkeit ist nach den theoretischen Ausführungen des amerikanischen Ausstiegsberaters ➻ Steven Hassan der erste von drei Schritten der ➻ Bewusstseinskontrolle. Nicht nur in den USA, sondern auch in Deutschland konnte in besonders schweren Fällen bei Mitgliedern so genannter Sekten und Psychogruppen eine zunehmende Destabilisierung der Persönlichkeit beobachtet werden. ➻ Fixieren

Destructive cults

In den USA werden einige so genannte Sekten und Psychogruppen als destructive cults bezeichnet, also zerstörerische Kulte. Es handelt sich hierbei um Gruppen, die totalitäre Strukturen aufweisen und mit verschiedenen Techniken der Persönlichkeitsveränderung ihre Anhänger ausbeuten und abhängig machen. In der Regel erheben sie einen Monopolanspruch auf die Wahrheit und verfügen über einen Weltrettungsplan (Gross, Werner: Psychomarkt – Sekten – destruktive Kulte, Bonn 1996, S. 32). Beispiele für solche Kulte sind u. a.: ➻ Die Kinder Gottes, ➻ Mun-Bewegung, ➻ Transzendentale Meditation, ➻ Hare Krishna Bewegung, Sri Chinmoy-Bewegung und ➻ Scientology. Im Zusammenhang mit so genannten Sekten und Psychogruppen hat sich der Begriff Kult auch in Deutschland in den allgemeinen Sprachgebrauch eingebürgert.

Dialog

Viele so genannte Sekten und Psychogruppen gehen von der Annahme aus, dass ihre ➻ Lehre die absolute Wahrheit beinhalte und infolge dessen kein Dialog mit Außenstehenden möglich sei. In einigen Gruppen werden Diskussionen über die jeweilige Lehre mit Kritik und Zweifeln gleichgesetzt und sind deshalb streng untersagt. Nicht selten sind die Mitglieder überzeugt davon, dass Zweifel an der Gruppenlehre von Satan und den ➻ Dämonen herrühren können. ➻ Absolutheitsanspruch ➻ Dualismus ➻ Kritiker

Dianetik

1950 gelang ➻ L. Ron Hubbard mit dem Buch »Dianetik« der Durchbruch als Schriftsteller. »Dianetik – der Leitfaden für den menschlichen Verstand« – ist das Standardwerk der Scientologen. Die komplette Lehre von ➻ Scientology ist in diesem Buch niedergeschrieben. Hubbard selbst definierte Dianetik folgendermaßen: »Dianetik ist ein Versuch des Menschen, eine Stufe der Freiheit zu erreichen, auf der Anstand und Glücklichsein die Oberhand gewinnen können und auf der ein Wissen vom Verstand selbst die skrupellose Anwendung des Sklavereimechanismus verhindert.« (Hubbard, L. Ron: Religiöse Philosophie und religiöse Praxis. 21. Juni 1960, o. S.) Die einzelnen »Stufen der Freiheit« sollen durch die Bewusstwerdung des Unbewussten erreicht werden. Dadurch soll der Mensch von Komplexen und fast allen Krankheiten befreit werden und sei am Ende mit einem überdurchschnittlichen Intelligenzquotienten ausgestattet. Scientologen sehen in ihrer Lehre die einzig mögliche Rettung der Menschheit. Von daher werden Gegner von Scientology als Feinde der Menschheit angesehen und mit allen Mitteln bekämpft, was u. a. bereits zu zahlreichen Gerichtsprozessen geführt hat. ➻ Auditing ➻ Clear

Die Heiligen der letzten Tage

Die ➻ Mormonen werden auch Die Heiligen der letzten Tage genannt. ➻ Körperschaftsstatus

Dirk Hamer Syndrom

➻ Geerd Ryke Hamer, der Begründer der so genannten ➻ Neuen Medizin war vom Tod seines Sohnes Dirk so geschockt, dass er – wie er selbst behauptete – an Hodenkrebs erkrankte. Dieses Erlebnis entwickelte er später zu seiner Theorie des so genannten Dirk Hamer Syndroms (DHS), das zu einer wesentlichen Grundlage der Neuen Medizin wurde. Die Theorie der Neuen Medizin besagt, dass jeder Konflikt immer einen ganz bestimmten Inhalt habe. Der Körper schalte durch den Konfliktschock auf ein Not- oder Sonderprogramm, um mit der unvermutet eingetretenen Situation fertig werden zu können. Die Krebserkrankung sei ein Ausdruck des Konfliktschocks. Wird der Konflikt gelöst, bilde sich der Krebs zurück und der Patient sei geheilt. Ärztliche Hilfe wird von den Anhängern der Neuen Medizin in den meisten Fällen abgelehnt. Geerd Ryke Hamer wird zurzeit in Deutschland strafrechtlich verfolgt und lebt deshalb in Spanien. ➻ Pilhar, Olivia

Divination

Divination bedeutet Zukunftsdeutung. In den Bereich der Divination fallen u. a. die ➻ Astrologie, das Kartenlegen (➻ Tarot) und das ➻ Handlesen. ➻ Esoterik

Divine light Mission

(Mission des göttlichen Lichts)
– hinduistischer Hintergrund –

Die Divine light Mission wurde von dem Inder Sri Hans Ji Maharaj in Delhi gegründet. Nach seinem Tode im Jahre 1966 übernahm Guru Maharaj Ji (Jg. 1957), der Sohn des Sri Hans Ji Maharaj, die Führung. Ziel ist es, Göttliches Licht in die Welt zu bringen, wobei Guru Maharaj Ji dieses Licht für die Mitglieder verkörpert. Mit Hilfe meditativer Übungen sollen die Mitglieder dem göttlichen Licht nahe gebracht werden. Auf ➻ Alkohol und Nikotin soll weitestgehend verzichtet werden. Der Tagesablauf der Anhänger ist streng ritualisiert. Teilnahme an täglichen ➻ Meditationen und Vorträgen des ➻ Gurus sind Vorschrift. Die Mitglieder der Bewegung leben in ➻ Ashrams. Sie werden innerhalb der Bewegung »Wahrheitsliebende« genannt. ➻ Hinduismus

Dritter Weltkrieg

➻ San Myung Mun verkündet in seinen Schriften öffentlich den Dritten Weltkrieg und fordert seine Mitglieder dazu auf, in den Krieg zu ziehen. In den Schriften Muns heißt es u. a.: »Der Sieg der himmlischen Seiten in diesem dritten Weltkrieg wird die Errichtung der idealen, ursprünglich geplanten Welt ermöglichen. Für diesen Krieg müssen alle Mitarbeiter unter Einsatz ihres Lebens kämpfen. Die Welt ist das Ziel. Wir können nicht hilflose Opfer der kommunistischen Welt sein. Wenn die Zeit kommt, um die satanischen Kräfte zu bekämpfen, dann werde ich nicht zögern, Chefkommandant der himmlischen Truppen zu werden.« (Mun, San Myung: Die neue Zukunft des Christentums, Vereinigungskirche e. V. 1977, S. 28) ➻ Mun-Bewegung

Drogen

Laut einer Kurzdefinition der Weltgesundheitsorganisation (WHO) wird jede Substanz als Droge bezeichnet, die eine oder mehrere Körperfunktionen verändert. In einigen so genannten Sekten und

Psychogruppen ist der Konsum von Drogen untersagt. Manche Gruppen engagieren sich mit eigenen Programmen für die Rehabilitierung Drogensüchtiger (z. B. ➻ Scientology mit der Unterorganisation »Narconon«). ➻ Alkohol

Druck

So genannte Sekten und Psychogruppen werten den Beitritt neuer Mitglieder als einen großen Erfolg. Manche Mitglieder können dadurch unter den inneren Druck geraten, neue Mitglieder für die Bewegung werben zu wollen. ➻ Mission ➻ Zeugen Jehovas

Dualismus

Das Weltbild vieler so genannter Sekten und Psychogruppen weist dualistische Züge auf und teilt die Welt in Gut und Böse ein. Dadurch erleben die Mitglieder die Außenwelt häufig als böse und feindlich, während sie aus ihrer Sicht im inneren Kreis der Gruppe das Heil erleben. ➻ Dialog ➻ Heil ➻ Lehre

Dualliebe

Der Begriff der Dualliebe geht von der Vorstellung aus, dass dem Mann seit der Vertreibung aus dem Paradies das weibliche und der Frau das männliche Prinzip fehle.

In der Dualliebe wird dieser fehlende Teil ergänzt. Die Ehe wird zur völligen Einheit und erlangt göttliche Qualität. In einigen so genannten Sekten (z. B. ➻ Fiat Lux, ➻ Mun-Bewegung) wird der Dualliebe große Bedeutung beigemessen. Die Mitglieder werden von der ➻ Führerfigur miteinander verheiratet. So erhalte z. B. Uriella, die Führerin des Ordens Fiat Lux, während ihrer ➻ Volltrance-Botschaften vom Heiland die Bestätigung, dass es sich bei den Paaren um »wahre Dual-Seelen« handelt. Ein ähnliches Prinzip wird in der Mun-Bewegung praktiziert. Dort werden die Mitglieder von Mun »gematcht«, d. h. Mun stellt die Paare wahllos anhand von Fotografien zusammen. Diese werden anschließend auf ➻ Massenhochzeiten verheiratet, obwohl die Partner sich in der Regel zuvor noch nie gesehen haben. ➻ Bertschinger-Eicke, Erika ➻ Eicke, Eberhardt ➻ Matching

Duhm, Dieter

Dieter Duhm wurde 1942 in Berlin geboren. Er ist promovierter Soziologe, Kunsthistoriker und Psychoanalytiker. Seit 1967 engagierte er sich in der marxistischen Linken und in der Studentenbewegung, zu deren führenden Köpfen er gehörte. Er beteiligte sich an radikalen Aktionen, erhielt jedoch Straferlass durch die vom damaligen Bundespräsidenten Gustav Heinemann erlassene Amnestie für politische Straftäter. Duhm verband den Gedanken der politischen Revolution mit dem Gedanken der individuellen Befreiung. Bekannt wurde er vor allem durch die Schriften »Revolution ohne Emanzipation ist Konterrevolution«, das »Mannheimer Papier« und »Jürgen Bartsch in uns«. Ab 1975 distanzierte sich Duhm vom linken Dogmatismus und begann nach alternativen Lebensentwürfen zu suchen. Er nahm an vielen Projekten teil und besuchte u. a. auch den Friedrichshof des österreichischen Aktionskünstlers ➻ Otto Mühl. 1979 trennte sich Duhm von Mühl nach eigener Aussage wegen »unauflöslicher konzeptioneller Gegensätze«. Duhm errichtete die ➻ Bauhütte e. V. und entwickelte Konzepte der freien Liebe, u. a. entstand im Laufe einiger Jahre das Netzwerk ➻ MEIGA. Es kam zu einer Zusammenarbeit mit der Theologin und ehemaligen Prostituierten Sabine Lichtenfels, die bis in die Gegenwart anhält. 1995 gründete er gemeinsam mit Sabine Lichtenfels das Kulturzentrum Tamera in Portugal. Seit 2001 wird die Abteilung für Kunst und Heilung in Tamera unter der Leitung von Dieter Duhm weiter ausgebaut. Duhm hat seine Gedanken und Ziele in seinem neuen Buch, welches 2001 erschienen ist, niedergeschrieben. Das Buch trägt den Titel: »Die heilige Matrix – von der Matrix der Gewalt zur Matrix des Lebens. Grundlagen einer neuen Zivilisation.« ➻ AAO ➻ Z.E.G.G.

DVAG

Die Deutsche Vermögensberatungs-AG (DVAG) ist Deutschlands größter Finanz-Strukturvertrieb. Die DVAG wurde im Jahre 1975 durch Dr. Reinfried Pohl gegründet und gehört der Aachener und

Münchener Versicherung an. 1978 umfasste der Vertrieb bereits mehr als 1000 Vermögensberater. 1980 wurde die Allgemeine Vermögensberatung GmbH in Deutsche Vermögensberatung AG umbenannt. 1985 wurde die Deutsche Akademie für Vermögensberatung e.V. gegründet. 1989 umfasste die DVAG bereits 5000 Vermögensberater. Im Jahre 1991 erreichte die Zahl der Kunden erstmals die Millionengrenze. Der ehemalige Mitarbeiter Wolfgang Dahm verließ die DVAG nach zwölfjähriger Mitgliedschaft im März 1995. In seinem Buch »Beraten und verkauft« übte Dahm massive Kritik an der DVAG. Der Alleinvorstand des Unternehmens, Dr. Reinfried Pohl, verklagte Dahm daraufhin und wollte fast 100 Textstellen in dem Buch verbieten lassen, die seiner Meinung nach nicht der Wahrheit entsprächen. Dahm schrieb u. a.:

»Sie [N. B.: Die Mitarbeiter] sollen an das Unternehmen gebunden und wie bei den Sekten vom Unternehmen abhängig gemacht werden.«

»Überhaupt ist das Spiel mit der Angst eines der wichtigsten Psycho-Instrumente, sowohl der Sekten als auch der Strukturvertriebe.«

»Ein gesundes kritisches Denken und ein normaler Realitätssinn sind dem Mitarbeiter in diesem Stadium bereits abhanden gekommen. Er ist zum Spielball der Gesellschaft geworden. Er wird von der Gesellschaft und den übergeordneten Gruppenleitern unter Vorgaukelung der heilen Welt für deren Zielsetzung benutzt.«

»Die Strukkis brauchen wie Sektenanhänger den persönlichen Kontakt, um ihre Opfer wie eine Spinne einzufangen.«

Pohl scheiterte mit seiner Klage vor dem Landgericht Frankfurt und vor dem Oberlandesgericht Frankfurt (Urteil des OLG Frankfurt Aktenzeichen 6 U 237/96). Der Bundesgerichtshof verweigerte Ende 1998 die Annahme der Revision. Seit 1999 gilt die DVAG als weltweit größter eigenständiger Finanzbetrieb. ➻ Strukturvertrieb ➻ Pyramidenspiele

Eckankar-Bewegung

Entstehungsgeschichte

Gegründet wurde die Eckankar-Bewegung 1965 von dem Amerikaner Paul Twitchell (1908–1971). Eckankar ist eine ➻ Psychogruppe, die vorgibt, jeden Menschen zur Erforschung des Seelenreisens führen zu können.

Lehre

Nach der Lehre der Bewegung sendet Gott SUGMAG die Seele jedes Menschen ins Leben, damit er sich selbst als göttliches Wesen erkenne, das auf heiligem Boden wandelt. Die Eckankar-Bewegung verfolgt einen spirituellen Weg mit vier Säulen:

1. Selbstdisziplin
2. Absolutes inneres Vertrauen in den inneren Meister
3. Wahre Kontemplation der Werke von Eckankar
4. Die spirituellen Übungen von Eckankar

Eckankar verheißt seinen Anhängern die Meisterung aller Lebensprobleme und die Entfaltung des Geistes bis hin zum Übermenschen.

Gegenwärtige Situation und Verbreitung

Die Verbreitung geschieht über das Internet, mit Hilfe von Flugblättern und Mund-zu-Mund-Propaganda der einzelnen Teilnehmer.

Unterorganisationen und Abspaltungen

- Eckankar Gemeinnützige Studiengruppen Deutschland e. V.

Eicke, Eberhardt

Der Unternehmer Eberhardt Eicke ist der Ehemann von ➸ Erika Bertschinger-Eicke. Die Mitglieder des Ordens ➸ Fiat Lux nennen ihn Icordo. Erika Bertschinger bezeichnet ihn als ihre »Dualseele«. Eberhardt Eicke wurde am 29. August 1940 in Einbeck/Niedersachsen geboren. An der Universität Hamburg schloss er ein Studium zum Diplom-Kaufmann ab. Nach einer langen Berufslaufbahn im kaufmännischen Bereich (u. a. als Marketing-Direktor und Unternehmensberater), begann Eicke sich auf die Führungsaufgaben im Orden Fiat Lux zu konzentrieren. Er leitet gegenwärtig die ➸ Rohkost Erimitage der Stiftung Bethanien GMBH in Ibach und führt Seminare im Orden Fiat Lux durch. Eicke ist u. a. auch für Pressekontakte und andere organisatorische Aufgaben verantwortlich.

➸ Dualliebe

Eklektizismus

➻ Esoterik wird geprägt vom Eklektizismus, d. h. Menschen suchen sich aus verschiedenen weltanschaulichen Bereichen aus, was ihrer Meinung nach der Wahrheit entspricht.

Elite

Die Mitglieder so genannter Sekten und Psychogruppen verstehen sich oftmals als auserwählte Gruppe, die eine Elite bildet. Viele glauben, die Menschheit mit Hilfe einer höheren Macht oder im Namen einer ➻ Lehre befreien zu können. Die Heilslehre der Gruppe gerät hierbei oft in Gefahr, als einzig gültige Wahrheit überhöht zu werden. ➻ Absolutheitsanspruch ➻ Dualismus ➻ Heil ➻ Kritiker

Elterninitiativen

Anfang der 70er Jahre, mit dem Aufkommen der ersten ➻ Jugendreligionen in Deutschland, kam es zur Gründung von zahlreichen Eltern- und Betroffeneninitiativen. Deren Ziel war es, den Umgang mit dem Phänomen der Abhängigkeit zu lernen und Informationen zu vermitteln. Information, Beratung Angehöriger sowie die Betreuung von Aussteigern sind Aufgaben der Elterninitiativen bis in die Gegenwart. Das so genannte ➻ De-programmieren eines Mitgliedes, d. h. das gewaltsame Herauslösen aus der Gruppe, das seinen Ursprung in Amerika hat, wird von den meisten deutschsprachigen Elterninitiativen abgelehnt. In der Erklärung der Elterninitiativen zum so genannten »Deprogramming« (»Münchener-Erklärung«) heißt es 1982: »Die Eltern- und Betroffeneninitiative gegen psychische Abhängigkeit für geistige Freiheit Berlin e. V. (EBI) lehnt das sogenannte Deprogramming, das auf Freiheitsentzug und seelischem und äußerem Druck aufbaut, kompromisslos ab.«

E-Meter

Das E-Meter, auch Lügendetektor genannt, wird von Scientologen während der Auditing-Sitzungen als therapeutisches Hilfsmittel

benutzt, um Hautwiderstände beim Probanden zu messen. Der scientologische Therapeut kann auf diese Weise die Aussagen des Patienten auf ihren Wahrheitsgehalt überprüfen. In einer Erklärung der so genannten ➻ Elterninitiativen, die sich seit den 70er Jahren zusammengeschlossen hatten, da viele Jugendliche in Jugendsekten geraten waren, heißt es u. a.: »der Einsatz des E-Meters als Lügendetektor ist ein Angriff auf die Menschenwürde« (AZ 115JS4298-84, S. 58/59). Diese und andere Stellungnahmen wurden von den ➻ Elterninitiativen in dem so genannten Münchener-Abkommen von 1980 beschlossen und an die Öffentlichkeit gegeben.
➻ Auditing ➻ Clear ➻ Scientology

Engel

(griech.: angelos = Bote).
Aus religiöser Sicht sind Engel Geistwesen, die als Mittler, als Boten bzw. Botschafter zwischen Gott und den Menschen fungieren. Religiöse Vorstellungen von Engeln gibt es in allen großen ➻ Weltreligionen. Das ➻ Christentum leitet seine Engelsvorstellung besonders aus der ➻ Bibel ab, wo verschiedene Engelshierarchien genannt werden (Seraphim, Cherubim, Erzengel etc.). Die Engelsvorstellungen des ➻ Judentums weisen große Ähnlichkeit mit den christlichen Vorstellungen auf, da sie sich auf dieselben biblischen und außerbiblischen Überlieferungen beziehen. Es heißt, dass die Gestalt der Engel der des Menschen gleich sei, doch den Engeln fehle der böse Trieb des Menschen. Im Islam zählt der Glaube an die Engel zu den Glaubensgrundsätzen. Ihr Schmähen gilt als Blasphemie. Der bedeutendste Engel im ➻ Islam ist Jibril (Gabriel), der Engel der Offenbarung, der als Überbringer der Gottesworte an die Propheten und des Korans an Mohammed gilt. Das Interesse an den Engeln hat im Laufe der Jahre ebenso Eingang in die unterschiedlichsten Bereiche der Esoterik gefunden. Ein Beispiel ist das ➻ Engelwerk von Gabriele Bitterlich. Allgemein lässt sich feststellen, dass der Glaube an einen persönlichen Schutzengel bis in die Gegenwart in der ➻ Esoterik weit verbreitet ist. Zahlreiche Bücher und Zeitungsartikel befassen sich auf eindrucksvolle Weise mit der Thematik »Schutzengel«; es gibt sogar spezielle Ratgeber über die Kontaktierung und Zusammenarbeit mit Schutzengeln.

Engelwerk

(Opus Angelorum)
– christlich-fundamentalistischer Hintergrund –

Entstehungsgeschichte

Das Engelwerk ist eine Vereinigung katholischer Priester und Laien, die die Verehrung der ➻ Engel für vordringlich halten. Das Hauptanliegen des Werkes ist es, Menschen und Engel in Kontakt zu bringen. Gegründet wurde das Werk von der Österreicherin Gabriele Bitterlich (1896–1978). In Privatoffenbarungen soll ihr die gesamte Engel- und Dämonenwelt kundgetan worden sein. Ihre Erkenntnisse hat Gabriele Bitterlich auf über 80000 Manuskriptseiten zusammengestellt. Die Anhänger des Engelwerkes können über ein Stufensystem von Weihen in den inneren Kreis der Engelwelt gelangen.

Lehre

Die Lehre des Engelwerkes basiert auf der Vorstellung, dass die apokalyptische Endzeit angebrochen sei. In der Endzeit kämpfen Engel und ➻ Dämonen um die Macht. Es wird jedem Mitglied geraten, sich einem guten Schutzengel anzuvertrauen. Das Engelwerk empfiehlt die persönliche Weihe an einen Engel, um diesen als Beistand im Kampf zwischen Gut und Böse in Anspruch nehmen zu können. Diese Weihe wird in mehreren Stufen angeboten. Die Mitglieder sollen ihren Teil dazu beitragen, indem sie immer wieder Buße leisten. Dies geschieht vor allem durch religiöse Übungen, Gebete und im Empfang der Eucharistie und des Bußsakramentes.

Gegenwärtige Situation und Verbreitung

Nach dem Zweiten Weltkrieg begann Gabriele Bitterlich ihre Engelvisionen aufzuschreiben. Sie versuchte zudem, eine kirchliche Bestätigung ihrer Bewegung zu erhalten. 1961 wird in Innsbruck die mit ihr verbundene Schutzengel-Bruderschaft bischöflich zugelassen. Weitere Gruppierungen folgen, zum Beispiel die Schwesternschaft vom Heiligen Kreuz und vor allem der Orden der Regularkanoniker vom Heiligen Kreuz, der zeitweilig nicht mehr existierte, in den 70er Jahren jedoch neu installiert wurde. Die Mitgliederwerbung geschieht über das Verschicken so genannter Bettelbriefe.

Unterorganisationen und Abspaltungen

- Der Orden der Regularkanoniker vom Hl. Kreuz
- Die Priestergemeinschaft im COA
- Die Schutzengelbruderschaft
- Sanitas e. V.

➻ apokalyptische Endzeiterwartung ➻ christlicher Fundamentalismus

Enquete-Kommission

1996 hat der Deutsche Bundestag die Einsetzung einer Enquete-Kommission »So genannte Sekten und Psychogruppen« beschlossen, um viele ungeklärte Rechtsfragen in diesem Bereich zu klären. Die Konzeption dieser Kommission verfolgte u. a. folgende Zielsetzungen: »Andererseits unterliegt auch die Religions- und Weltanschauungsfreiheit verfassungsimmanenten Schranken, d. h. durch die Berufung auf die Religionsfreiheit dürfen keine anderen Grundrechte verletzt werden. Diese Schranken aufzufinden und einen schonenden Ausgleich zwischen den kollidierenden Rechtsgütern herzustellen, ist eine ständige Herausforderung der staatlichen Gewalt. Es ist jedoch nicht vorgesehen, zwischen guten und schlechten Religionen zu unterscheiden. Nicht alles, was von der Norm abweicht, ist prinzipiell schlecht und darf pauschal in den Sektentopf geworfen werden. Natürlich gibt es auch keine Liste oder Rangfolge, auf der Gruppierungen nach ihrem Gefährlichkeitsgrad aufgeführt werden. Was wir untersuchen werden, ist das wirkliche Gefahrenpotential, das die Praktiken der Gruppierungen für den Einzelnen und die Gesellschaft haben.« (Schätzle, Ortrun: Was gehen den Staat die Sekten an?, 1998, S. 5)

ERAWS

ERAWS (Education Relief and Welfare Section) ist eine Unterorganisation von ➻ Ananda Marga und wurde im April 1970 gegründet, um Hilfeleistungen für Katastrophenopfer außerhalb von Indien zu verwalten und zu koordinieren.

Erfolgsstreben

Viele Teilnehmer moderner Psychogruppen und Seminare streben nach mehr Erfolg in ihrem Beruf und in ihrem persönlichen Leben. Das Erreichen des Erfolges wird hierbei oft mit göttlicher Macht gleichgesetzt, das Ausbleiben hingegen gilt als persönliches Versagen.

Erlösung

Erlösung bedeutet für einen Hindu, dass seine Seele nicht mehr wieder geboren wird. So genannte Sekten mit fernöstlichem Hintergrund versuchen deshalb, mit Hilfe von ➻ Yoga und ➻ Mantra die Karmaschuld aufzulösen und den Kreislauf der Wiedergeburten zu durchbrechen. Viele so genannte Sekten mit christlichem Hintergrund lehren ihre Mitglieder, dass jeder Einzelne sich durch seine Taten und seine strenge Lebensführung von der Erbschuld befreien könne. Die Befreiung der Menschheit durch den Opfertod Christi wird in diesen Gruppen nicht gelehrt. ➻ Neues Testament

Ernährungsvorschriften

In einigen so genannten Sekten und Psychogruppen ist die Ernährung reglementiert. So heißt es z. B. in einer Broschüre des Ordens ➻ Fiat Lux: »Unsere komfortabel eingerichteten Häuser werden nach den Anweisungen von Jesus Christus geführt. Die Grundlage bilden die Ordensregeln, die u. a. die völlig giftfreie Ernährungs- und Lebensweise beinhalten, d. h. Rohkost ohne Fleisch, ➻ Alkohol, Kaffee, Schwarztee, Nikotin, konservierte Lebensmittel, Farbstoffe sowie Pharmazeutika.« ➻ Drogen

Erwachet!

»Erwachet!« ist eine Zeitschrift, die von den ➻ Zeugen Jehovas herausgegeben wird und zusammen mit der Zeitschrift »Der Wachtturm« in zweiwöchigen Abständen erscheint. »Erwachet!« wird in Deutschland von der Wachturm Bibel- und Traktatgesellschaft der

Zeugen Jehovas e. V. in Selters/Taunus herausgegeben. In den USA fungiert die Watch Tower Bibel an Tract Society of Pennsylvania als Herausgeber. »Erwachet!« hat weltweit eine Auflage von über 12 Millionen Exemplaren und wird in 75 Sprachen vertrieben. ➻ Anwerbung ➻ Wachtturm-Gesellschaft

Esoterik

(griech.: eso = drinnen, innerhalb; esoteros/esoterikos = das Innere, Geheime)

Esoteriker sind davon überzeugt, ein angeblich uraltes Geheimwissen zu besitzen, das eingeweihte Meister an ihre Jünger weiterreichen. Alles, was existiert, gilt als miteinander verbunden und ist eins: Steine, Pflanzen, Tiere und Menschen unterschieden sich nur gradmäßig und seien verschiedene Entwicklungsstufen auf dem Weg zur Gott-Werdung. Gegenwärtig wird Esoterik mit New Age gleichgesetzt. Die Ausbreitung der Szene geschieht über Bücher, Videos, Internet, persönliche Kontakte, Spezial-Zeitschriften für den Esoterik-Markt und Anzeigen. ➻ Astrologie ➻ Divination ➻ Eklektizismus ➻ Geistheilung ➻ Magie ➻ Meditation ➻ New Age-Bewegung ➻ Pendeln ➻ Tarot ➻ Ufo-Glaube

EST

– therapeutischer Hintergrund –

Entstehungsgeschichte

Die psychotherapeutische Trainingsmethode EST (Erhard Seminar Training) wurde 1971 von dem Amerikaner John Paul Rosenberg (geboren 1935 in Philadelphia) in San Francisco begründet. 1960 las der ehemalige Gebrauchtwagenhändler einen Artikel über berühmte Deutsche und stieß auf die Namen Werner Heisenberg und Ludwig Erhard. Er wählte sich daraufhin den neuen Namen Werner Hans Erhard und verließ seine Frau und seine vier Kinder, um in einer größeren Stadt ein neues Leben zu beginnen. Erhard arbeitete sich vom Verkäufer für Gebrauchtwagen zum Verkaufsmanager für Enzyklopädien hoch und bewies besonderes Geschick im Bereich Marketing. In dieser Zeit begann er sich u. a. für bewusstseinserweiternde Methoden wie Hypnose, ➻ Yoga und ➻ Zen-Buddhismus zu interessieren, auf deren Grundlage er später sein Trainings-Programm EST entwickelte. In den 80er Jahren trat er in einen Rechtsstreit mit ➻ Scientology und warf ihnen vor, dass sie seine Methoden gestohlen hätten und für ihre eigenen Zwecke ausbeuten würden.

Lehre

EST soll innerhalb kürzester Zeit das Bewusstsein verändern und die Teilnehmer dazu bringen, Gott in ihrem eigenen Leben zu werden. Sie sollen ihr individuelles Schicksal als Herausforderung akzeptieren und nicht mehr dessen Opfer sein. Die insgesamt 60 Stunden, in denen die Teilnehmer ununterbrochen mit ihren Problemen konfrontiert werden, verteilen sich auf zwei Wochenenden. Ziel des Erhard Seminar Trainings ist es, den Teilnehmern Selbstfindungs- und Erleuchtungserlebnisse zu vermitteln und anschließend ihre Persönlichkeit neu aufzubauen. Unter dem Motto »60 Stunden, die dein Leben verändern«, warb Erhard für seine neue Psychomethode und verstand es, Marketing und Lebenshilfe wirksam miteinander zu verbinden. Es fanden sich immer mehr Teilnehmer in den USA und in Westeuropa.

Gegenwärtige Situation und Verbreitung

Seit 1981 nennt sich die europäische Organisation The Centers Network. 1981 gründete Erhard aufgrund der großen Nachfrage in Deutschland eine eigene Firma, die er Werner Erhard & Associates nannte. Aus dieser Firma ging 1985 das ➻ Forum hervor. Das Forum ist eine Unterorganisation von EST und ➻ Landmark Education und war ebenso von Werner Erhard gegründet worden. 1991 wurden Erhards Methoden an Landmark Education verkauft. In den USA entwickelten sich die Marathon-Sitzungen und Psychoseminare zum begehrten Training. Im Zeitraum von 1971 bis 1981 verzeichnete diese Trainingsmethode ca. 500000 Absolventen in 132 Ländern. Die Verbreitung geschieht in der Regel über Freunde, Arbeitskollegen oder Familienangehörige.

Unterorganisationen und Abspaltungen

- ➻ Forum
- Hungerprojekt
- ➻ Landmark Education
- The communication course

- World runners

➻ Großgruppentherapie ➻ Hypnose

Ethik

Im abendländischen Verständnis bedeutet der Begriff Ethik das moralisch gute Handeln im zwischenmenschlichen Miteinander. Zur Ethik gehören Begriffe wie Toleranz, Mitleid mit Schwachen, ein pfleglicher Umgang mit der Natur usw. In vielen so genannten Sekten und Psychogruppen herrscht oftmals ein anderer Begriff von Ethik. Im scientologischen Verständnis dient ihre Ethik dem Zweck, »Gegenabsichten aus der Umwelt zu entfernen«. Jeder, der nicht zur Scientology-Organisation gehört, verhält sich dieser Definition nach »unethisch«. In dem Buch »Ethik der Scientology«, aus dem Jahre 1989 schließt der scientologische Ethikbegriff Korruption, Körperverletzung, Sachbeschädigung, Verfolgung und Unterdrückung Andersdenkender sowie Gewaltanwendung gegen Feinde nicht aus. Ethik im Sinne von ➻ Scientology bedeutet rücksichtslose Durchsetzung eigener Ziele und Beseitigung von »Gegenabsichten«. ➻ Kunstwörter ➻ Kritiker

Evangelikale

In den Evangelisations- und Missionsbewegungen des 19. Jahrhunderts liegen die historischen Anfänge der evangelikalen Bewegung. Impulse kamen u. a. aus der ➻ Pfingstlerbewegung. Charakteristisch für die Evangelikalen ist die Auffassung, dass Christi Tod am Kreuz noch keine Erlösung und kein Heil für den Einzelnen bedeutet. Zentrales Element ihrer Lehre ist die Vorstellung, dass jeder Mensch einen von Gott bewirkten persönlichen Glauben benötige. Mission und Evangelisation haben einen hohen Stellenwert. Für Deutschland sind in diesem Zusammenhang vor allem Hermann Zaiss und Lothar Hoffmann bedeutsam sowie Reinhard Bonnke, der seit 1967 in Afrika missioniert. Das Missionswerk »Afrika Mission Reinhard Bonnke e. V.« wurde am 26. September 1980 gegründet und in Frankfurt a. M. ins Vereinsregister eingetragen. Später wurde daraus »Christus für alle Nationen«. Bonnke arbeitet in diesem Unternehmen als Manager, Autor und Vereinsvorsitzender. Er bringt allen Menschen die frohe Botschaft, die lautet: »Jesus vergibt die Sünden und befreit die Menschen von Verdammnis und Dämonen«. In Deutschland finden unter der Leitung von Bonnke so genannte Feuerkonferenzen statt. In ihnen soll das Feuer Gottes vom Himmel fallen und der heilige Geist wirken. ➻ Jesus-Haus

Evangelium

Das Wort Evangelium bedeutet sinngemäß »frohe Botschaft« bzw. »gute Nachricht«. Das Neue Testament beinhaltet insgesamt vier Evangelien, welche Berichte über das Leben Jesu enthalten. Die Evangelien wurden von den vier ➻ Aposteln Johannes, Matthäus, Markus und Lukas geschrieben.

Familie der Liebe

»Familie der Liebe« ist ein neuerer Name für die ➻ Kinder Gottes. ➻ Berg, Mose David

Fanatismus

(lat.: fanum = Tempel, Heiligtum)
Unter Fanatismus wird ein übertriebener Einsatz für die eigene Überzeugung verstanden. Die Begeisterung für die Lehre kann unter Umständen dazu führen, dass die Mitglieder so genannter Sekten und Psychogruppen einen Eifer entwickeln, der von Außenstehenden als Fanatismus empfunden wird. Fanatismus bezüglich religiöser und/oder weltanschaulicher Überzeugungen kann zudem beinhalten, dass eine gewisse Intoleranz gegenüber anderslautenden Meinungen auftritt, welche bisweilen auch aggressive Komponenten enthalten kann.
➻ Absolutheitsanspruch ➻ Dualismus ➻ Mission ➻ Terrorismus

Faszination

Gegenüber den etablierten Religionen haben so genannte Sekten und Psychogruppen bisweilen den Vorteil, dass sie frischer und unkonventioneller wirken. Die Faszination des Neuen und Ungewohnten, des Geheimnisvollen und Elitären besitzt häufig eine große Anziehungskraft. Die Faszination, die nicht nur von der ungewohnten ➻ Gruppendynamik, sondern mitunter auch von der ➻ Führerfigur ausgeht, kann zum ➻ Beitritt neuer Mitglieder in die Gruppe führen.

Fiat Lux

Entstehungsgeschichte

Der Orden Fiat Lux *(lat.: es werde Licht)* wurde am 12. Januar 1980 von der Schweizerin ➻ Erika Bertschinger (Jg. 1929) gegründet. Bevor sie als Geistheilerin, Heilpraktikerin und Prophetin tätig wurde, arbeitete Bertschinger als Chefsekretärin und Fremdsprachenkorrespondentin. In den 70er Jahren, nach einem Reitunfall, wurde Frau Bertschinger nach eigenen Angaben »hellsehend, hellhörend und hellfühlend«. Innerhalb des Ordens wird Frau Bertschinger Uriella genannt. Uriel, d. h. »mein Licht ist Gott«, war einer der Erzengel. Er brachte den Sehern und Propheten die göttlichen Botschaften. In Anlehnung an Uriel bezeichnet sich Erika Bertschinger als Uriella und dient dem Orden als so genanntes ➻ Sprachrohr Gottes. Sie empfängt nach eigenen Angaben göttliche Botschaften, die sie an ihre Mitglieder weitergibt.

Lehre

Die Lehre des Ordens Fiat Lux beinhaltet Elemente aus der Ufo-Lehre, der Reinkarnationslehre, des Christentums und der Numerologie, der Lehre von den Zahlendeutungen. Zentraler Gedanke ist die apokalyptische Endzeit, die nach dem Glauben der Mitglieder bald anbrechen wird. Die Erde wird durch Naturkatastrophen »gereinigt«. In dieser Zeit werden die »reinen Geistmenschen«, zu denen vor allem die Mitglieder von Fiat Lux gehören, mit Hilfe von Miniaturraumschiffen im Weltall zwischengelagert. Nach der Reinigung kehren sie auf die Erde zurück. Im Orden gelten Kleidungs- und ➻ Ernährungsvorschriften. Die meisten Mitglieder bevorzugen helle Kleidung. Frauen tragen ihr Haar in der Regel lang und offen. Die Mitglieder lehnen es ab, sich durch Massenmedien wie Zeitung, Fernsehen oder Radio zu informieren. Sie trinken weder Kaffee noch Tee und nehmen in der Regel kein warmes Essen zu sich. Sie leben den Bestimmungen des Ordens entsprechend von Rohkost. In der Vergangenheit hatten einige Mitglieder im Krankheitsfalle keinen Arzt aufgesucht, denn es galt die Vorstellung, dass nur Christus allein heilen könne (»Christus allein ist euer Arzt«). Mehrere Todesfälle, die aus diesem Glauben resultierten, sorgten dafür, dass Uriella die Lehrmeinung veränderte und ihren Mitgliedern den Arztbesuch ausdrücklich empfahl.

Gegenwärtige Situation und Verbreitung

Das Heiligtum von Fiat Lux ist die so genannte Rohkost-Eremitage, eine Gaststätte in Ibach (Strittmatt im südlichen Schwarzwald). Hier finden regelmäßig Geistheilungen statt. Den Kranken wird zwischen sechzehn und dreißig Minuten lang die Hand aufgelegt. In dieser Zeit fließt die so genannte »kosmische Athrumenergie« durch die Hände der ➻ Geistheiler auf die Patienten. Es heißt, dass Uriellas ➻ Athrumwasser alle Krankheiten heile. Der Orden Fiat Lux hat ca. 800 Anhänger in Deutschland, Liechtenstein, Österreich und der Schweiz. Die Zahl der Anhänger ist gegenwärtig jedoch stark zurückgegangen. Es stellt sich deshalb die Frage, wie die Zukunft des Ordens nach dem Tode Erika Bertschingers, die im Februar 2004 ihren 75. Geburtstag feierte, aussehen wird.

Unterorganisationen und Abspaltungen

- ➻ Adsum Dolls Vertriebs GmbH
- Fiat Lux-Haus GmbH (Zweck des Unternehmens: Versand von Geist-Schulungsheften, Tonband-Kassetten und Bioregulanzprodukten).
- International gemeinnütziger Verein zur Erforschung und Förderung einer naturgemäßen Lebens- und Ernährungs- sowie Behandlungsweise
- ➻ Lichtquell Bethanien Egg/ZH
- ➻ Rohkost-Eremitage der Stiftung Bethanien GmbH
- Strittmatter Wohnbau-GmbH (Die Gesellschaft soll Grundstücke ankaufen und für deren schlüsselfertige Bebauung sorgen. Des weiteren ist der Verkauf von Wohnungen und Häusern vorgesehen, sowie der Handel mit Bauelementen, Einrichtungsgegenständen und Energieanlagen-Systemen)

➻ Adsum e.V ➻ Athrumstrahl Gottes ➻ Apotheke Gottes ➻ apokalyptische Endzeiterwartung ➻ Christentum ➻ Dualliebe ➻ Eicke, Eberhardt ➻ Heilerkult ➻ Heilpraktiker ➻ Kunstwörter ➻ Medium ➻ Ufo-Glaube

Fixieren

Der Amerikaner ➸ Steven Hassan beschreibt in seiner Theorie der ➸ Bewusstseinskontrolle drei aufeinander folgende Schritte einer Persönlichkeitsveränderung, die u. a. bei Mitgliedern so genannter Sekten und Psychogruppen vorgekommen sind. Zum ersten Schritt gehört das ➸ Aufbrechen der Persönlichkeit. Der ➸ Indoktrinationsprozess, in dem das neue Mitglied an die Lehre der Gruppe herangeführt wird, bildet den zweiten Schritt. Im dritten und letzten Schritt, dem so genannten Fixieren, wird die veränderte Persönlichkeit der Person aufgebaut und stabilisiert. ➸ Sekten-Ich

Flirty Fishing

(engl.: Flirty Fishing = Fischen durch Flirt)
Die ➸ Kinder Gottes haben Prostitution zum Zweck der Beschaffung von Geld für die Organisation bzw. deren Gründer Mose David betrieben. ➸ Mose David Berg hat dies in Anlehnung an Formulierungen der Bibel als Flirty Fishing bezeichnet, als »Fischen durch Flirt«. Sein Flirty Fishing-Handbuch, innerhalb der Bewegung als FFer-Handbuch bekannt, enthielt präzise Anweisungen in Bezug auf sexuelle Kontakte, welche die Mitglieder eingehen sollten. Es heißt, dass das so genannte Flirty Fishing 1987 aufgegeben wurde, weil es innerhalb der Bewegung zu Aidsinfizierungen gekommen sei. ➸ Anwerbung

Forum Landmark

–therapeutischer Hintergrund –

Das Forum ist eine Unterorganisation von ➸ EST und ➸ Landmark Education. Diese Organisation wurde vom US-Amerikaner Jack Rosenberg ins Leben gerufen, der sich ab 1971 nach Werner Heisenberg und Ludwig Erhard »Werner Erhard« nannte. Bis 1981 hielt er verschiedene Erhard-Seminar-Trainings (EST) ab. 1984 wurden diese verändert und in »Forum« umbenannt. Rosenberg verkaufte die Rechte an seinen Seminar-Trainings an Mitarbeiter, die die Organisation ➸ Landmark Education gründeten. Es handelt sich hierbei um einen dreieinhalbtägigen Kurs, der den Teilnehmern zu einem selbstbestimmteren Leben verhelfen soll. Mit Hilfe von ➸ Großgruppentherapien und einer euphorischen ➸ Gruppendynamik wird den Teilnehmern ein persönliches Erleuchtungserlebnis versprochen. Durch den Gedanken der Erleuchtung weist das Forum Parallelen zum ➸ Zen-Buddhismus auf. Im Unterschied zum Zen-Buddhismus, bei dem die Erleuchtungsfindung einen lebenslangen Prozess bildet, verspricht das Forum seinen Teilnehmern, dass sie in nur drei Tagen zur Erleuchtung finden.

Frauen für Frauen

In der Schweiz haben sich Frauenzirkel gebildet, die nach dem Schneeballsystem und dem System der ➸ Pyramidenspiele funktionieren. Die Frauen schenken einander Geld. Die Aktion »Frauen für Frauen« ist ein ➸ Schenkkreis mit esoterischem Hintergrund. Es beginnt im so genannten Sternchen-Schenkkreis, mit einem niedrigen Betrag, der in der Regel 100 Franken nicht übersteigt. Um zu den Herzfrauen aufzusteigen, müssen bereits bis zu 5000 Franken eingesetzt werden. Die ➸ Schenkkreise weisen Ähnlichkeit mit Meditationsgruppen auf. Die Frauen treffen sich zum spirituellen Ritual oder organisieren Frauenfeste im privaten Rahmen. Das Geld wird in einem feierlichen Ritual über die Gewinner ausgeschüttet. Durch dieses Ritual binden sich einzelne Teilnehmer noch stärker an die Gruppe und werden in ihrer Erwartungshaltung bestärkt. Neue Mitglieder werden mit Einladungen zu Frauentreffs angeworben, über Rundschreiben, Mund-zu-Mund-Propaganda, über Erfolgsberichte und glückliche Gewinnerinnen. Von einer Teilnahme an solchen Kreisen ist dringend abzuraten, da Schenkkreise im juristischen Sinne als sittenwidrig gelten.

➸ Esoterik ➸ Herz-Zirkel ➸ Tafelrunden

Franz, W. Frederick

Franz (1893–1992) war der vierte ➸ Präsident in der Geschichte der ➸ Zeugen Jehovas. Seit 1913 Mitglied der Zeugen Jehovas wurde Franz 1945 zum Vizepräsidenten der ➸ Wachtturm-Gesellschaft (WTG) gewählt. Während dieser Zeit gab Franz das Jahr 1975 als konkretes Datum für den Weltuntergang an. Erst nachdem das Jahr ohne

Weltuntergang verstrichen war, spielte die WTG die Voraussage als Irrtum herunter. 1977, im hohen Alter von 85 Jahren, wurde er zum Präsidenten ernannt und blieb es bis zu seinem Tod 1991. Franz besaß ein umfassendes Bibelwissen und untermauerte neue Bibelauslegungen der Wachtturm-Gesellschaft mit geschickten Argumentationen. Er führte die Ältestenschaft nach biblischem Vorbild wieder ein, die ➻ Rutherford abgeschafft hatte. Franz hatte auch dem Bibelübersetzungskomitee für die ➻ Neue-Welt-Übersetzung angehört. Da er als einziger Griechisch gelernt hatte, kann die Neue-Welt-Übersetzung als sein Werk bezeichnet werden.

Freie Bibelgemeinde e. V.

Die Freie Bibelgemeinde e. V. ist eine Splittergruppe der ➻ Zeugen Jehovas. Sie wurde 1931 von Wilhelm Trippler gegründet. Trippler wurde um 1914 in Kirchlengern bei Herford zu intensivem Bibelstudium angeregt. Bald schon entstanden Versammlungen in engem Kontakt zur Internationalen Bibelforscher-Vereinigung (alter Name der Zeugen Jehovas). Nach ➻ Russells Tod im Jahre 1916 und dem aufkommenden autoritären und diktatorischen Führungsstil seines Nachfolgers ➻ J. F. Rutherford kam es aber 1931 zur Trennung von der ➻ Wachtturm-Gesellschaft. Die ausgeschiedenen Mitglieder schlossen sich zu einer Vereinigung zusammen, die sich 1948 den Namen »Freie Bibelgemeinde« gab. Die Freie Bibelgemeinde hält an der Bibelauslegung Russells fest, allerdings ohne seine Endzeitspekulationen zu übernehmen. Auch wird Kirchenaustritt nicht explizit gefordert, sondern jedem einzelnen überlassen. Standorte Freier Bibelgemeinden gibt es bis in die Gegenwart in vielen Städten, zum Beispiel die Freie Bibelgemeinde Worpswede e. V., die Freie Bibelgemeinde Trossingen e. V. und die Freie Bibelgemeinde Füssen e. V. Weltweit gibt es kleinere Gruppierungen in Deutschland, Österreich, der Schweiz, Polen und den USA. ➻ Russeliten

Führerfigur

An der Spitze von so genannten Sekten und Psychogruppen steht in der Regel eine autoritäre Person, die von den Mitgliedern als Führer anerkannt wird. Manche Mitglieder halten an der Vorstellung fest, dass die Führerfigur übernatürliche oder göttliche Fähigkeiten habe. Vielen Führern so genannter Sekten und Psychogruppen haftet so ein initiierter Mythos an *(griech.: Mythos = Geschichte, sagenhafte Erzählung)*, der in den Augen der Mitglieder ihre gottähnliche Position innerhalb der jeweiligen Gruppe begründet und erhält. Dieser kann sich neben ungewöhnlichen Gaben und Fähigkeiten auch auf außergewöhnliche Ereignisse beziehen, die sich in der Biographie der Person ereignet haben sollen. ➻ Absolutheitsanspruch ➻ Ausstieg ➻ Guru ➻ Hierarchie ➻ Kritiker

Fundamentalismus

Der Begriff Fundamentalismus bezeichnet im allgemeinen Sprachgebrauch die Haltung von Gruppen innerhalb einer Religion oder politischen Bewegung, die sich auf die eigenen traditionellen Grundlagen (Fundamente) berufen und diese kompromisslos vertreten. In diesem Sinne beinhaltet der Fundamentalismus ein übersteigertes Traditionsbewusstsein mit dessen Hilfe versucht wird, den eigenen, meist althergebrachten Werten absolute Geltung zu verschaffen. Fundamentalisten lehnen Veränderungen der Kultur und der Wertvorstellungen ab. Sie zeichnen sich durch ethischen Rigorismus aus und durch die Aufforderung an alle Mitglieder, sich strikt an die definierten Moralvorstellungen der jeweiligen Bewegung oder Religion zu halten. Eines der wichtigsten Ziele des religiösen Fundamentalismus ist die Aufhebung der Trennung von Kirche und Staat, um religiöse Normen als politische Forderungen geltend machen zu können. Im religiösen Bereich reduzieren Fundamentalisten den Ideengehalt historischer Religionsschriften auf wenige Gedanken, wodurch ein polarisiertes Weltbild entsteht, das lediglich zwischen gut und böse, göttlich und satanisch oder rein und unrein unterscheidet. Mitglieder fundamentalistischer Gruppen grenzen sich meist von der Außenwelt ab. Sie sehen sich als die Erwählten, denen die Wahrheit einer Offenbarung zuteil wurde und deren Aufgabe es ist, diese Wahrheit zu verkünden und zu verwirklichen. Fundamentalistische Strömungen finden sich in allen großen Weltreligionen, wobei eine präzise Ein- bzw. Abrenzung meist schwierig ist. ➻ Affenprozess ➻ Bibelexegese ➻ Christlicher Fundamentalismus ➻ Evangelikale ➻ Islamischer Fundamentalismus ➻ Pfingstlerbewegung ➻ Terrorismus

Fundraising

Fundraising definiert sich allgemein als Beschaffung von Mitteln für gemeinwohlorientierte Zwecke. Dies kann sowohl Geld-, Sach- und Dienstleistungen umfassen. Die Mitglieder der ➻ Mun-Bewegung verbinden mit dem Begriff »Fundraising« ebenso das organisierte Sammeln von ➻ Spenden.

Gehirnwäsche

Unter Gehirnwäsche verstand man in Zeiten des Kalten Krieges eine mentale Manipulation im Auftrag der jeweiligen Regierung. Der amerikanische ➻ Ausstiegsberater ➻ Steven Hassan prägte stattdessen den treffenderen Begriff ➻ Bewusstseinskontrolle. Parallel verwendet man auch die Begriffe Psychomutation oder ➻ Indoktrination. Nicht in allen so genannten Sekten und Psychogruppen wird Bewusstseinskontrolle betrieben. In Bezug auf die einzelnen Gruppen gibt es graduelle Unterschiede.

Gehorsam

Unter Gehorsam versteht man allgemein die Anerkennung einer Autorität und eine daraus folgende Handlungsweise. Eine Autorität kann dabei sowohl eine Gruppe, eine einzelne Person oder auch Institutionen sein. In den meisten so genannten Sekten und Psychogruppen verhalten sich die Mitglieder der ➻ Führerfigur gegenüber gehorsam. ➻ Absolutheitsanspruch ➻ Autorität

Geistheiler

Mit dem Begriff »Geistheiler« werden Personen oder Gruppen bezeichnet, die ohne Methoden der modernen Medizin physische und psychische Krankheiten heilen. Viele Heiler wenden z. B. das Handauflegen an und versuchen auf diese Weise heilenden Energien auf den Kranken zu übertragen. Die Geistheilerin Uriella, die Leiterin des Ordens ➻ Fiat Lux, versuchte in der Vergangenheit mit Hilfe von Ferndiagnosen zu heilen. Ein Heilungserfolg wurde hierbei nicht

garantiert. Geistheiler gibt es auf allen Kontinenten. In Deutschland gibt es gegenwärtig ca. 6000 Geistheiler.
➻ Bruno Gröning-Freundeskreise

Geistchristliche Gemeinschaft (GCG)

Entstehungsgeschichte

Die »Geistchristliche Gemeinschaft« (GCG) ist eine christlich-spiritualistische Gruppe, die sich auf die Kundgaben der ➻ Beatrice Brunner bezieht. 1945 empfing ➻ Beatrice Brunner in einem spiritistischen Zirkel in Zürich zum ersten Mal die mediale Botschaft eines jenseitigen Geistlehrers, der sich Joseph nannte. Die Botschaften wurden jeweils auf Band aufgenommen und später verschriftlicht. Sie enthielten religiöse und ethische Unterweisung sowie christlichen Rat. 1948 wurde um das ➻ Medium Brunner die »Geistige Loge Zürich« gegründet. 1951 ging daraus ein »medialer Heilkreis« hervor, dem eine Zeitlang auch ➻ Erika Bertschinger-Eicke angehörte. Nach dem Tode von Beatrice Brunner, im Jahre 1983, gründete sich in Zürich die Geistchristliche Gemeinschaft (GCG). Dieser dienen die medialen Botschaften, die ➻ Beatrice Brunner zu Lebzeiten von ihrem Geistlehrer Joseph empfangen hat, auch heute noch als Grundlage.

Lehre

Die Lehre basiert auf den durch Beatrice Brunner empfangenen Aussagen des Geistlehrers Joseph und wird durch die Schriften eines Pfarrers namens Johannes Greber (1874–1944) ergänzt. Es geht vorrangig um die Frage, welche Verbindung zwischen der Geisterwelt und der Menschenwelt besteht. Der Lehre nach sind die Menschen »gefallene Engel«, die sich einst von Christus abgewandt haben. Auf Erden sollen sie nun darauf vorbereitet werden, in die jenseitige Welt zurückzukehren und dadurch wieder näher zu Gott zu kommen. Es heißt, dass ein Mensch als »gewordenes Geistwesen« die größten Verführungen und die schlimmsten Drangsalierungen seitens der luziferischen Welt durchhalten und damit zeigen soll, dass er Gott und Christus treu bleiben könne. Die Inhalte der medialen Vorgänge, welche Beatrice Brunner zu Lebzeiten empfangen hat, sind häufig Erfahrungsberichte von Menschen, die ihr Sterben und ihren Hinübergang in die jenseitige Welt, die Erlösung aus dem Zustand erdgebundener armer Seelen und ihrer Heimführung schildern.

Durch sie soll damit »Entwicklungshilfe« für die zurückbleibenden Menschen durch das Medium Beatrice Brunner gegeben werden. Christus wird zwar eine wichtige Rolle im Heilsgeschehen Gottes zuerkannt, doch diese wird durch spiritualistische Grundlehren beeinflusst und weicht deshalb von den Lehren der konventionellen christlichen Kirchen erheblich ab.

Gegenwärtige Situation und Verbreitung

Die Geistchristliche Gemeinschaft (GCG) sieht ihre vorrangige Aufgabe in der Verbreitung der, durch das Medium Beatrice Brunner empfangenen, geistchristlichen Lehren. Dafür werden häufig regionale Veranstaltungen durchgeführt. Zusätzlich finden um Ostern, an Pfingsten, im Herbst und um Weihnachten überregionale Treffen außerhalb von Zürich statt. Die Gemeinschaft führt auch Hilfsaktionen für Notleidende durch.

Unterorganisationen und Abspaltungen

- ➻ Geistchristliche Gemeinschaft
- Pro Beatrice
- IGL /GCG Hilfswerke, Postfach, 8022 Zürich

Geistige Speise

Die ➻ Zeugen Jehovas bezeichnen die religiöse Unterweisung ihrer Mitglieder als »Geistige Speise«.

Geld-Sekten

Mit dieser umgangssprachlichen Bezeichnung sind so genannte Sekten und Psychogruppen gemeint, deren Hauptziele vorrangig wirtschaftlicher Natur sind. In den Schriften ➻ L. Ron Hubbards, dem Gründer von ➻ Scientology, steht z. B. als Anweisung an die Mitglieder geschrieben: »Mach Geld, mach mehr Geld, mach, dass andere Geld machen.« (L. Ron Hubbard: Handbuch für den ehrenamtlichen Geistlichen, Kopenhagen 1980, S. 53) Viele ➻ Pyramidenspiele und ➻ Schenkkreise weisen zwar einen esoterischen Hintergrund auf, aber sie verfolgen darüber hinaus auch kommerzielle Interessen. ➻ Herz-Zirkel

Gemeinde auf dem Weg

Die charismatische Bibelschule »Gemeinde auf dem Weg« ist Teil der freikirchlich-charismatischen Gemeinde in Berlin. Im Jahre 1980 wurde die »Evangelische Freikirche Wilmersdorf e. V.« die sich zwischenzeitlich auch »Evangelische Freikirche Wilmersdorf e. V. – Philadelphia-Gemeinde« nannte, gegründet. 1992 erfolgte erneut ein Namenswechsel in »Gemeinde auf dem Weg« – Evangelische Freikirche e. V. Ihre Gründung ging von dem Arzt Dr. Wolfhard Margies aus, der die Gruppe bis in die Gegenwart als Laienprediger leitet. 1996 kam es nach internen Konflikten zu einer Spaltung der Gruppe: Zwei Laienprediger und ca. 70 Mitglieder zogen aus und gründeten den Verein »Neues Land e. V.« Einige Mitglieder verließen den Verein »Gemeinde auf dem Weg«, ohne dem neuen Verein beizutreten. Das Berliner Zentrum befindet sich im Bezirk Schöneberg. Der Verein gibt seine Größe mit ca. 700 eingetragenen Mitgliedern an.

➻ Charismatiker

Gemeinde Christi e. V.

Gemeinde Christi e. V. ist ein anderer Name für die ➻ Boston Church of Christ. Im deutschsprachigen Raum ist die Gemeinde Christi e. V. auch unter dem Namen Internationale Gemeinde Christi bekannt.

➻ MacKean, Kip

Gemeinschaft

Entstehungsgeschichte

Der Gründer der Gemeinschaft ist der Argentinier Mario Luis Rodriguez Cobos (Jg. 1938), der von seinen Anhängern »Messias der Anden« genannt wird. Für sich selbst wählte er das Pseudonym Silo, nach dem die Gemeinschaft auch als ➻ Siloismus bezeichnet wird. Die Gruppe wurde am 4. Mai 1969 in Argentinien gegründet. Cobos hielt an diesem Tag eine Rede, in der er zur Errichtung einer neuen Religion, der »Inneren Religion« aufrief. Kurzzeitig nannte sich die Gruppe »Innere Religion«, bis sie Anfang der siebziger Jahre ihren Namen in »Religiöse Gemeinschaft« änderte. 1978 erfolgt die Umbenennung in »Die Gemeinschaft«.

Lehre

Die Lehre der Gruppe besagt, dass der Mensch von Natur aus nach Glück, Ausgeglichenheit und Freude strebt. Von daher müsse der Mensch den »zusammenhängenden Sinn des Lebens« erlangen. Dies werde jedoch durch persönliches und kollektives Leid verhindert. Die Gemeinschaft soll den Mitgliedern helfen, den Sinn in ihrem Leben zu klären, bzw. einen verfälschten Sinn in eine wahrhaftige Lebensorientierung zu verwandeln. Die Gruppe ist hierarchisch strukturiert. Es beginnt mit der einfachen Teilnahme des Mitglieds. Die Mitgliedschaft führt weiter über die Stufen des aktiven Mitglieds, des Ausbilders, des Mitglieds der Schule, des Mitglieds des Ordens, bis zum anerkannten Mitglied. Die Gesamtgruppe mit ihren Nebenorganisationen steht unter Leitung des »Ersten Magisterums«. Die einzelnen Mitglieder sind gegenüber Außenstehenden zum Schweigen über die Bewegung und zur Unterordnung verpflichtet. In verschiedenen Übungen und Ritualen sollen die Mitglieder lernen, mit ihrem inneren Führer Kontakt aufzunehmen, der für die Meisterung des täglichen Lebens um Beistand angerufen wird. Die Mitglieder sind je nach Hierarchiestufe verpflichtet, an den wöchentlichen Treffen, den Schulungen (Klausuren) sowie den viermal jährlich am Tag des Jahreszeitenwechsels stattfindenden Saisontreffen teilzunehmen.

Gegenwärtige Situation und Verbreitung

Die Verbreitung geschieht über so genannte »Zentren für direkte Kommunikation« (Berlin-Prenzlauer Berg), eine Art Nachbarschaftstreff. Über verschiedene Stadtteilzeitungen versucht die Gruppe neue Mitglieder anzuwerben.

Unterorganisationen und Abspaltungen

- ➻ Grüne Zukunft
- ➻ Humanistische Partei
- ➻ Siloismus

Gläserrücken

Gläser- und Tischerücken gehören zu den okkulten Erlebnisphänomenen. Mit Hilfe des Gläserrückens wollen die Teilnehmer Kontakt zum Jenseits, meist zu Verstorbenen, aufnehmen. ➻ Okkultismus ➻ Spiritismus

Glaubens- und Gewissensfreiheit

Nach der Verfassung sind jedem deutschen Staatsbürger Glaubens- und Gewissensfreiheit garantiert. Artikel 4 des Grundgesetzes (Absatz 1 und 2) schützt die Freiheit des Glaubens und des Gewissens sowie die ungestörte Religionsausübung und die Freiheit des religiösen und weltanschaulichen Bekenntnisses. Die Glaubens- und Bekenntnisfreiheit bezieht sich nicht nur auf religiöse Anschauungen und Überzeugungen, sondern auch auf areligiöse bzw. religionsfeindliche Weltanschauungen. Die Glaubens- und Bekenntnisfreiheit beinhaltet ebenso das Recht, frei über seine Zugehörigkeit zu einer bestimmten Weltanschauungsgemeinschaft zu entscheiden, einer solchen fernzubleiben oder wieder aus ihr auszuscheiden, sowie das Recht, für seinen Glauben zu werben oder Anhänger von einem anderen Glauben abzuwerben. Gewissensfreiheit ist die Freiheit des Einzelnen, sich sittliche Wertvorstellungen zu bilden und dem persönlichen Bewusstsein vom sittlich Guten und Bösen gemäß zu handeln, sofern dadurch nicht andere Grundrechte und/oder Verfassungsinhalte verletzt werden. Das Grundrecht steht unter keinem Gesetzesvorbehalt, kann also nicht eingeschränkt werden. Der Staat, der zu weltanschaulicher Neutralität verpflichtet ist, darf deshalb in die Glaubensfreiheit des Einzelnen nicht eingreifen.

Gralsbewegung

Entstehungsgeschichte

Die Gralsbewegung geht auf Oskar Ernst Bernhardt zurück. Der Sohn eines Gerberei- und Gasthausbesitzers wurde am 18. April 1875 in Bischofswerda (Sachsen) geboren. Zwischen 1900 und 1914 unternahm er weite Reisen in viele Länder und schrieb Reiseberichte und Romane. 1914 geriet er während einer Reise in England in Internierungshaft, aus der er erst 1919 nach Ende des I. Weltkrieges entlassen wurde. Während dieser Internierungshaft hatte sich eine einschneidende Änderung seiner Persönlichkeit vollzogen, denn er schrieb plötzlich religiöse Abhandlungen anstelle von Reiseberichten und nannte sich selbst »Abd-ru-Shin« (Sohn des Lichtes). Er gab nach seiner Entlassung auch eine Zeitschrift, die »Gralsblätter« heraus mit der er um Anhänger warb. 1926 erschien sein erstes religiöses Werk »Im Lichte der Wahrheit - Gralsbotschaft von Abd-ru-shin« im

Münchener Verlag »Der Ruf«. In der Folge erschienen weitere Werke, so u. a. »Die zehn Gebote Gottes und das Vaterunser« (1929), »Fragenbeantwotung« (1924–37), »Gebete, den Menschen gegeben von Abd-ru-shin« (ohne Jahr) und »Was sucht Ihr? Die sieben ersten Vorträge der Gralsbotschaft zur Einführung« (ohne Jahr). Bernhardt wurde von seinen Anhängern erst »Meister« genannt, später »HERR«. Er selbst unterschrieb mit Abd-ru-shin, später mit Immanuel. Bernhardt starb am 6. Dezember 1941 in Innsbruck.

Lehre

Die Gralsbotschaft will ein lückenloses Bild vom Weltall, seiner Entstehung und seinen Gesetzen, vom Menschen, seiner Stellung im Weltall, seinem Woher und Wohin geben und ihm einen Weg ins Paradies weisen. Bernhardt schuf eine neue Schöpfungsgeschichte aus der Synthese keltischer Volkssagen, der biblischen Schöpfungsgeschichte und moderner Physik. Hiernach wird Gott als eine Lichtquelle gesehen, deren Strahlen im physikalischen Sinne verstanden werden: Unmittelbar bei Gott sei der Strahlungsdruck so groß, dass niemand und nichts bestehen könne. Dieser Bereich wird als göttlicher Bereich angesehen. Aber je weiter man vom Ausgangspunkt dieser göttlichen Strahlung entfernt ist, umso geringer wird der Strahlungsdruck bis er in der irdischen Welt nur noch ein ungefährliches Leuchten ist. An der Grenze zwischen dem göttlichen Kreis zum irdischen wird die »Gralsburg« postuliert, die fast die Rolle eines Mittlers zwischen göttlichem und irdischem Bereich darstellt. Diese Gralsburg gilt als der »Transformator« zwischen Göttlichem und Menschlichem. Bernhardt versuchte seinen Anhängern die Funktion dieses Transformators begreiflich zu machen. Er erklärte ihnen, dass die Versuche Gottes, durch Jesus Christus die Welt zu erretten, deshalb gescheitert wären, weil Christus am Kreuz ermordet worden sei. Der »Menschsohn« hätte seiner Aufgabe nicht gerecht werden können. Abd-ru-shin sah sich selbst nun als Nachfolger Christi, als der wahre »Menschensohn«, der nicht gescheitert sei, sondern der nun Gottes Willen endgültig erfülle. Die Botschaft des neuen Menschensohns – so Bernhardt – sei eine endzeitliche, denn das Jüngste Gericht stehe unmittelbar bevor.

Gegenwärtige Situation und Verbreitung

Die Gralsbewegung hat Ableger in fast allen europäischen Ländern und den USA. Die Zeitschrift »Gralswelt« wird vorrangig von Intellektuellen gelesen. Gegenwärtig ist davon auszugehen, dass die Gralsbewegung in der Bundesrepublik etwa 1 000 Anhänger hat. Die Gralsbewegung tritt in der Öffentlichkeit meist nur durch ihre Buchpublikationen in Buchhandlungen in Erscheinung.

Unterorganisationen und Abspaltungen

- Verein zur Verwirklichung des Gralswissens von Abd-Ru-Shin mit Sitz in Vomperberg/Tirol
- Verein Ordo Grali Aurei
- Verlag der Stiftung Gralsbotschaft (Ditzingen) in welchem die Zeitschrift Gralswelt erscheint

Grenzverlust

Die oftmals stundenlangen Gesänge und Gebetsübungen, wie sie vor allem in so genannten Sekten mit asiatischem Hintergrund vorkommen, bergen die Gefahr, dass sich die Ich-Grenzen der einzelnen Mitglieder verändern. Nicht selten endet dieser Prozess mit einem völligen Grenzverlust, der u. U. auch psychotische Züge tragen kann und professionelle Hilfe durch Fachleute erforderlich macht.

Gröning, Bruno

Bruno Gröning wurde 1906 in Danzig geboren. Im jugendlichen Alter begann er eine Zimmermannslehre, die er jedoch frühzeitig abbrach. Er arbeitete in verschiedenen Aushilfsjobs, u. a. als Bote, Hafenarbeiter und als Arbeiter in verschiedenen Fabriken. 1943 wurde er zur Wehrmacht eingezogen und kehrte 1946 aus der russischen Gefangenschaft zurück. In den Nachkriegsjahren versuchte er sich und seine Familie als Lumpensammler und Tauschhändler durchzubringen. 1948 trat Bruno Gröning zum ersten Mal an die Öffentlichkeit. Seinen eigenen Angaben nach hatte er die Nichte seiner Hauswirtin in Dillenburg »geheilt«. Diese Hauswirtin sorgte für die Verbreitung der Nachricht über die »göttlichen Kräfte« Bruno Grönings. Ein Ingenieur aus Herford, dessen achtjähriger Sohn an Muskelschwund litt, ließ seinen Sohn von Gröning behandeln. Die Tatsache, dass der Kranke nach Grönings »Behandlung« wieder einige Schritte gehen konnte, wertete der Vater als ➸ Heilung. Der

Ingenieur stellte sein Vermögen in den Dienst der Verbreitung des Werks um Bruno Gröning. Der Sohn starb jedoch 1955 im Alter von 16 Jahren an seiner Krankheit. Öffentlich verbreitet wurden über Mundpropaganda und Sensationsberichte in der Presse jedoch nur Geschichten über »die wunderbar heilenden Kräfte« Bruno Grönings. Sie führten bald zu Massenversammlungen von Kranken, die bei ihm Heilung suchten. 1948 wurde Gröning wegen Verstoßes gegen das ➻ Heilpraktikergesetz angeklagt und zu einer Geldstrafe und Haft auf Bewährung verurteilt. Nachdem er in Nordrhein-Westfalen Auftrittsverbot erhalten hatte, zog er zunächst nach Rosenheim, dann nach Hamburg um. Menschenmassen folgten ihm. Bruno Gröning sah sich selbst von Gott gesandt und gab an, er heile mit göttlicher Kraft in Erfüllung des Willens Gottes. Untersuchungen der Heilungsphänomene unter wissenschaftlich kontrollierten Bedingungen lehnte er Zeit seines Lebens ab.
Auf einer Pressekonferenz im Spielsaal des »Traberhofes« in Rosenheim am 31. August 1949 führte Bruno Gröning unter anderem aus: »Sie brauchen nicht zu mir zu kommen und Beweise verlangen, das habe ich nicht nötig, das brauche ich nicht. Sie liegen in der Heilung schon drin. Ich habe alles unternommen, Menschen zu helfen.« 1954 erhielt Gröning Auftrittsverbot in der gesamten Bundesrepublik und ihm wurde jede Heilertätigkeit untersagt. Er bezeichnete sich daraufhin als Heilpraktikergehilfe, um weiter heilen zu können. Dabei erfand er auch die Stanniolkugeln, in denen sich seine Heilkräfte konzentrieren sollten, und in denen sich bis in die Gegenwart – nach Aussage der Anhänger Grönings – die Heilkräfte zentrieren würden. Bruno Gröning starb 1959 in Paris an einem Krebsleiden. Er wurde in Dillenburg beigesetzt. Der verstorbene Bruno Gröning dient den Mitgliedern der ➻ Bruno Gröning-Freundeskreise bis heute als spirituelles ➻ Medium, um den Heilstrom zu empfangen.

Großgruppentherapie

Viele Psychogruppen (z. B. ➻ Forum Landmark, ➻ EST) führen ihre Therapieangebote in Großgruppen durch. Manchmal nehmen zwischen 200 und 300 Patienten gleichzeitig an den Sitzungen teil.

Grüne Zukunft

Die »Grüne Zukunft – ökologische Basisgruppen« bildet einen politischen Zweig der ➻ Gemeinschaft. Die Grüne Zukunft wurde 1986 durch das Sekretariat für soziale Angelegenheiten der Gemeinschaft gegründet. Vornehmliche Aufgabe ist die Mitgliederwerbung mit Hilfe politischer Aktivitäten. In einigen Ländern wurde der Name »Die Grünen« benutzt, um das vorhandene Image dieser Partei übernehmen zu können. Feste Gruppen bestehen seit Jahren in München und bis ins Jahr 2000 in Berlin. Regelmäßige Werbeaktivitäten konnten bis in die Gegenwart in mehreren Städten in NRW beobachtet werden (Köln, Düsseldorf, Oberhausen, Bochum). Relevante Mitgliederzahlen erreicht diese Gruppierung am ehesten in den spanischsprachigen Ländern und in Italien.

Gruppendynamik

Der Ausdruck Gruppendynamik geht auf den deutsch-amerikanischen Psychologen Kurt Lewin zurück, der 1945 in den Vereinigten Staaten am Massachusetts Institute of Technology (MIT) ein gruppendynamisches Forschungszentrum gründete. Im Mittelpunkt des wissenschaftlichen Interesses stand die Dynamik des Verhaltens in Gruppen. Die gruppendynamische Forschung untersucht die Struktur und die Funktionsmechanismen sozialer Gruppen und die verschiedenen Rollen, die die Gruppenmitglieder spielen.

Guru

Ein Guru ist ein hinduistischer Lehrer und gilt innerhalb des ➻ Hinduismus als gewichtige Respektsperson. Im alltäglichen Sprachgebrauch bezeichnet der Begriff Guru den Führer einer so genannten Sekte oder einer Psychogruppe. ➻ Führerfigur

Guruismus

Mit Guruismus wird eine Form von Religion bezeichnet, in welcher der religiöse Meister und die Unterwerfung unter seine Autorität

zum Hauptfaktor geworden sind. Guruismus ist vor allem in so genannten Sekten mit ostasiatischem Hintergrund verbreitet.
➻ Guru ➻ Hinduismus

Handlesen

Der Begriff Handlesen bezeichnet das Vermögen aus der Hand eines Menschen seinen Charakter und seine Zukunft abzulesen. Seit dem Beginn des 20. Jahrhunderts gehört das Handlesen zu den unterschiedlichen Formen der Weissagung, zu denen u. a. auch die ➻ Astrologie, das Tarotkartenlegen und das Hellsehen gehört.
➻ Divination ➻ Esoterik

Hare Krishna Bewegung

(➻ ISKCON = International Society for Krishna Consciousness)
– hinduistischer Hintergrund –

Entstehungsgeschichte

ISKCON wurde 1966 von A. C. Bhaktivedanta Swami Prabhupada (1896–1977) in den USA gegründet. Bhaktivedanta ist ein Ehrentitel und bedeutet der »Lehrer von bhakti, der Schlussfolgerung der Veden«. Prabhupada gilt innerhalb der Bewegung als »spiritueller Meister«.

Lehre

Ziel der Bewegung ist es, das Krishna Bewusstsein in der ganzen Welt zu verbreiten. Diejenigen, die nicht Krishna mit völliger Hingabe dienen, werden ewig in der materiellen Welt voller Leiden (Geburt, Alter, Krankheit und Tod) bleiben. Die ISKCON-Anhänger, die sich an die strengen Regeln halten, leben in einem der Hauptzentren (»Tempel«) der Bewegung zusammen. Ihr Tagesablauf gestaltet sich nach einem festen Plan, der den Tag von 3.30 bis 22 Uhr streng strukturiert: Tempeldienst, ➻ Chanten des ➻ Mantras, Lektüre heiliger Schriften, Gebete an Prabhupada und Verkauf von Literatur und Schallplatten in Fußgängerzonen. Die Reglementierungen der Mitglieder beinhalten vor allem eine vegetarische Ernährung. Die meisten Mitglieder bevorzugen ein einfaches Leben. Unter Berufung auf traditionell hinduistische Überlieferung wird das Krishna Bewusstsein über drei Pfade der Befreiung erlangt: den Pfad der Erkenntnis, das Einswerden mit der verloren gegangenen Harmonie, die die Welt einigen soll, den Pfad des Handelns (Mission und Betteln) und den Pfad der liebevollen Hingabe an Gott Krishna. Um eins zu werden mit Krishna, der höchsten Gottheit, singen die Mitglieder der Bewegung das Hare-Krishna-Mantra mindestens 1600 Mal am Tag.

Gegenwärtige Situation und Verbreitung

Die ➻ ISKCON, wie die Bewegung genannt wird, ist trotz ihrer Verbreitung in westlichen Ländern besonders stark an den ursprünglichen hinduistischsten Glauben angelehnt. 1970, mit dem Auftreten der ersten ➻ Jugendreligionen, kam die Hare Krishna Bewegung nach Deutschland. 1997 gab es hier 16 Gurukulas (spezielle Glaubensschulen, die die Glaubensvorstellungen von Krishna als Lerninhalte vermitteln) mit etwa 350 Schülern. Für Deutschland werden derzeit 31 Zentren bzw. Kontaktadressen genannt. Die Zahl der aktiven, in Tempeln lebenden Anhänger (»Gottgeweihte«) wird in Deutschland auf 150 bis 200 geschätzt, die Zahl der weiteren Mitglieder (»Gemeinde«) auf etwa 5000. Weltweit zählt die Anhängerschaft ca. 15000. In der Öffentlichkeit treten die Krishna-Jünger nicht mehr in auffälliger Kleidung in Erscheinung, sondern tragen normale Alltagskleidung. Auch wird niemandem mehr geraten seine beruflichen und familiären Pflichten aufzugeben und seine Ausbildung abzubrechen, wie dies in der Vergangenheit der Fall war.

Unterorganisationen und Abspaltungen

- Akademie für Vaishnava-Kultur
- Bhakti-Yoga-Zentren
- Bhaktivedanta Book Trust
- Zentren für Vedische Studien

➻ Ernährungsvorschriften ➻ Hinduismus ➻ Veda

Hamer, Ryke Geerd

Ryke Geerd Hamer (Jg. 1935) ist der Begründer der ➻ Neuen Medizin. Er wurde 1935 in Friesland geboren. Hamer studierte nach dem Abitur Medizin, heiratete und bekam mit seiner Frau vier Kinder. Sein Sohn Dirk wurde 1978 bei einem Attentat vor der Insel Cavallo erschossen. Dr. Hamer erkrankte einige Zeit später an Hodenkrebs. Er nahm daraufhin an, dass der Verlust des Sohnes die Krebserkrankung ausgelöst habe und entwickelte aus diesem Erlebnis eine Theorie, welche er das »Dirk-Hamer-Syndrom« (DHS) nannte. DHS besagt, dass jeder Krebserkrankung ein biologischer Konfliktschock zugrunde liege, der die Ursache für die Krankheit bildet. Eine medikamentöse Betreuung des Kranken durch die Schulmedizin wird in der Regel abgelehnt. Die Theorie der Neuen Medizin beinhaltet die Vorstellung, dass der Kranke sich aus eigener Kraft heilt. Wird der Konflikt gelöst, verschwinde der Krebs von selbst. Bereits 1986 ist Hamer die Approbation als Arzt entzogen worden. 1997 verurteilte ihn ein Kölner Gericht wegen Verstoßes gegen das ➻ Heilpraktikergesetz zu 19 Monaten Haft. Im Dezember 1998 erhob die Kölner Staatsanwaltschaft erneut Anklage gegen Hamer. Im Juni 2004 wurde er in Frankreich zu drei Jahren Gefängnis verurteilt. ➻ Pilhar, Olivia

Harmagedon

(griech.: apokalypein = offenbaren)
Das Bild des großen Krieges von Harmagedon, das der Evangelist und Seher Johannes in der biblischen Offenbarung zeichnet, gehört zum Bestand der so genannten apokalyptischen Literatur. ➻ apokalyptische Endzeiterwartung ➻ Zeugen Jehovas

Hassan, Steven

Steven Hassan lebt in den USA und arbeitet dort als ➻ Ausstiegsberater. Er war selbst Mitglied der ➻ Mun-Bewegung, bevor er zu dieser Tätigkeit kam. Sein in Deutschland bekanntestes Werk ist das Buch »Ausbruch aus dem Bann der Sekten« (Rowohlt Verlag). ➻ Bewusstseinskontrolle ➻ Indoktrinationsprozess ➻ Sekten-Ich

Heilerkult

In Heilerkulten bedeutet Gesundheit gleichzeitig, den rechten Glauben zu haben. Der rechte Glaube wiederum führt zur ➻ Heilung, ist allerdings der jeweiligen Bewegung exklusiv vorbehalten. Das bedeutet, dass nur diese Bewegung den rechten Glauben und somit die Heilung vermitteln kann. Tritt Heilung nicht ein, wird das Sektenmitglied mit seiner mangelnden Glaubenskraft selbst dafür verantwortlich gemacht. In solchen Bewegungen konzentriert man sich in der Regel sehr auf die ➻ Führerfigur, denn von ihr geht die Heilung aus (z. B. ➻ Fiat Lux, ➻ Bruno Gröning-Freundeskreise).

Heiliger Geist

Der Ausdruck Heiliger Geist (spiritus sanctus) bezeichnet im christlichen Glauben neben dem Vater (Gottvater) und dem Sohn (Jesus Christus) die dritte Person der Trinität (christliche Dreifaltigkeit). Im Neuen Testament spricht Jesus Christus vom Heiligen Geist als »dem Ratgeber, den der Vater in meinem Namen senden wird« (Joh. 14, 26). ➻ Bibel ➻ Christentum

Heilpraktiker

Heilpraktiker ist die Berufsbezeichnung für Personen, die entsprechend dem ➻ Heilpraktikergesetz die staatliche Genehmigung zur Ausübung der Heilkunde besitzen und vom zuständigen Gesundheitsamt registriert sind. Die Ausbildung zum Heilpraktiker ist gesetzlich nicht festgelegt. ➻ Neue Medizin

Heilpraktikergesetz

Das Heilpraktikergesetz besagt, dass es einer Erlaubnis zur Ausübung der Heilkunde bedarf, wenn man kein Arzt ist. Ausübung der Heilkunde im Sinne des Gesetzes ist jede berufsmäßig vorgenommene Tätigkeit zur Feststellung, Heilung oder Linderung von Krankheiten, Leiden oder Körperschäden bei Menschen, auch wenn sie im Dienste von anderen ausgeübt wird.

Heilung

Eine physische Verletzung kann geheilt werden, d. h. der ursprüngliche Zustand (vor der Verletzung) kann mit ärztlicher Hilfe wieder hergestellt werden. Das Ziel der Heilung besteht aus ärztlicher Sicht in der Wiederherstellung des ursprünglichen Zustandes, denn es gibt ein so genanntes »Normalbild« der Gesundheit, an dem man die Heilung messen kann. In der ➻ Psychotherapie ist es schwer, den Begriff Heilung zu definieren, weil es keinen »normalen« psychischen Zustand gibt. Aus psychotherapeutischer Sicht kann allenfalls ein bestehendes Symptom geheilt werden, das von dem Patienten selbst als problematisch erlebt und geschildert wird. ➻ Neue Medizin ➻ Psychomarkt ➻ Psychotherapeutengesetz

Heimbibelstudium

Die ➻ Zeugen Jehovas bieten interessierten Menschen ein Heimbibelstudium an. Das Studium wird in der Regel von Zeugen einer örtlichen Versammlung durchgeführt. Es ist Teil der ➻ Mission. Grundlage des Studiums ist nicht die Bibel, sondern die ➻ Neue-Welt-Übersetzung, die von der ➻ Wachtturm-Gesellschaft herausgegeben wird. Das Heimbibelstudium soll interessierte Menschen in die Lehren der Wachtturm-Gesellschaft einführen und auf die Taufe vorbereiten. ➻ Anwerbung

Heimholungswerk Jesu Christi

Seit 1985 tritt das Heimholungswerk Jesu Christi unter dem Namen ➻ Universelles Leben in der Öffentlichkeit auf. ➻ Wittek, Gabriele

Hellsehen/Wahrsagen

Mit den Begriffen Hellsehen/Wahrsagen werden übersinnliche Methoden der Zukunftsdeutung bezeichnet, wie z. B. die Interpretation von Zeichen oder die Kommunikation mit übernatürlichen Kräften. Zu diesen Methoden gehören u. a. die ➻ Astrologie, das ➻ Handlesen und das Tarotkartenlegen. Einige Wahrsagemethoden stehen in Verbindung mit dem Hellsehen, der Wahrnehmung von Ereignissen oder Gegenständen, die nicht durch die fünf Sinne zustande kommen. Auch wenn das Hellsehen/Wahrsagen wenig Unterstützung vonseiten der Wissenschaft erfährt, ist es nach wie vor in der Esoterikszene beliebt. An die 100 000 Hellseher und Wahrsager bieten allein in Deutschland ihre Dienste an. Geworben wird in Spezialzeitschriften wie u. a. »Astro-Woche«, »Venus«, »Andere Realität«. ➻ Divination ➻ Esoterik

Henschel, Milton G.

Von 1992 bis Oktober 2000 war Milton G. Henschel der fünfte gewählte Präsident der Zeugen Jehovas. Henschel wurde am 9. August 1920 in Ponoma/New Jersey geboren und verstarb am 22. März 2003 im Alter von 82 Jahren. Henschel nahm während seiner Amtszeit einige erwähnenswerte Lehrkorrekturen vor, z. B. dürfen Zeugen Jehovas nun an unpolitischen Wahlen teilnehmen und Wehrersatzdienst leisten. Das Amt des Präsidenten bekleidete nach Henschel der noch amtiertende Don Adams (75).

Herbal life

Herbal life ist ein Diätprodukt namens Formula 1 und Formula 2, das mit Hilfe eines ➻ Strukturvertriebs in Umlauf gebracht wird. Herbal life kam 1991 aus den USA nach Deutschland und wird durch Mund-zu-Mund-Propaganda, Schaukästen und Annoncen in Zeitschriften beworben.

Herz-Zirkel

Der Herz-Zirkel kommt aus Kanada, wo er vor 10 Jahren von Gemeinde-Frauen ins Leben gerufen wurde, um Not leidenden Frauen zu helfen. Der Herz-Zirkel, an dem ausschließlich Frauen teilnehmen, ist nach dem ➻ Pyramidensystem aufgebaut: In Stufe 1 werden mindestens 16 Spielerinnen gebraucht, die gemeinsam ca. 160 000 Euro einzahlen sollen. Jede Teilnehmerin wird gebeten, möglichst viele Mitspieler aus dem Bekannten- und Kolleginnenkreis zu werben. Herz-Zirkel weisen in der Regel einen esoterischen Hintergrund auf: »Alles, was wir freigeben, kommt vielfach zu uns zurück.« Gewinnen können bei diesen Spielen allerdings nur die Teilnehmer, die an der Spitze der Pyramide stehen. Mittlerweile hat sich der Herz-

Zirkel in Deutschland ausgebreitet. Hier ist er vorrangig im Bereich Köln und Aachen zu finden. Von einer Teilnahme ist aus juristischer Sicht abzuraten, denn Pyramidenspiele gelten in Deutschland als sittenwidrig. ➻ Schenkkreise ➻ Tafelrunden ➻ § 6 c Progressive Kundenwerbung

Hexen

Der Begriff Hexe stammt aus dem Althochdeutschen, und bedeutet »hagzissa« (Zaunreiterin). In der volkstümlichen Sicht, die nach wie vor verbreitet ist, handelt es sich bei einer Hexe um eine zauberkundige Frau mit magischen und zumeist schädigenden Kräften. Sie tritt in Märchen und Sagen als hässliche Schreckgestalt in Erscheinung. Seit 1930 in England und später auch in Amerika stark verbreitet ist der Wicca-Kult, der zwei wesentliche Hauptlinien unterscheidet: Die feministische und die kultisch ritualistische Linie. Der Wicca-Kult verehrt den »gehörnten Gott« (dieser hat nichts mit Satan zu tun) und die Große Göttin. ➻ Wicca möchte den neuzeitlichen Hexen helfen zu verstehen, was es mit dem Gott und der Göttin auf sich hat und wie Mann und Frau sich mit ihnen identifizieren können. Die Göttin ist die Seele der Natur, die alles lebendig macht. Durch sie möchten weibliche Wicca-Gläubige die heilsame und befreiende Kraft in der Frau erleben. Die Einweihung in den Wicca-Kult begründet normalerweise auch die Mitgliedschaft in einem so genannten Coven. Die Mitglieder eines Coven treffen sich zu besonderen Festzeiten des Jahres, um diese zeremoniell zu begehen. Für die Treffen wird ein Ort gewählt, um den man einen magischen Kreis ziehen kann (mit Kreide, auf der Erde etc.). In der »Neuen Frauenbewegung« nimmt man zum Teil gezielt Bezug auf Hexen als Symbolfiguren für die Benachteiligung und den Widerstand von Frauen.

Hierarchie

Die meisten so genannten Sekten und Psychogruppen weisen in der Gruppenstruktur eine Hierarchie auf. An erster Stelle der Rangordnung stehen die jeweiligen Führer der Gruppe. ➻ Absolutheitsanspruch ➻ Führerfigur ➻ Gehorsam

Himmlische Täuschung

Die ➻ Mun-Bewegung veranstaltet zu Werbezwecken große Kongresse und Seminare, zu denen u. a. renommierte Wissenschaftler und Politiker eingeladen werden. Der Name des wahren Veranstalters wird hierbei für Außenstehende nicht immer deutlich. Die Mitglieder der Mun-Bewegung bezeichnen diese Vorgehensweise intern als »himmlische Täuschung«. ➻ Tarnorganisationen

Hinduismus

Der Hinduismus ist eine von fünf ➻ Weltreligionen. Er ist das Ergebnis einer 5000-jährigen religiösen, philosophischen und literarischen Entwicklung. Hindu ist das persische Wort für Inder. Es bezeichnet Menschen, die Anhänger der ursprünglichen Religionen Indiens sind. Fast neun von zehn Menschen in Indien bekennen sich zum Hinduismus. Der Hinduismus ist nach dem ➻ Christentum und dem ➻ Islam die drittgrößte Religionsgemeinschaft der Welt. Im Unterschied zu den anderen Weltreligionen kann man nicht Hindu werden, sondern man wird als Hindu geboren. Der wichtigste Grundsatz des Hinduismus ist die Vorstellung von der Seelenwanderung und der Wiedergeburt des Menschen bis zur Erlösung. ➻ Karma

Hingabe

Die meisten Mitglieder so genannter Sekten und Psychogruppen widmen sich ihren Zielen mit großer Hingabe. Die Fähigkeit zur bedingungslosen Hingabe an eine Sache, einen Menschen oder eine Aufgabe, gehört zu den wenigen menschlichen Möglichkeiten die das Leben sowohl positiv als auch negativ verändern können. Menschen, die zur völligen Hingabe fähig sind, finden sich in allen Gesellschaftsschichten. So genannte Sekten und Psychogruppen verlangen in der Regel von den einzelnen Mitgliedern ein hohes Maß an Hingabe an die Ziele und Aufgaben der Gruppe. Der entscheidende Unterschied zwischen einer sinnvollen und unvernünftigen Hingabe zeigt sich hierbei häufig erst im Nachhinein.

Hippie-Bewegung

Vor dem Hintergrund des Vietnamkrieges versuchten die so genannten Hippies zunächst in den Vereinigten Staaten und später u. a. auch in Deutschland überkommene gesellschaftliche Normen und Zwänge außer Kraft zu setzen. Der Leitspruch der Hippie-Bewegung lautete: »Make love, not war« (Macht Liebe, keinen Krieg). Die Hippies setzten sich für eine auf Freiheit, Gemeinschaft und Liebe basierende Gesellschaft ein, in der jeder einzelne die Möglichkeit zur Selbstverwirklichung haben sollte. Gegenwärtig ist die Hippie-Bewegung weltweit nicht mehr verbreitet. ➻ Jesus-People-Bewegung

Hoffmann Quadrinity-Prozess

– *therapeutischer Hintergrund* –

Entstehungsgeschichte

Modell Quadrinita = Vierheit (Körper, Gefühl, Intellekt und spirituelles Selbst)

Der Hoffmann Quadrinity-Prozess ist eine Methode, die von dem Amerikaner Bob Hoffmann (geb. 1922) gegründet wurde. Laut Aussage der Veranstalter handelt es sich dabei um einen »achttägigen Intensivkurs für die Seele«. Ziel ist es, noch einmal zu den Wurzeln der Kindheit zurückzugelangen. Auf diese Weise soll es gelingen, die eigene Existenz von destruktiven Prägungen zu befreien. Erstmalig stellte Hoffmann 1967 den Kurs in Berlin vor. Das gesamte Programm dauert sieben Tage und kostet ca. 2 100 Euro. In der Regel nehmen 15 bis 50 Teilnehmer an den Veranstaltungen teil.

Lehre

Nach den Lehren Hoffmanns sind alle Menschen »Abziehbilder« ihrer Eltern. Sie sind von negativen Mustern durchsetzt, die sie in der Kindheit von ihren Eltern übernommen haben. Nur eine Abrechnung mit den Eltern kann dauerhaft zu einer Verhaltens- und Lebensveränderung führen. Zu den Kursübungen, die Hoffmann entwickelt hat, gehören deshalb auch so genannte Visualisierungsübungen, mit deren Hilfe die Teilnehmer in ihre Kindheit zurückversetzt werden sollen. Diejenigen, die in der Kindheit von ihren Eltern abgelehnt worden sind, sollen den dadurch entstandenen seelischen Schmerz noch einmal nacherleben, um sich innerlich davon lösen zu können. Im Anschluss folgt eine Übung, in der die Teilnehmer ihre Eltern verteidigen und ihnen »vergeben« sollen. Jeder Teilnehmer muss die Verantwortung für sich selbst und die möglichen Schäden, die durch das intensive Erleben im Kurs entstehen können, allein tragen.

Gegenwärtige Situation und Verbreitung
Die Verbreitung der Methode geschieht übers Internet, über Anzeigen sowie durch Mund-zu-Mund-Propaganda.

Hörigkeit

Die Zugehörigkeit zu einer so genannten ➻ Sekte oder einer ➻ Psychogruppe kann im Einzelfall dazu führen, dass das Mitglied Hörigkeitsgefühle gegenüber der Gruppe oder ihrem Führer entwickelt. In solchen Fällen besteht die Gefahr, den Bezug zur Realität und zur eigenen Persönlichkeit zu verlieren. Fachkundige Hilfe wird dadurch notwendig. ➻ Absolutheitsanspruch ➻ Bewusstseinskontrolle ➻ Sekten-Ich

Horoskop

Astrologen erstellen anhand der Sternenkonstellation ein Horoskop, das Aussagen über den Charakter des Menschen machen und Ereignisse in seinem Leben voraussehen soll. Zur Erstellung eines Horoskops ist die Geburtsminute entscheidend sowie Planeten und ihre Aszendenten. Astrologen haben den Himmel entlang der Ekliptik in zwölf Abschnitte unterteilt. Jeder Abschnitt wird einem Tierkreiszeichen zugeordnet. Die Ekliptik bezeichnet in der ➻ Astrologie den Kreis, der den jährlichen Lauf der Sonne auf der Himmelskugel darstellt, wie er von der Erde aus gesehen wird. Während das Horoskop für die einen ein Stück Lebenshilfe bedeutet, halten die anderen es für ➻ Aberglaube. ➻ Divination ➻ Esoterik

Hubbert, L. Ron

L. Ron Hubbert gründete die ➻ Scientology Organisation, wie es sie in ihrer gegenwärtigen Form gibt. Der Sohn eines Marinesoldaten wurde am 13. März 1911 als Lafayette Ronald Hubbard in Tilden/Nebraska geboren. 1930 begann er verschiedene Studien an der Universität in Washington, ohne einen Abschluss zu erzielen. 1933 heiratete er Margaret Louise Grupp. Aus der Ehe gingen zwei Kinder hervor. Im zweiten Weltkrieg diente Hubbard bei der Marine. 1934 veröffentlichte er unter dem Pseudonym »Winchester Remington Colt« Wildwest- und Abenteuergeschichten. 1936 erschien sein erster Roman. Kurz darauf wechselte L. Ron Hubbard ins Science-Fiction-Genre. Seine erste Erzählung trug den Titel »The Dangerous Dimension« (Gefährliche Dimension). 1945 wurde er Mitglied des O.T.O. (Ordo Templi Orientis), einem Kult, der satanisch orientiert ist und dem vormals auch Aleister Crowley, der Begründer des Satanismus, angehörte. 1947 ließ Hubbards Frau sich scheiden und er heiratete zum zweiten Mal. 1950 veröffentlichte er das Buch »Dianetics« und gründete die »Hubbard Dianetic Research Foundation«. Mit dem Buch »Dianetic« gelang ihm der schriftstellerische Durchbruch. 1951 wurde er von seiner zweiten Frau geschieden. 1954 gründete er in Kalifornien die »Church of Scientology« und übersiedelte ein Jahr später nach England. 1968 verhängte Großbritannien ein Einreiseverbot über Hubbard. 1976 kaufte er ein Hotel in Clearwater/Florida, das seither der Hauptsitz der Scientology ist. Als offizielles Todesdatum wird der 24. Januar 1986 angegeben. ➻ Church ➻ Dianetik

Humana-Tvind-Bewegung

Entstehungsgeschichte

Die Tvind-Bewegung, die nach dem dänischen Ort »Tvind« benannt wurde, begann zunächst als alternatives Bildungsprojekt. 1972 errichteten freiwillige Helfer aus vielen Teilen Europas in der Grassteppe bei Ulfborg die ersten Baracken. 1977 entstand das damals größte Windrad der Welt zur Stromerzeugung. Die Windmühle wurde zum Symbol einer Reformpädagogik, die Leben, Lernen und Arbeiten miteinander verbinden sollte. Das Bildungsprojekt fand die Zustimmung vieler Pädagogen und erhielt finanzielle Unterstützung vom dänischen Staat. Man nannte es auch »das dänische Summerhill«. Es bildeten sich die »Reisende Hochschule« und das »Notwendige Seminarium« heraus. Tvind verband die Erwachsenenbildung mit der Arbeit für die Dritte Welt. 1979 schrieb die Hamburger Zeit: »Tvind ist, über Dänemarks Grenzen hinaus, zum Synonym geworden für Schule, die Spaß macht.« Etwa 10 000 Mark zahlte der dänische Staat jährlich an Zuschüssen pro Schüler. Der Däne Mogens Amdi Petersen (Jg. 1939) hatte eine Lehrergruppe gegründet. Petersen und die Lehrer waren Anhänger des Maoismus. In den 70er Jahren kaufen sie das Tvind-Projekt auf. Die »Tvindies«, wie sich die Anhänger der Bewegung nannten, lebten in Kommunen zusammen. Alles galt als Gemeinschaftseigentum.

Lehre

Petersen glaubte, dass man die Welt mit Hilfe der Bildung revolutionieren könne. Die Parole der Bewegung lautete: »Wir – die Weltverbesserer« gegen »Sie – die bürgerlichen Machthaber«. Es fühlten sich vor allem Menschen angesprochen, welche Autoritäten und Bürgerlichkeit ablehnten. Linke, Alternative und sozialbewusste Menschen traten der Bewegung bei. Gemeinschaftssinn und praxisorientiertes Lernen sollten bei Tvind angeblich im Mittelpunkt stehen. Die neuen Mitglieder zahlten jedoch Geld für Kurse, die niemals stattfanden. Stattdessen mussten sie für Tvind Geld sammeln, indem sie in verschiedenen dänischen und schwedischen Städten Postkarten verkauften oder sich in Secondhand-Läden und an der Altkleidersammlung beteiligten. Unter dem Motto »Der Kampf für den neuen Menschen« gaben die Mitglieder der Lehrergruppe im Laufe der Zugehörigkeit jedes persönliche und private Leben auf. Zeit und Geld galten innerhalb der Bewegung als Gemeinschaftseigentum. Neue Mitglieder wurden aufgefordert, Jugendfotos zu vernichten. Ehemalige Mitglieder berichteten, dass sowohl Schüler als auch Lehrer sich dem »solidarischen Humanismus« der Organisation »weihen« mussten.

Gegenwärtige Situation und Verbreitung

Die großzügige finanzielle Unterstützung des dänischen Staates für die Tvind-Privatschulen ließen das Vermögen des Konzerns schnell anwachsen. Es entstand ein internationales Großunternehmen, das u. a. an Hochschulen, mit Hilfe von Handzetteln und Zeitungsanzeigen neue Mitglieder warb. Im Mai 1996 verbot das dänische Parlament per Sondergesetz den Weitervertrieb der 31 Tvind-Schulen.

Die Bildungsinstitute hatten in den vergangenen 20 Jahren mehr als eine Milliarde Kronen (260 Millionen Mark) an staatlichen Zuschüssen erhalten. In Schweden wurde bereits zu Beginn der 90er Jahre alle öffentliche Unterstützung zurückgezogen. Auch in Berlin sind HUMANA-Kleidersammelcontainer, mit denen die Tvind-Bewegung Kleider sammelt, nur noch in unmittelbarer Nähe der HUMANA-Second-Hand-Läden von der Stadtverwaltung geduldet. In Frankreich wurde die Bewegung im Jahre 2000 als Sekte kategorisiert. Petersen tauchte in den 80er Jahren zunächst unter, wurde aber im Jahre 2001 von dänischen Journalisten in Miami aufgespürt, in einem Millionen-Appartement. Er wurde 2003 in Dänemark wegen Verdachts des umfangreichen Betrugs verhaftet.

Unterorganisationen und Abspaltungen

Zu den größten Einnahmequellen der Tvind Bewegung gehört die Altkleidersammlung »Humana«, die angeblich der Entwicklungshilfe dienen soll. Die Kleidersammlung »Humana«, die in elf europäischen Ländern auch unter den Bezeichnungen ➻ UFF oder DAPP auftritt, ist mit Tvind über eine Föderation verbunden und betreibt in Deutschland mehrere Secondhand-Läden.

Humanisten

Humanismus ist eine Philosophie und eine Weltanschauung, die sich an den Interessen, den Werten und der Würde insbesondere des individuellen Menschen orientiert. Im Humanismus kommt die persönliche Auseinandersetzung des Einzelnen mit der Wirklichkeit zum Ausdruck. Ziel des Humanismus ist es, ➻ Glaubens- und Gewissensfreiheit jedes Menschen zu erreichen. In allen etablierten Religionen finden sich humanistische Strömungen. Hier werden Glaubensvorstellungen und Traditionen übernommen und durch Elemente des Humanismus ergänzt.

Humanistische Partei

Die Humanistische Partei wurde 1984 vom inneren Kreis der ➻ Gemeinschaft gegründet. Sie ist der politische Arm dieser Bewegung, im »Kölner Stadtanzeiger« vom 22. August 1990 wurde die

Humanistische Partei auch als »Ableger« der Gemeinschaft bezeichnet. Ziel der Humanistischen Partei ist es, neue Mitglieder für die Gemeinschaft zu werben. In der Schweiz ist die Partei als solche selbstständig. Bücher und Gedankengut Silos, dem Gründer der Gemeinschaft, werden von der Humanistischen Partei, die bis in die Gegenwart sowohl in der Schweiz als auch in Deutschland tätig ist, hoch geschätzt.

Hypnose

Mit dem Begriff Hypnose wird ein veränderter Bewusstseinszustand bezeichnet, der eine gesteigerte Empfänglichkeit für Suggestionen aufweist. Die Tiefe der Hypnose unterscheidet sich je nach Persönlichkeit des zu Hypnotisierenden und kann von tiefer Bewusstseinsveränderung bis zu einer leichten Trance reichen. Viele so genannte Sekten und Psychogruppen nutzen Hypnosetechniken, um ihre Mitglieder mit der Gruppenlehre und dem neuen Umfeld vertraut zu machen. ➻ Bewusstseinskontrolle

Ich-Identität

Der Amerikaner ➻ Steven Hassan geht von der theoretischen Annahme aus, dass Mitglieder in so genannten Sekten- und Psychogruppen ihre Ich-Identität (Persönlichkeit) zugunsten eines kollektiven Gruppenbewusstseins verlieren können. Nach Hassan besteht die Gefahr, dass an die Stelle der ursprünglichen Identität eine so genannte ➻ Sekten-Identität rückt. ➻ Bewusstseinskontrolle

Indoktrinationsprozess

Nach den theoretischen Ausführungen ➻ Steven Hassans werden dem neuen Mitglied während des so genannten Indoktrinationsprozesses die Denkweisen und Emotionen der Gruppe vermittelt.
➻ Bewusstseinskontrolle ➻ formelles Verändern ➻ informelles Verändern

Informelles Verändern

Nach den theoretischen Ausführungen ➻ Steven Hassans kann eine informelle Veränderung des neuen Mitgliedes einer so genannten Sekte oder Psychogruppe in den Zusammenkünften mit anderen Gruppenmitgliedern stattfinden. Während dieser Zusammenkünfte werden dem Neuling die notwendigen Informationen (z. B. die Lehre der Gruppe) mit Hilfe von sekteninternen Schriften, Kassetten und Videos vermittelt. ➻ Bewusstseinskontrolle ➻ formelles Verändern ➻ Ideologie ➻ Indoktrinationsprozess

Inneres Wort

Der Begriff des »inneren Sprechens« stammt ursprünglich aus dem Bereich der Sprachphilosophie. Im Altertum gingen die Philosophen von der Vorstellung aus, dass das Denken mit einem »stillen Selbstgespräch« gleichzusetzen sei. Im Zusammenhang mit so genannten Sekten hat sich der Begriff »Inneres Wort« bis in die Gegenwart in den alltäglichen Sprachgebrauch eingebürgert. Bezeichnet werden damit Menschen, die glauben, Gottes Stimme in ihrem Inneren zu vernehmen. Gegenwärtig wird das Innere Wort u. a. von Gabriele Wittek (➻ Universelles Leben) und ➻ Erika Bertschinger-Eicke (➻ Fiat Lux) vernommen, die sich selbst als ➻ Medium und ➻ Sprachrohr Gottes bezeichnen. ➻ Neuoffenbarungsgruppen

International Churches of Christ

International Churches of Christ ist ein anderer Name für die ➻ Boston Church of Christ. ➻ MacKean, Kip

Irrlehre

Es gibt so genannte Sekten, deren Mitglieder ihre jeweilige Lehre für die einzig mögliche Wahrheit halten und für diese absoluten Geltungsanspruch erheben. Andere, davon abweichende Glaubensrichtungen erhalten den Stellenwert einer Irrlehre und werden abgelehnt.

Irrtum

Viele der so genannten Endzeitsekten haben in der Vergangenheit immer wieder Weltuntergangsdaten berechnet. Tritt dieses Untergangsdatum (z. B. 1914 bei den ➻ Zeugen Jehovas) nicht ein, wird es häufig von der Gruppenleitung als »menschlicher Irrtum« entschuldigt. Der Mensch – so hieß es zum Beispiel bei den Zeugen Jehovas – sei zu diesem Zeitpunkt noch nicht so weit gewesen, Gottes Botschaft richtig zu deuten, doch nun habe Gott »erneut Licht gegeben«. In der Regel wird nach dem nichterfolgten Weltuntergang ein neues Endzeitdatum errechnet. ➻ apokalyptische Endzeiterwartung

ISKCON

Die Internationale Gesellschaft für Krishna Bewusstsein (ISKCON) ist eine andere Bezeichnung für die ➻ Hare Krishna Bewegung.

Islam

Der Islam ist eine der fünf großen ➻ Weltreligionen. Die Anhänger werden Moslems oder Muslime genannt (»der, der sich Gott hingibt«). Der Islam ist eine monotheistische Religion (Glaube an nur einen Gott), die auf dem Koran beruht, den die Muslime für das Wort Gottes halten, nachdem es Mohammed offenbart worden ist. Somit gilt Mohammed als der Stifter des Islam. Er wurde um 570 n. Chr. in Mekka geboren. Um das Jahr 610 empfing er in einer Höhle am Berg Hira in der Umgebung von Mekka die erste Offenbarung, die seinem Leben eine neue Richtung gab. Die Botschaft beinhaltete die Vorstellung des einen Gottes, der die Welt regiert und am Jüngsten Tag richten wird. Bei den mekkanischen Polytheisten fand Mohammeds Botschaft keinen Anklang. Es gelang ihm nicht, sich in Mekka durchzusetzen. Im Jahre 622 wanderte Mohammed nach Medina (»Stadt der Propheten«) aus. Dort gelang es ihm, seine Macht zu festigen und den Grund für die weltweite Ausbreitung des Islam zu legen. Wer öffentlich bekennt: »Ich bezeuge, dass es keine Gottheit außer Gott gibt und dass Mohammed der Gesandte Gottes ist«, hat damit den Islam angenommen. Der Koran ist für die Muslime das »reine und unverfälschte Wort Gottes«. Koran bedeutet das »Vorgetragene«. Der

Koran ist aus dem Arabischen in viele Sprachen übersetzt worden, auch ins Deutsche. Den von den Muslimen anerkannten Koran gibt es nur in der arabischen Sprache. Deshalb lernen Moslems den Koran auf Arabisch auswendig, auch wenn sie eine andere Muttersprache sprechen. ➻ abrahamitische Religionen ➻ Ahmadiya Bewegung ➻ Islamischer Fundamentalismus ➻ Jüngstes Gericht ➻ Terrorismus

Islamischer Fundamentalismus

Als geistige Väter des islamischen Fundamentalismus gelten der Ägypter Sayyid Qutb (1906–1966) und al Maududi (1903–1979), der Gründer der Vereinigung Dschamaat-i Islami in Pakistan. Der islamische Fundamentalismus entstand vor allem unter den Sunniten, neben den Schiiten eine große Gruppe innerhalb des Islam. Auch heute noch hat der Islamismus unter den Sunniten, die größtenteils im arabischen Raum leben, eine weit größere Anhängerschaft als unter den Schiiten, die mehrheitlich im nichtarabischen Raum leben. Zu den zentralen Forderungen der Fundamentalisten gehört die Ersetzung der säkularen Nationalstaaten durch den islamischen Gottesstaat. An der Spitze dieses Staates steht der »Imam«, der gerechte Herrscher, der eine islamische Gemeinschaft (»umma«) führt. Als »Schatten Allahs« ist er dessen höchster Vertreter auf Erden. Er ist sowohl religiöses Vorbild als auch politischer Führer. Dennoch wird er nicht als absoluter Souverän angesehen, weil dieser Status nur Allah allein gebührt. In diesem Staat sollen ausschließlich die göttlichen Gesetze der Scharia, der islamischen Rechts- und Moralvorschriften, gelten. Die Scharia ist kein fest umrissener Gesetzeskodex. Sie ist durch unterschiedliche Auslegungen und Interpretationen des Korans entstanden. Diese sind somit sämtlich jünger als der Koran und unterscheiden sich je nach Region und Schule. In frühen Zeiten enthielt die Scharia Regeln für alle Lebensbereiche wie z. B. für rituelle Handlungen, Familien-, Erb- und Strafrecht sowie Regeln des Wohlverhaltens gegenüber Allah. Hierzu gehören auch Prinzipien der ungleichen Behandlung von Mann und Frau. Die nichtislamische – vor allem die westliche Kultur – wird als Sphäre der Unwissenheit und Ignoranz angesehen. Wenn gelegentlich vom Heiligen Krieg gegen den Westen die Rede ist, muss jedoch hinzugefügt werden, dass kein Herrscher im ➻ Islam das Recht hat, einen generellen Religionskrieg auszurufen. Der Islamismus oder islamische Fundamentalismus ist generell nicht mit dem Islam identisch. Der weitaus überwiegende Teil der Muslime folgt nicht den Lehren des Islamismus. Und selbst unter den Fundamentalisten verhält sich nur ein kleiner Teil extremistisch oder terroristisch. Diese Extremisten und Terroristen unter den islamischen Fundamentalisten verübten jedoch immer wieder grausame Terroranschläge wie z. B. den Anschlag auf das World Trade Center in New York/USA am 11. September 2001. Auch in Zukunft wird von ihnen eine Bedrohung ausgehen, die nicht zu unterschätzen ist. ➻ Terrorismus

Isolation

Der Begriff Isolation bezeichnet im Zusammenhang mit so genannten Sekten und Psychogruppen die Tendenz, dass sich deren Mitglieder gegenüber der Umwelt mehr oder minder umfassend isolieren und sich auf die eigene Welt innerhalb der Gemeinschaft beschränken. In diesem Sinn besteht die Tendenz, die gesamte Lebenswirklichkeit in die Innenwelt der jeweiligen Gruppe zu verlagern. ➻ Sektenmerkmale

Janov, Arthur

Arthur Janov wurde 1924 in Kalifornien/USA geboren, wo er auch gegenwärtig lebt und als Arzt und Psychotherapeut praktiziert. Nach seiner medizinischen Ausbildung und einer Lehranalyse war Janov zunächst in verschiedenen psychiatrischen Kliniken tätig und ließ sich 1952 als Psychoanalytiker mit eigener Praxis nieder. Nach einem Schlüsselerlebnis während der Therapie eines Klienten entwickelte er eine eigene Theorie über die Entstehung von Neurosen. Mit dieser begründete er 1967 die therapeutische Schule der ➻ Primärtherapie. Nach dem Titel des Buches, in dem Janov erstmals seine Neurosentheorie und sein therapeutisches Konzept darlegte (»Der Urschrei«, 1973), wurde die Janovsche Therapie auch als »Urschrei-Therapie« bekannt, eine Bezeichnung, die er selbst in neueren Veröffentlichungen ablehnt. Nach Janovs Thesen kommt es nicht auf das Schreien, sondern auf den Schmerz an. Wesentlich sei das Fühlen des verdrängten Schmerzes. Dieses diene als Vehikel für die Bewusstwerdung der Verletzung und der Heilung der Neurose. Skeptisch steht

Janov der weltweit in Kliniken praktizierten so genannten Primärtherapie gegenüber, die nach seiner Einschätzung weit von dem entfernt ist, was Primärtherapie nach seiner Lehrmeinung sein sollte.

Jedidja

– christlich-fundamentalistischer Hintergrund –

1984 gründete der Österreicher Günther Schuster die pfingstlerische Jedidja Bewegung. Jedidja ist ein Begriff aus dem Alten Testament und bedeutet »Freund Gottes«. Die Mitglieder der Jedidja-Gemeinde richten ihr Leben nach einer fundamentalistischen Heilslehre aus: Leben ist demnach ein ständiger Kampf gegen die Dämonen der Welt. Innerhalb der Gruppe herrschen ein starkes Feinddenken und ein dualistisches Weltbild. Im inneren Kern der Gruppe wird das Heil vermutet. So wird u. a. Kindern bei Zahnschmerzen der Zahnarztbesuch verboten. Es heißt innerhalb der Gemeinschaft, dass Schmerzen von bösen Geistern geschickt werden. Da in Märchenbüchern Hexen und Teufel vorkommen, dürfen die Kinder der Mitglieder keine Märchen lesen. ➻ christlicher Fundamentalismus ➻ Pfingstbewegung ➻ Dämonen ➻ Dualismus ➻ Feindbilder ➻ Fundamentalismus

Jehova

Die ➻ Zeugen Jehovas vertreten die Lehrmeinung, dass der Name Jehova die einzig richtige Gottesbezeichnung darstellt. Das Wort Jehova entsteht durch die Verbindung der Konsonanten des alttestamentlichen Gottesnamens »Jahwe« und den Vokalen des hebräischen Gottestitels »Adonai« (Herr). Die Lehrmeinung besagt, dass nur diejenigen, die den Namen Jehovas benutzen, in das tausendjährige Friedensreich gelangen können. ➻ Präsidenten

Jesus-Haus

Die Freien Christengemeinden im Bund Freikirchlicher Pfingstgemeinden betreiben in einigen Städten so genannte Jesus-Häuser als Versammlungsorte für Mitglieder und Interessierte. Jesus-Häuser zeichnen sich vor allem durch lebhafte Gemeinschaft und Gottesdienste im Stil der ➻ Pfingstlerbewegung und der ➻ Evangelikale aus. ➻ Jesus-People-Bewegung ➻ Hippie-Bewegung

Jesus-People-Bewegung

Entstehungsgeschichte

Die Jesus-People-Bewegung hat ihren Ursprung in der ➻ Hippie-Bewegung in den USA der 60er Jahre. Die Hippies sammelten sich im Protest gegen den Vietnam-Krieg (»Make love, not war«). Sie wollten eine Gesellschaft, die alles erlaubt. An die Stelle von materiellen Werten (z. B. Geld und Wohlstand) wollten sie ideelle Werte (z. B. die Liebe, Zwischenmenschlichkeit) setzen. Der Mensch stand bei diesen Überlegungen im Mittelpunkt, jeder sollte er selbst sein können. Man suchte eine neue Weltordnung, in der für nichts etwas verlangt würde. Man wollte sich von der normalen Gesellschaft lossagen. Duane Pederson war von diesen Ideen angezogen. Er gründete eine Zeitung, in der er über Jesus und über die Liebe Gottes schrieb. Das war die Keimzelle der Jesus-People, die sich als ein Ableger der ➻ Hippie-Bewegung bildete. Die Jesus-People-Bewegung ist den neupfingstlerischen Gruppen zuzurechnen. Sie beruft sich auf eine direkte Leitung durch den Heiligen Geist und sieht ihre Aufgabe hauptsächlich in der Missionierung. Die Bewegung betreibt eigene Schulen und eigene Läden. Die meisten Jesus-People verstehen sich als eine große Familie, die als Organisation in viele kleine Familien unterteilt ist, jeweils mit einem Gruppenleiter an der Spitze.

Gegenwärtige Situation und Verbreitung

Ebenso wie die Mitgliedszahlen der Hippie-Bewegung, so sind auch die Mitgliedszahlen der Jesus-People-Bewegung in den letzten Jahren stark zurückgegangen. In der Bundesrepublik wurde die Idee der Jesus-People von Volkhard Spitzer aufgegriffen. Die Leitung der Christlichen Missionsgemeinschaft Berlin, die der Internationalen Gemeinschaft der Geschäftsleute des vollen Evangeliums nahe stand, wurde 1964 von Spitzer übernommen. 1971 gründete er die »One-Way-Teestube«, die im Stil der Jesus-People geführt wurde. Er arbeitete mit Drogenabhängigen und eröffnete das Jesus-Center am Nollendorfplatz in Berlin, das später zum »Christlichen Zentrum Berlin« wurde, welches bis in die Gegenwart besteht.

Unterorganisationen und Abspaltungen

- Christliches Zentrum Berlin

➻ Jesus-Haus ➻ Mission ➻ Neupfingstlertum ➻ Pfingstlerbewegung

Jetzt e. V.

Jetzt e. V. (»Jugend entwickelt Zukunft«) wurde am 27. Mai 1989 gegründet und am 14. August 1989 ins Vereinsregister beim Amtsgericht Offenbach am Main eingetragen. Gewählt wurde laut Protokoll als Präsident Joachim Ecker, ein Sozialarbeiter aus Radolfszell. Jetzt e. V. und Undersky sind ➻ Unterorganisationen des ➻ Z.E.G.G., die speziell für die Jugend gegründet wurden. Durch sie wird die Vernetzung mit anderen Organisationen gefördert und auf ein »Welthaus der Jugend« hingearbeitet. ➻ Duhm, Dieter

Judentum

Der Begriff Judentum bezeichnet die Religion des Volkes Israel. Das Judentum, aus dem ➻ Christentum und ➻ Islam hervorgingen, ist die älteste der drei monotheistischen Offenbarungsreligionen. Von grundlegender Bedeutung für das Judentum ist der unbedingte Monotheismus, dem zufolge ein einziger transzendenter Gott die Welt erschaffen habe und ihre Geschicke lenkt. Das Judentum entstand vor etwa 4000 Jahren. Christentum und Islam haben beide in der jüdischen Religion ihre Wurzeln. Das Judentum beruht auf den Geboten und Rechtssatzungen des Gottes Israel. Ein wichtiger Bestandteil des jüdischen Glaubens ist der Glaube an den Messias, der auf der Welt ein Reich des Friedens errichten wird. Aus diesem Messiasglauben hat sich später das Christentum entwickelt. Von tragender Bedeutung für den jüdischen Glauben ist einerseits das Bewusstsein von der Auserwähltheit des Volkes Israel und andererseits der Glaube an die ➻ Thora als die von dem einen und einzigen Gott gegebene Richtschnur für das Leben. Die Geschichte des Volkes Israel steht in der Bibel. Die Bezeichnung Juden kommt von einem israelischen Stamm namens Juda. Abraham gilt als der Stammvater des Volkes Israel. Seine Geschichte spielte sich vor etwa 4000 Jahren ab. Durch den Ritus Beschneidung (»Brit mila«) werden jüdische Knaben noch heute im Alter von acht Tagen offiziell in den Bund

Abrahams aufgenommen. Männer, die sich zum Judentum bekehren, müssen ebenfalls beschnitten werden. Es gibt verschiedene Gruppen im Judentum: das orthodoxe Judentum, das liberale Judentum, das konservative und das zionistische Judentum und christianisierende Gruppen. ➻ Weltreligionen ➻ abrahamitische Religionen

Jugendreligionen

Mit dem Wort Jugendreligion werden religiöse Organisationen bezeichnet, die seit den 1970ern in Europa aufgetreten sind und deren Mission besonders Jugendliche und junge Erwachsene anspricht. Die bekanntesten dieser Gruppen sind:

- Internationale Gesellschaft für Krsna-Bewusstsein e. V.
- Die Kinder Gottes
- Divine light Mission
- Transzendentale Meditation
- Vereinigungskirche e. V.
- Ananda-Marga-Bewegung
- Bhagwan-Shree-Rajneesh-Bewegung

Trotz großer Unterschiede zwischen den einzelnen Gruppen gibt es folgende grundsätzliche Gemeinsamkeiten:

Die Behauptung, ein »rettendes Konzept« zu besitzen, mit dem Sinnlosigkeit, Gottesferne und der drohende totale Untergang abgewehrt werden können.

Dieses »rettende Konzept« wird durch einen »Heiligen Meister« verkündet und vertreten, der absolute Autorität für sich in Anspruch nimmt.

Die Anhänger sehen sich selbst als Gerettete in einer engen Gemeinschaft, die ihre ganze Kraft für die Verbreitung des »rettenden Konzepts« einsetzt.

Der evangelische Pfarrer Friedrich-Wilhelm Haack wies bereits in seiner 1974 erschienenen Broschüre »Neue Jugendreligionen« vor allem auf die Gefährdung Jugendlicher durch neureligiöse Gruppen hin. Als Jugendliche werden in diesem Zusammenhang junge Leute im Alter zwischen 18 und 35 Jahren betrachtet. Menschen dieser Altersgruppe wären – so Haack – besonders leicht zu überzeugen und durch ihren Idealismus für die Ziele einer Gruppe zu begeistern. Darüber hinaus hätten Jugendliche in Bezug auf Berufswahl, Identitätsfindung, Ehe und Familie meist noch keine feste Wahl getroffen und wären daher in ihren Entscheidungen beeinflussbar. Sie würden sich in schwierigen seelischen Situationen leicht anwerben lassen, trennten sich relativ schnell vom Elternhaus und wären manchmal sogar bereit, Schule und Berufsbildung abzubrechen, um einer Gruppe beizutreten. Dadurch würden sie häufig die Chance einer Integration in die Gesellschaft verpassen. Sollten sie den Ausstieg irgendwann einmal schaffen, wären sie ohne Berufsausbildung und hätten dadurch verminderte Zukunftschancen. Als Motive für den Eintritt in eine Jugendreligion vermutete Haack bereits vor Jahren den Zukunfts-, Geborgenheits- und Sinnverlust junger Menschen in einer immer stärker technologisierten Welt. Der Begriff »Jugendreligion« wird gegenwärtig nicht mehr verwandt, denn so genannte Sekten und Psychogruppen werben mittlerweile nicht nur Jugendliche, sondern Personen aller Altersgruppen und aus allen sozialen Schichten.

Jüngstes Gericht

Nach islamischer und christlicher Vorstellung findet das jüngste Gericht am Ende der Welt statt. Dann entscheidet Gott, welche Menschen von der Sünde erlöst werden und welche im so genannten Höllenfeuer umkommen. ➻ Christentum ➻ Islam

Kabbala

Der Begriff Kabbala *(hebräisch: qabbalah = Überlieferung)* bezeichnet die spekulative jüdische Geheimlehre und Mystik. ➻ Judentum

Kaizen-Bewegung

Der deutsche Arzt Thomas Gretz (geb. 1956 in Weingarten bei Heideberg) gilt als Erfinder der Kaizen-Bewegung. Der Name Kaizen stammt aus dem Japanischen und bedeutet »Verbesserung«. Ursprünglich bezeichnete der Begriff Kaizen eine seriöse Managementmethode, mit der die Kaizen-Bewegung des Thomas Gretz keine Gemeinsamkeiten aufweist. Vielmehr handelt es sich hier um eine spezielle Art des ➻ Kettenspiels, das in erster Linie dem Ziel des Geldvermehrens dient: Beim Eintritt zahlen die Anleger jeweils 3500

Euro. Sie dürfen sich anschließend »Founder« nennen und werden an der Kaizen Academy AG oder ihrer Tochter Kaizen Development AG beteiligt. Für jedes Land der Welt werden je 200 Anteilscheine ausgegeben. Diese berechtigen zur Teilnahme an Kaizen-Seminaren und zum Bezug einer Dividende. Im Gegensatz zu normalen Kettenspielen sind in der Kaizen-Bewegung die Anteilscheine offiziell limitiert. Ein Gegenwert wird den Teilnehmern in Form von Seminaren ausgezahlt. Die Teilnehmer werden während dieser Seminare meist zu weiteren Investitionen aufgefordert. Das Versprechen der Kaizen-Bewegung lautet, dass man reich werden könne, ohne Leistungen zu erbringen. Außerdem wird jedem Teilnehmer u. a. versprochen, dass sich sein Sex-Leben verbessern würde, wenn er an den Seminaren teilnimmt. »Geld ist Sex und Sex ist Geld«, lautet die Kaizen-Formel. Teilnehmer, welche sechs neue Founder geworben haben, erhalten ca. 3500 Euro. Dadurch besteht die Gefahr, dass die Teilnehmer – wie in einem ➻ Pyramidenspiel – unter den Druck geraten, immer neue Mitglieder werben zu müssen. Die meisten Teilnehmer aber ahnen nicht, dass die Leiter der Bewegung in ihren Kursen Psychotechniken wie das umstrittene Neuro-Linguistische-Programmieren (➻ NLP) einsetzen, um die Anhänger für ihre Ziele zu gewinnen. Und diese Ziele sind in erster Linie wirtschaftlicher Natur. Die versprochene Verbesserung des Sexuallebens dient in der Regel dazu, den Anreiz zu schaffen, neue Teilnehmer als Founder zu gewinnen. »Der im Handelsregister eingetragene Gesellschaftszweck, die Vermittlung von Seminaren und Dienstleistungen usw., scheint nicht der wirkliche Zweck dieser Gesellschaft zu sein«, heißt es z. B. im Gerlach-Report (49/96). Seine Theorien entnahm Gretz dem Buch »Geheimgesellschaften und ihre Macht im zwanzigsten Jahrhundert«. Allen Mitgliedern der Bewegung wird dieses Buch zur Lektüre empfohlen. Es wurde im Juni 1996 wegen antisemitischer Inhalte bundesweit beschlagnahmt und verboten. In diesem Buch wird u. a. die These vertreten, dass die Juden am Zweiten Weltkrieg schuld seien und erneut eine riesige Weltverschwörung planen würden. ➻ BEP ➻ Esoterik ➻ Kettenbriefe ➻ § 168, 168 a (1) StGB

Karma

Der Begriff Karma stammt aus dem Sanskrit und bedeutet »Handlung« oder auch »Tat«. Karma bezeichnet in der indischen Philosophie die Gesamtheit aller guten und schlechten Taten, die zu einer

Seele gehören. Nach hinduistischer Vorstellung kann die Seele nach dem Tode in einen neuen Körper wandern, dessen neue Situation vom vorigen Karma bestimmt wird. Deshalb streben viele Hindus danach, gutes Karma anzusammeln, um eine bessere Wiedergeburt zu erlangen. Die Lehre vom Karma findet sich u. a. auch im ➻ Buddhismus. Viele so genannte Sekten vermitteln ihren Mitgliedern die Vorstellung vom Karma und von der Wiedergeburt der Seele.
➻ Hinduismus ➻ Reinkarnation

Kettenbriefe

In den 80er Jahren tauchten bundesweit Kettenbriefe mit Anschriften und Kontonummern auf mit der Bitte, Geld an die oberste Kontonummer zu schicken, sich selbst unten auf die Liste setzen und den Brief weiterzuschicken. Doch nur der Initiator, der die ersten Plätze mit Scheinadressen besetzt hatte, profitierte davon. In der Regel löste sich ein solches Spiel bereits auf, bis ein neuer Spieler aufsteigen konnte. ➻ Pyramidenspiel ➻ § 168, 168 a (1) StGB

Kettenspiele

Kettenspiele arbeiten nach dem Schneeballsystem. Sie funktionieren jedoch meist nach dem Prinzip »Hoffnung ohne Chance«. Jeder Spieler zahlt Geld ein und wirbt neue Spieler. Kassieren kann er nur durch Anwerben neuer Mitglieder – dafür erhält er Provisionen. Er bekommt auch Provisionen, wenn die von ihm Geworbenen wieder andere rekrutieren. Für jedes neue Mitglied wird ein bestimmter Prozentsatz des Eintrittsgeldes nach oben weitergereicht. Gewinner sind in der Regel die Spitzen der Pyramide – jene Leute, die das Spiel angefangen haben; die letzten Angeworbenen gehen dagegen meist leer aus. ➻ Pyramidenspiele ➻ § 168, 168 a (1) StGB

Kinder Gottes

Entstehungsgeschichte

Die Kinder Gottes gingen aus der ➻ Hippie-Bewegung in Kalifornien hervor. 1969 wurde die Bewegung von ➻ Mose David Berg (1919–

1994), der sich selbst als »Mose« oder »Mo« bezeichnete, gegründet. Als »Teenager für Jesus« oder »Revolutionäre für Jesus« gehörte die Gruppe zu den klassischen ➻ Jugendreligionen der 70er Jahre. Mose David Berg stammte aus einer Predigerfamilie. Er entwickelte den Plan, die ganze Welt mit so genannten Kolonien zu überziehen. In diesen Kolonien sollten die Kinder Gottes wie in einer Wohngemeinschaft zusammenleben.

Lehre

Mose David Berg verstand sich als König und Endzeitprophet, der im Auftrag Gottes handelte. Er benutzte die Bibel, um seine Ideen zu begründen. Berg selbst hielt sich meist im Verborgenen auf. Er teilte sich seinen Mitgliedern in comicstripartig gezeichneten Mo-Briefen mit. Diese Mo-Briefe galten für seine Mitglieder als göttliches Gesetz. Das Bibelwort »Liebe deinen Nächsten« wurde von David Berg so gedeutet, dass es die körperliche Liebe nicht ausschloss. Seine weiblichen Anhängerinnen hatten von daher die Pflicht, mit möglichst vielen Männern zu schlafen, um Gottes Liebe in die Welt zu tragen. Abtreibung und Verhütung waren innerhalb der Gruppe verboten, einen Mann abzulehnen auch. Dies hatte zur Folge, dass die Zahl der Kinder, die in die Gruppe hineingeboren wurden, ständig wuchs. Die Lehre Mo's bezog auch die Kinder mit ein: Bereits Sechsjährige mussten für »Opa Mo«, wie David Berg von den Kindern seiner Anhänger genannt wurde, Striptease tanzen. Die Kinder Gottes waren lange Zeit in der Öffentlichkeit als Jugendsekte bekannt, denn es wurden vor allem junge (gebärfähige) Mitglieder geworben. David Berg und seine Anhänger lebten in der Erwartung einer Endzeit. Nur mit Hilfe der neugegründeten Bewegung könne man eine neue Welt schaffen und das Chaos der Gegenwart überwinden.

Gegenwärtige Situation und Verbreitung

Bis Mitte der 70er Jahre waren die Kolonien streng hierarchisch gegliedert. Es gab u. a. so genannte Kolonie-Hirten. Die Mitglieder der Kolonien mussten als Zeichen des Bruchs mit dem System einen neuen Namen annehmen. Dies war meist ein biblischer Name. Später wurden die Kolonien in Heime umbenannt. An die Stelle des Hirten und der Hirtin traten der so genannte Servant und seine Handmaid (Knecht und Magd). Auch erhielt die ganze Bewegung im Laufe der Zeit ständig wechselnde Namen wie » ➻ Die Familie«, »Heavens love« oder »Magic love«. Seit 1971 sind die Kinder Gottes auch in

Deutschland vertreten. Mose David Berg zog sich aus der Öffentlichkeit zurück, weil seine Gruppe wegen freier Sexualität ins Gerede gekommen war. Die Staatsanwaltschaft verfolgte ihn u. a. wegen sexuellen Missbrauchs von Kindern. 1978 wurde die öffentliche Kritik an den Kindern Gottes und ihrem Führer immer heftiger. Deshalb befahl Mo seinen Anhängern in den Untergrund zu gehen und die Kolonien aufzulösen. Sie sollten sich Wohnmobile kaufen, um im Fall einer strafrechtlichen Verfolgung beweglicher zu sein. Die weiblichen Mitglieder bekamen im Mo-Brief DFO 750 den Rat, sich als Prostituierte registrieren zu lassen, um auch weiterhin der Sexualmission (➻ Flirty Fishing) nachgehen zu können. Im November 1994, im Alter von 75 Jahren – so heißt es – starb Mose David Berg. Gegenwärtig hat die Gruppe etwa 10000 Mitglieder, darunter 5000 Kinder. Sie nennen sich »Familie der Liebe«. Angeblich hat sich die Bewegung von den Lehren Mo's distanziert.

Unterorganisationen und Abspaltungen

- Educational Service
- Family care international
- Family service
- Gospel service
- Mission/Missionare für die Welt
- World Educational Service International
- 21st Century International Schools

➻ apokalyptische Endzeiterwartung

Kirche

Allgemein bezeichnet der Begriff Kirche im heutigen Sprachgebrauch neben der Bezeichnung eines christlich geweihten Kult-Gebäudes zugleich die Gemeinschaft aller Christen und ebenso die Gemeinschaft einer organisierten christlichen Konfession. Der Begriff Kirche ist in Deutschland juristisch nicht geschützt und kann somit von allen möglichen Gruppen oder Vereinigungen benutzt werden. So bezeichnet die Psychogruppe Scientology sich z. B. selbst als Kirche und versucht diese Bezeichnung durch öffentliche Hinweise auf ihre religiösen Überzeugungen und Handlungen zu unterstützen. In den USA hingegen ist ➻ Scientology offiziell als Kirche anerkannt und erhält die Unterstützung des Staates. Aus religionswissenschaftlicher Sicht ist Scientology keine monotheistische Offenbarungsreligion (»Glaube an einen einzigen Gott«); sie steht vielmehr in der Tradition der gnostischen Erlösungsreligionen (solche, die die Erlösung des Menschen durch Erkenntnis seiner selbst suchen). ➻ Church

Kirche des Reiches Gottes

Die »Kirche des Reiches Gottes« (auch: »Menschenfreundliches Werk«, »Menschenfreundliche Versammlung«) ist eine Abspaltung der ➻ Zeugen Jehovas. Sie war 1919 von F. L. Alexander Freytag (1870 – 1974) in Genf gegründet worden. Freytag, der lange Jahre Mitglied bei den Zeugen Jehovas war, verließ 1914 die Gemeinschaft, als der angekündigte Weltuntergang ausblieb. Freytags wachsende Kritik an den Zeugen Jehovas ging mit der Ausbildung eigener Lehren einher. Er übernahm Vorstellungen vom Gründer der Zeugen Jehovas, Charles Taze Russell, die er mit eigenen, teilweise naturphilosophischen Ideen verband. Zentral ist das »Gesetz der Nächstenliebe«, das Gott den Menschen angeblich gegeben habe. Wer dieses Gesetz einhalte, könne das Heil erreichen. Die so genannten Menschenfreunde sollen durch die Nächstenliebe helfen, das Reich Gottes auf Erden aufzubauen. Weiter glaubte Freytag, dass Gott keinen Grund mehr habe, jemanden mit dem Tod zu strafen, der die Sünde meide und nach Christi Gebot leben würde. Diese Ansichten führten unausweichlich dazu, dass Freitag eine eigene Gruppe gründete, die sich »Kirche des Reiches Gottes« oder auch »Menschenfreundliches Werk« (auch »Menschenfreundliche Gesellschaft«) nannte. Das »Menschenfreundliche Werk« versuchte in Wohngemeinschaften ein altruistisch-gemeinschaftliches Leben zu verwirklichen und damit das angekündigte Reich Gottes einzuüben. Heute gibt es weltweit etwa ein Dutzend solcher Wohngruppen. Ca. 40 Mitglieder leben in der Region Basel. Es sind vorwiegend ältere Leute. Weltweit gibt es ca. 20000 »Menschenfreunde«. Zentrum der Gemeinschaft ist das »Philanthropische Werk in Cartigny« bei Genf. Im Unterschied zu den Zeugen Jehovas können Frauen im »Menschenfreundlichen Werk« ebenso gleichberechtigt wie Männer predigen und eine Gemeinde leiten.

Kitawala

Kitawala wurde von dem Afrikaner Elliot K. Kamwana um 1908 in Malawi gegründet. Kamwana war Mitglied bei den ➻ Zeugen Jehovas. Er vermischte die Lehre der Zeugen Jehovas mit schwarz-afrikanischer Mythologie zu der neuen Religion Kitawala, bei der aber dennoch die Lehre Russels vorherrschend blieb. Ebenso, wie die Zeugen Jehovas, leben die Mitglieder von Kitawala in einer ständigen Naherwartung ➻ Harmagedons, das als Entscheidungsschlacht zwischen Weiß und Schwarz verstanden wird. Den Endzeitvorstellungen wurde dabei der Glaube zugefügt, dass die Afrikaner die Wiedergeburt als Weiße erleben würden. Erwartet wird das goldene Zeitalter, in dem man auf die Auferstehung der Toten hofft. Trotz vieler staatlicher Verbote dehnte sich die Kitawala-Bewegung immer mehr aus, so dass sie heute speziell im Kongo, ferner in Malawi und Zambia anzutreffen ist. Im Gebiet von Stanleyville wird die Mitgliederzahl gegenwärtig auf ca. 56000 geschätzt. Kitawala ist heute eine spezifisch afrikanische Bewegung, welche politische Probleme wie Apartheid mit religiösem Gedankengut vermischt.

Kollektives Unterbewusstsein

C. G. Jung (1875 – 1961) begründete mit seiner Psychologie eine selbstständige tiefenpsychologische Richtung, welche die Tiefenanalyse von Sigmund Freud erweiterte. Jung ging vom so genannten kollektiven Unterbewusstsein aus, das von Archetypen oder Urbildern geprägt ist. Im kollektiven Unbewussten wirken demnach Urbilder oder Archetypen, die allen Menschen gemeinsam sind, als intuitives Wissen und als Quelle der Kreativität.

Kommission für Verstöße der Psychiatrie gegen Menschenrechte

Bei der Kommission für Verstöße der Psychiatrie gegen Menschenrechte handelt es sich um eine Unterorganisation von ➻ Scientology, die sich vor allem gegen Psychologen und Psychiater richtet. ➻ L. Ron Hubbard, der Gründer der Scientology, entwickelte in seiner Lehre die Vorstellung vom »Psychiater als Feind der Menschheit« und legte damit die theoretische Grundlage für diese Bewegung. ➻ Tarnorganisationen

Kommunikationskurs

Zu den werbewirksamsten Angeboten der ➻ Scientology gehört u. a. der so genannte Kommunikationskurs. Er besteht aus einer Vielzahl kleinerer Übungen, die dem Teilnehmer besondere Fähigkeiten im zwischenmenschlichen Umgang vermitteln sollen. In den Schriften von Scientology wird als Ziel des Kommunikationskurses u. a. genannt: »Die Fähigkeit sich einer Person oder einer Situation gegenüberstellen zu können, ohne nervös oder aggressiv zu werden oder aus der Fassung zu geraten. Eine Idee oder einen Gedanken klar und direkt jemandem mitzuteilen, ohne unsicher oder verlegen zu werden. Die Fähigkeit, einer Person zuzuhören, zu verstehen, was sie einem sagt, und sie wissen lassen, dass sie verstanden wurde. Trotz irgendwelcher Störungen oder Ablenkungen ein Gespräch zu bestimmen und Ihre Fragen beantwortet zu bekommen.« (L. Ron Hubbard: »Was ist Scientology«, Kopenhagen 1998) Die Scientologen bieten Firmen und Unternehmen den Kommunikationskurs zur Mitarbeiterschulung an. Auf diese Weise wird scientologisches Gedankengut in der Wirtschaft verbreitet.
➻ Tarnorganisationen ➻ WISE

Körperschaftsstatus

Das Verfassungsrecht stellt u. a. für Religions- und Weltanschauungsgemeinschaften den besonderen Status der Körperschaft des öffentlichen Rechts zur Verfügung (Art. 140 Grundgesetz [GG] in Verbindung mit Art. 137 Abs. 5 Weimarer Reichsverfassung [WRV]). Die Religions- und Weltanschauungsgemeinschaften, die Körperschaften sind, haben einen öffentlich-rechtlichen Status sui generis. Diesen Religionsgemeinschaften steht das Recht zu, ihre Angelegenheiten selbständig zu regeln. Dieses Selbstverwaltungsrecht und die Befugnis Kirchengesetze zu erlassen, wird nicht wie bei den übrigen Körperschaften vom Staat abgeleitet. Es steht den Kirchen autonom zu und ist vom Staat lediglich anzuerkennen. Das bedeutet, dass sie nicht wie andere Körperschaften dem Staatsverband eingegliedert sind. Sie haben eine eigene Stellung im öffentlichen Leben. Der Status der öffentlich-rechtlichen Körperschaft ist jedoch nicht Voraussetzung dafür, dass eine Gemeinschaft überhaupt als Religionsgemeinschaft in Erscheinung treten oder die den Religionsgemeinschaften gewährten Rechte in Anspruch nehmen darf. So ist etwa der Betrieb von Einrichtungen wie Kindergärten oder Altenheimen, die Errichtung von Gebäuden zu religiösen Zwecken oder der Zugang zur Erteilung von Religionsunterricht nach Art. 7 Abs. 3 GG nicht vom Körperschaftsstatus abhängig. Dieser gewährt lediglich einzelne, darüber hinaus gehende Rechte: Er berechtigt u. a. zur Erhebung von Steuern, befreit von der Rechnungsprüfung und der Pflicht zur Entrichtung von Körperschafts-, Vermögens- und Grundsteuer, gewährt »Dienstherrenfähigkeit« (= die Organisation kann Beamte ernennen, die den staatl./kommunalen Beamten gleichgestellt sind) und beinhaltet die Anerkennung als Träger der freien Jugendhilfe. Der Status gewährt weiterhin Sonderstellungen im Rundfunkrecht, der Bauleitplanung und dem Grundstücksverkehrsrecht. Dadurch heben sich Körperschaften des öffentlichen Rechts deutlich von den privaten Verbänden ab. Der Status kann grundsätzlich allen Institutionen zuerkannt werden, die hoheitliche Aufgaben wahrnehmen. Die Zuerkennung ist Sache der Bundesländer. Den Religions- und Weltanschauungsgemeinschaften steht es frei, diesen Status anzustreben.

➻ Christliche Wissenschaft ➻ Siebenten-Tags-Adventisten ➻ Mormonen ➻ Neuapostolische Kirche ➻ Zeugen Jehovas

Krisen

Der Ausdruck Krise bezeichnet im psychologischen Verständnis eine meist problematische und mit einem Wendepunkt verknüpfte, schwierige Lebenssituation. Vor allem in Krisenzeiten lassen sich Menschen bevorzugt von so genannten Sekten und Psychogruppen anwerben. Wer familiäre oder berufliche Probleme hat, verspricht sich von einer solchen Gruppe die geeignete Hilfe. Gesellschaftliche Umbrüche und Veränderungen im Leben eines Menschen sensibilisieren oft für religiöse Versprechungen.

Kristallkugel

Die Kristallkugel ist ein okkultes Mittel, mit dessen Hilfe Aussagen über die Vergangenheit und die Zukunft des Menschen gemacht werden sollen.
➻ Aberglaube ➻ Divination ➻ Esoterik ➻ Magie ➻ Okkultismus

Kunstwörter

In so genannte Sekten und Psychokulte wird häufig eine Art Geheimsprache praktiziert, die nur von Mitgliedern der Gruppe verstanden wird. Sie benutzen Begriffe, die meist erheblich vom allgemeinen Sprachgebrauch abweichen oder verändern den Sinnzusammenhang der Worte. Im Sprachgebrauch der Scientologen z. B. bedeutet der Begriff ➻ Ethik, dass man der Organisation dienen muss. Alles, was nicht der Scientology-Organisation dient, wird dieser Definition zufolge als »unethisch« bezeichnet. ➻ Scientology

Kritiker

So genannte Sekten und Psychogruppen wehren sich in der Regel gegen Kritik an ihren Lehren und/oder Organisationsstrukturen und Aktivitäten. Dies hat bereits in einigen Fällen dazu geführt, dass die Kritiker von der Gruppe öffentlich stigmatisiert wurden. In den Originalschriften L. Ron Hubbards, dem Gründer der ➻ Scientology, heißt es, dass »jeder Kritiker der Org (N. B.: Organisation) eine kriminelle Vergangenheit hat. Die Kritiker werden hart aufs Pflaster klatschen. Das feindliche Lager soll in Flammen aufgehen« (L. Ron Hubbard: »Handbuch für den ehrenamtlichen Geistlichen«, Kopenhagen 1980)

Kurs in Wundern

Das Buch »Ein Kurs in Wundern« ist ein Programm zum Selbststudium und besteht aus einem Textbuch, dem Übungsbuch und dem Handbuch für Lehrer. Das dreiteilige Werk wurde von der amerikanischen Psychologin Dr. Helen Schucman zwischen 1965 und 1972 geschrieben und wurde 1976 in den USA veröffentlicht. Es heißt, dass Jesus der damals 56-jährigen Schucmann das Werk auf medialem Wege eingegeben habe. »Nur Gott ist alles«, lautet die Kernthese des Buches, ein weiterer Schwerpunkt liegt auf dem Begriff der Vergebung. Die Außenwelt sei Illusion. Ziel des Menschen sei es, zu seinem wahren Selbst zurück zu gelangen. Die Menschen seien durch das rationale Denken in Angst und Schuld verstrickt. Dieser Kurs zeige jedoch einen Weg der Befreiung, der die Vergebung beinhaltet. Die Erinnerung an Gott kehre somit zurück, die hinter ➻ Angst und Schuldgefühlen verborgen sei. Die Vergebung sei eine Lernhilfe des Heiligen Geistes, die eine Umkehr im Denken herbeiführt. Die deutsche Erstausgabe der Buches erschien 1988. Sie enthielt das Textbuch, das Übungsbuch und das Handbuch für Lehrer in einem Band. Die zweite Auflage ist in Deutschland 1994 erschienen und wird u. a. über die Greuthof Verlag und Vertriebs GmbH verbreitet. ➻ Esoterik ➻ Medium

Klassische Pfingstbewegung

Die klassische Pfingstbewegung hat ihren Ursprung in der zweiten Hälfte des 19. Jahrhunderts als die Erweckungsbewegung die religiöse Szene in den USA bestimmte. Charles F. Parham und seine Studenten machten Anfang des 20. Jahrhunderts die Erfahrung der Geisttaufe, begleitet vom Sprachengebet (Zungenrede). In kürzester Zeit breitete sich die Pfingstbewegung nach Europa, Asien und Lateinamerika aus.
➻ Hippie-Bewegung ➻ Neupfingstlertum ➻ Pfingstlerbewegung

Knorr, Nathan Homer

Knorr war der dritte ➻ Präsident in der Geschichte der ➻ Zeugen Jehovas. Er wurde am 23. April 1905 in Bethlehem geboren. Er starb am 8. Juni 1976. Knorr entsprach dem Typ des modernen Managers. Er führte in seiner Präsidentenzeit, in den Jahren 1942–1977, neue Methoden der Betriebsführung und moderne Wirtschaftsprinzipien in die Verwaltung ein und machte auf diesem Wege aus der ➻ Wachtturm-Gesellschaft ein multinationales Zeitschriften-Unternehmen.

Laien-Heim-Missionierung

Die Laien-Heim-Missionsbewegung (LHMB) ist eine von zahlreichen Abspaltungen der ➻ Zeugen Jehovas. Sie entstand 1917 aus Protest gegen Lehränderungen innerhalb der Wachtturm-Gesellschaft nach dem Wechsel der Führung von ➻ Russel zu ➻ Rutherford. Die Bewegung hält an Russels Ansichten fest und glaubt, dass Jesus Christus 1874 unsichtbar wiedergekommen sei. Rutherford dagegen korrigierte innerhalb der Zeugen Jehovas diese Prophezeiung von Russel. Überwiegend im englischsprachigen Raum, aber auch in Deutschland arbeitet die LHMB als Traktat-Verteiler. Hauptarbeitsgebiet ist die Publikation von Schriften, Traktaten und Büchern, worunter auch Werke von Russel sind. Heute versteht sich die LHMB selbst als »weltweite, überkonfessionelle, nicht sektiererische und nicht auf Gewinn ausgerichtete religiöse Bewegung«. In Deutschland gibt es gegenwärtig einige tausend Menschen, die Schriften der Laien-Heim-Missionierung beziehen.

Landmark Education

Landmark bedeutet aus dem Englischen übersetzt »Meilenstein« oder »Wendepunkt«. Zum Ziel der Landmark Techniken gehört es u. a., sich von Prägungen aus der eigenen Vergangenheit zu befreien und einen Wendepunkt im eigenen Leben herbeizuführen. Landmark verspricht nach eigener Aussage »Einblick in die grundlegenden Vorstellungen und Hypothesen, die unser Leben gestalten und steuern, Einblick in die eigenen Strukturen, die unser Denken und Handeln, unsere Werte und unser Sein bestimmen«. Den Teilnehmern werden u. a. »Erfolge, Effizienz, Selbstbestimmung und Entscheidungssicherheit« in Aussicht gestellt. Im Mittelpunkt steht ein so genanntes vierteiliges Curriculum des Lebens, das den Teilnehmern in einer dreiteiligen ➻ Großgruppentherapie vermittelt wird. 1996 wurde von der Organisation eine Anzahl von 50 Unternehmen im deutschsprachigen Raum genannt, die das Landmark-Training absolviert haben sollen. Landmark arbeitet u. a. mit politischen Gremien, Schulen, Universitäten und Gefängnissen zusammen.

➻ EST ➻ Forum ➻ Scientology

Lehre

Unter einer Lehre im Zusammenhang mit weltanschaulichen bzw. religiösen Fragen kann allgemein der Inhalt eines Gedanken- und Glaubensystems verstanden werden. So genannte Sekten und Psychogruppen verkünden in der Regel eigene Lehren, die sich meist aus verschiedenen wissenschaftlichen und religiösen Richtungen ableiten lassen. Häufig gehört auch eine Endzeiterwartung zum Kern der Lehren dazu. Die Erfüllung der jeweiligen Lehre (z. B. Paradies auf Erden, Entstehung einer besseren Welt) wird – ebenso wie bei den christlichen Kirchen – in eine Zukunft verlegt, wo ein eventuelles Scheitern nicht mehr überprüfbar und einklagbar ist (z. B. nach dem Tode, nach dem Weltuntergang).
➻ apokalyptische Endzeiterwartung ➻ Steinbruchexegese

Leid

Unter dem Begriff Leid kann man allgemein die fühlbaren Folgen von körperlich und/oder seelisch erfahrenem Schmerz zusammenfassen. Der Weg zur Befreiung aus dem Leid ist Ziel der ➻ Lehren vieler so genannter Sekten mit christlichem Hintergrund. Das Leid wird in solchen Gruppen als Hinweis auf die persönliche Sünde des Menschen gesehen. Hieraus folgt nicht selten der Rückschluss: Ohne Sünde gäbe es kein Leid. In so genannten Sekten mit hinduistischem Hintergrund gilt ➻ Karma als Ursache des Leidens.
➻ Buddhismus ➻ Hinduismus

Lichtquell Bethanien Egg/ZH

Es handelt sich um einen Verlag des Ordens ➻ Fiat Lux, der durch ➻ Erika Bertschinger-Eicke (Uriella) vertreten wird.

Liebling, Friedrich

Friedrich Liebling gründete die so genannte Züricher Schule, die Basis des später daraus hervorgegangenen Vereins zur Förderung der Psychologischen Menschenkenntnis (➻ VPM). Er wurde am 25. Oktober 1893 in Galizien geboren. Liebling trug bei seiner Geburt den Vornamen Salomon, den er zu Beginn des ersten Weltkrieges jedoch ablegte, um sich fortan Friedrich zu nennen. Im Wien der Zwischenkriegszeit besuchte der 25-jährige Liebling sozialistische und kommunistische Zirkel. Er heiratete Maria Ulbl. Dieser Ehe entstammen die beiden Töchter Erna und Lillian. Im Frühjahr 1938 floh Liebling mit seiner Frau und den beiden Töchtern in die Schweiz. Dort begann er, sich mit psychologischer Literatur zu beschäftigen. 1955 gründete Liebling mit dem namhaften Psychologen Josef Rattner in Zürich die Psychologische Lehr- und Beratungsstelle. 1967 wurde diese Beratungsstelle in Zürcher Schule umbenannt. Die intensive Stimmung in Lieblings Therapiegruppen und die suggestive Kraft seiner Persönlichkeit erlaubten es ihm manchmal – wie glaubwürdige Zeugen versicherten – in wenigen kurzen Gesprächen bisher nicht kurierbare seelische Belastungen von Menschen aus dem Weg zu räumen. Die Therapiegruppen Lieblings fanden dadurch immer mehr überzeugte Anhänger, so dass zeitweise in Großgruppen therapiert werden musste. Liebling starb am 28. Februar 1982. Nach seinem Tod hinterließ er zahlreiche eingeschriebene Mitglieder seiner Zürcher Schule. Die studierte Psychologin Annemarie Buchholz-Kaiser (Jg. 1939), welche die Leitung der Zürcher Schule nach dem Tode Lieblings übernahm, gründete am 24. August 1986 gemeinsam mit den eingeschriebenen Mitgliedern den Verein zur Förderung der Psychologischen Menschenkenntnis (VPM). In den Blickpunkt der Kritik und der Medien geriet der VPM in den 1990er Jahren, weil sich dort sektiererische Strukturen abzuzeichnen begannen. Therapien wurden endlos geführt, die Bindung zum Therapeuten wurde nicht in einem vorgeschriebenen Rahmen aufgelöst. Der VPM warnte öffentlich vor der linken Unterwanderung des Erziehungswesens und der Gesundheitspolitik. Dadurch geriet der Verein in den Ruf, eine »rechte Politsekte« zu sein. Im März 2002 hat sich der VPM überraschend selbst aufgelöst.

Lorber, Jakob

Jakob Lorber (1800–1864) ist der Gründer der ➻ Lorber-Bewegung.

Lorber-Bewegung

Entstehungsgeschichte

Die Geschichte der Lorber-Bewegung geht auf ➻ Jakob Lorber (1800–1864) zurück. Jakob Lorber wurde am 22. Juli 1800 in Kanischa im heutigen Slovenien geboren. Er war das älteste von drei Kindern. Lorber absolvierte fünf Gymnasialklassen und ein Studium an einer Lehrerbildungsanstalt, das ihn befähigte, als Hauptschullehrer zu arbeiten. Durch seine musikalische Begabung bot man ihm im Alter von 40 Jahren die Stellung eines Dirigenten am Theater in Trier an, die er jedoch ablehnte, als er am 15. März 1840 nach eigenen Angaben eine innere Stimme vernahm, die zu ihm gesagt habe: »Steh auf, nimm deinen Griffel und schreibe!« Daraufhin blieb er in Graz, erwarb seinen Lebensunterhalt als Klavierlehrer und widmete sich den Kundgebungen der inneren Stimme, die er von da an regelmäßig vernahm. Es heißt, dass Lorber im Lauf der Jahre 25 Bände mit ca. 10000 Druckseiten verfasst habe.

Lehre

Die Offenbarungen werden innerhalb der Bewegung als »größte Einweihung« angesehen, sowohl hinsichtlich ihres Umfanges, als auch in Bezug auf die »tiefen Einsichten«, die darin zum Ausdruck kommen. Das umfangreichstes Werk Lorbers ist »Das große Evangelium Johannes« (1851–1864) mit zehn Bänden. Dieses Werk gilt das Zentrum der so genannten Neuoffenbarung. Etwa ein Viertel der Aufzeichnungen befasst sich mit naturkundlichen Erörterungen. Seinen eigenen Aussagen zufolge ermöglichten Lorber diese Offenbarungen einen völlig neuen Zugang zur Bibel, zu Gott und zur Schöpfung. Die Neuoffenbarung genießt bei seinen Anhängern eine solche Autorität, dass sie denselben Stellenwert wie die Heilige Schrift genießt. Es heißt, dass das Werk zudem viele Stellen des Alten und des Neuen Testaments erhellen würde. Nach der Lehre Lorbers werden nur wenige Menschen im Diesseits die geistige Wiedergeburt erleben. Die meisten würden unvollendet sterben und erst im Jenseits unter der Leitung reiner Geister zur Vollendung geführt. Ziel der Vollendung ist die Hinführung der Seele des Menschen zum Ur-Grundwesen Gottes, wo sie dann am Schöpfungswerk der Liebe Gottes teilnimmt.

Gegenwärtige Situation und Verbreitung
Es gibt nur wenige Lorber-Anhänger. Diese bilden keine eigene Kirchengemeinschaft, sondern engagieren sich als aktive Mitglieder im Sinne der Neuoffenbarung in ihren Kirchen.

Unterorganisationen und Abspaltungen
Der »Disk-Plus-Buch« Verlag bietet Themen aus den Neuoffenbarungen im Internet an.
- Lorber Förderwerk e. V.
- Lorber-Gesellschaft e. V. (mit Sitz in Bietigheim)
- Lorber-Verlag

➻ Inneres Wort ➻ Medium ➻ Neuoffenbarungen ➻ Neuoffenbarungsgruppen

Love-Bombing

Die überschwängliche Liebe und Zuneigung, die einem neuen Mitglied beim Eintritt in eine Gruppe entgegengebracht wird, bezeichnet man als »Love-Bombing« (Überschütten mit Liebe). Das Love-Bombing führt in der Regel dazu, dass das neue Mitglied alle Skepsis verliert und der Gruppe beitritt. Es handelt sich hierbei um eine Rekrutierungsmethode, die von einigen so genannten Sekten gezielt eingesetzt wird, um den Neuling zum Eintritt in die Gruppe zu bewegen.

MacKean, Kip

Thomas W. (Kip) MacKean wurde am 31. Mai 1954 in Indianapolis als Sohn eines Admirals der US-Navy geboren. Er studierte an der Universität von Florida und lernte dort die ➻ Crossroad Church of Christ (CCoC) kennen. Stark von Chuck Lukas, dem Gründer der CCoC indoktriniert, versuchte MacKean nach Abschluss seines Studiums im Jahre 1975 eine eigene Gemeinde im studentischen Umfeld zu etablieren. In dieser Zeit war MacKean auch in der Heritage Chapel Church of Christ in Charleston als Evangelist aktiv. Wegen seiner unbiblischen Lehren wurde er 1977 dort entlassen. Neben der Kritik an seinem Sündenbekenntnis wurden ihm betrügerische Lehren, Anpassungsdruck und Einschüchterung vorgeworfen. 1979 wurde MacKean Pastor und Universitätsprediger der Lexington

Church of Christ (LCoC) in Massachusetts. Gründungstag der Boston-Bewegung und späteren ICOC war der 1. Juni 1979. MacKean übernahm die LCoC und verlangte von den Mitgliedern sich als »Bekenntnis zur Umkehr« neu taufen zu lassen. Bei der Hälfte der Gemeinde konnte MacKean dies erreichen, die andere Hälfte trat aus. Lexington ist ein kleiner Vorort von Boston. Als äußeres Zeichen einer Verwandlung benannte sich die Gemeinde in ➻ Boston Church of Christ um. Seit 1990 leitet Kip MacKean die Los Angeles Church of Christ, welche ca. 8200 Mitglieder hat und rund 14000 Besucher der Gottesdienste an mehreren Orten in LA. Die LA Church of Christ ist seit 1990 das »Flaggschiff« der ICOC. Nachdem seine Tochter Olivia im Jahre 2002 aus der Gemeinde ausgetreten ist, um an der Universität Harvard zu studieren, trat Kip MacKean von allen seinen Ämtern zurück. Gegenwärtig sieht es so aus, als würde sich die Boston Church of Christ aus ihrer ursprünglichen Form vollständig lösen. Kip MacKean hat im Jahre 2004 in mehreren Interviews jedoch angekündigt, seine Arbeit fortzusetzen. ➻ Shepherding-Principle

Magie

Der Begriff Magie leitet sich vom altpersischen Wort für Magier ab. Die priesterlichen Aufgaben eines Magiers umfassten u. a. den Umgang mit dem Okkulten. Alltagssprachlich werden mit dem Begriff Magie Praktiken bezeichnet, die den Verlauf von Ereignissen auf übernatürliche Weise beeinflussen sollen.

Die Magie wird mit den Begriffen Alchimie, ➻ Okkultismus, ➻ Spiritismus, ➻ Aberglauben und Hexerei in eine enge Verbindung gebracht. Man unterscheidet zwischen ➻ schwarzer und ➻ weißer Magie.

➻ Hexen ➻ Wicca

Mahayana-Buddhismus

Im Mahayana-Buddhismus, einer Hauptrichtung des ➻ Buddhismus, hat sich die Verehrung Buddhas und verschiedener Boddhisattvas, das sind Erleuchtete, ausgebildet. Sie wollen Hilfestellung leisten beim Bemühen, den achtfachen Pfad zu gehen. Buddha und die Boddhisattvas sind keine Götter, sondern Vorbilder und Führer, die den Menschen helfen, das Nirwana zu erreichen. Ein Boddhisatt-

va ist jemand, der die Erleuchtung gefunden hat, aber freiwillig nicht ins Nirwana eingeht, bevor auch die anderen Lebewesen so weit sind. Er hilft den anderen Menschen auf dem Weg der Erkenntnis.
➻ Zen-Buddhismus

Manipulation

Der Begriff Manipulation bedeutet im übertragenen Sinne das Beeinflussen von Geschehnissen oder Zusammenhängen bzw. die gezielte und dabei meist verdeckte Einflussnahme auf einzelne Personen oder Gruppen. So genannten Sekten und Psychogruppen wird von Kritikern oft vorgeworfen, dass sie ihre Mitglieder mit Hilfe der ➻ Bewusstseinskontrolle manipulieren und auf diese Weise für ihre Zwecke gefügig machen.

Mantra

Das Mantra ist ein heiliges Wort oder ein kurzer Vers und wird beim Gebet gesprochen bzw. nach strengen Regeln rezitiert.
➻ Erlösung ➻ Hare Krishna ➻ Hinduismus

Marienkinder

Entstehungsgeschichte
Die Gründer der »Marienkinder« sind Josef Karl Zanker (1939–2001) und der ehemalige katholische Pfarrer Johannes Maria Bauer (1919–1999). Ostern 1976 vernahm Zanker nach eigenen Angaben erstmals die Stimme der Gottesmutter Maria. Für mehrere Monate schloss er sich der Bewegung des spanischen Papstes Gregor XVII und dessen palmarianisch-katholischer Kirche an. Ende der 70er Jahre gründete Zanker gemeinsam mit Bauer die Marienkinder, deren Mitglieder durch ihre ausgeprägte Marienfrömmigkeit auffallen. Da Maria durch das ➻ Medium Zanker »sprach«, galten seine Worte als absolutes Gesetz für die Anhänger dieser Gemeinschaft. Schläge und harte Strafen bei Nichtbefolgen der Regeln waren an der Tagesordnung. Zanker begründete diese Maßnahmen damit, dass er »Dämonen austreiben müsse«. Als Zanker im Jahre 1993 den früheren

katholischen Pfarrer und Mitbegründer während einer Dämonenaustreibung fast umbrachte, kamen die Gewaltpraktiken an die Öffentlichkeit und Zanker musste sich vor Gericht verantworten. Bauer verließ mit bleibenden Schäden die Gruppe und starb einige Jahre später. Zanker wurde 1996 zu vier Jahren Haft wegen mehrfacher schwerster Körperverletzungen verurteilt.

Lehre

Nach der Lehre der Marienkinder ist die Welt von Satan und seinen ➻ Dämonen beherrscht. Die einzige Schutzzone, um vor den Dämonen fliehen zu können, sei die Gemeinschaft der Marienkinder. Nur durch ständige Gebete zu Maria, die als Mittlerin zwischen Gott und den Menschen angesehen wird, könne eine »Besessenheit« durch dämonische Kräfte verhindert werden. Zanker wurde innerhalb der Bewegung als Bruder Josef verehrt. Er nahm für sich in Anspruch, als Begnadeter von Maria die Fähigkeit erhalten zu haben, Dämonen in anderen Menschen zu aktivieren, ebenso Dämonen auszutreiben. Die Marienkinder halten regelmäßig Sühnenächte (Gebetsnächte) und Gottesdienste nach einem alten katholischen Ritus ab. Die katholische Kirche selbst wird jedoch abgelehnt. Katholiken werden u. a. als »Wölfe im Schafspelz« und als »Knechte Luzifers« bezeichnet. Auch das katholische Gesangbuch »Gotteslob« wird wegen vermeintlicher Verwischung und Verwirrung von Glaubenswahrheiten abgelehnt. Der Tagesablauf der Mitglieder ist streng reglementiert. Verboten sind u. a. Zeitung lesen, Fernsehen, Besuch von Kino, Diskotheken usw. Der Tagesablauf in den Zentren sieht in der Regel so aus: 8.30 Uhr bis etwa 10.00 Uhr Messfeier, danach Frühstück, anschließend Hausarbeiten, 15.45 bis 16.30 Uhr Gebete, 16.30 Uhr Mittagessen, 19.00 Uhr bis 21.00 Uhr Messfeier, 22.00 bis 22.30 Uhr Abendessen.

Gegenwärtige Situation und Verbreitung

Im Jahre 2001 ist Zanker in Buchloe verstorben. Die Gruppe, die sich auch die »Kreuzträger der Jungfrau Maria« nennt, hat sich inzwischen in ein Industriegebiet nach Bad Wörishofen (im Allgäu) zurückgezogen. Dort wird neben dem strengen Gebet und Gehorsam, vor allem die wirtschaftliche Expansion der Gruppe immer weiter voran getrieben. Hinzu kommen Menschen aus ganz Deutschland und dem angrenzenden Ausland. Einige treten in die Gruppe ein und bringen erhebliches Vermögen mit. So wurde es möglich, dass sich neben dem Wirtschaftsimperium auch eine gewaltige »Zentrale« mit Häusern und Grundstücken etablieren konnte. Die Mitglieder leben dort in sich gekehrt, gehen ihrer Arbeit nach, andere warten noch immer sehnlichst auf »Wunder« und »Zeichen« die von Maria kommen sollen. ➻ Absolutheitsanspruch

Unterorganisationen und Abspaltungen

- Firma »AVE M.« in der Kurstadt Bad Wörishofen (Allgäu)

Massenhochzeiten

In einigen so genannten Sekten werden nicht selten Massenhochzeiten veranstaltet, die das einzelne Mitglied noch enger in die Gruppe einbinden sollen. Besonders fällt hier die ➻ Mun-Bewegung in der Öffentlichkeit auf, in der auf Massenhochzeiten Paare verheiratet werden, die zuvor von Mun »gematcht« wurden. Oft lernen sich die Paare erst während der Zeremonie kennen. Sie verpflichten sich, die Partnerauswahl durch das Ehepaar Mun zu akzeptieren. Solche Massenhochzeiten werden in der Mun-Bewegung seit 1961 durchgeführt, wobei die größte Massentrauung 1995 stattfand, als sich 35 000 Paare im Olympiastadion der südkoreanischen Hauptstadt Seoul vermählten. Im heutigen Zeitalter werden via Satellit während einer einzigen Zeremonie Paare um den ganzen Globus getraut.
➻ Dualliebe ➻ Matching

Massenselbstmord

Als Massenselbstmord wird die zeitgleiche und kollektive Selbsttötung einer Gruppe von Menschen aus den meist selben Motiven verstanden. Die Medien berichten häufig in reißerischer Form über so genannte Sekten und Psychogruppen, deren Mitglieder Massenselbstmord verübt haben.

Im Jahr 1979 kamen beispielsweise 900 Mitglieder der US-amerikanischen Sekte »Peoples Temple« im Urwald von Guayana durch kollektiven Freitod ums Leben. Im September 1985 brachten sich 68 Anhänger einer naturreligiösen Sekte auf der philippinischen Insel Mindanao um. Nur zwei Jahre später, im August 1987, wurden in Südkorea auf dem Dachboden einer Fabrik 33 gefesselte Leichen gefunden. Die Ermittlungen ergaben, dass eine fanatische Sektenführerin die Menschen mittels Gift in den Selbstmord geführt hatte. Im April 1993 verbrannten mindestens 81 Menschen im Anwesen der Davidianer-Sekte im texanischen Waco. Vermutlich legten die Sekten-Mitglieder das Feuer selbst, als die Polizei das Anwesen nach 51 Tagen Belagerung stürmte. Am 5. Oktober 1994 wurden in der Schweiz in den Städten Cheiry und in Les-Granges-sur-Salvan 53 Mitglieder des französischen Sonnentempler-Ordens (»Ordre Temple Solaire«) von der Polizei tot aufgefunden, darunter auch die Sekten-Oberhäupter Joseph Di Mambro und Luc Jouret. Im März 1997 wurden in einer Luxusvilla in Rancho Santa Fe bei San Diego (Kalifornien) die Leichen von 39 Mitgliedern der Sekte »Heaven's Gate« (Himmelstor) gefunden. Sie hatten Schlafmittel, ➻ Alkohol und ein Opiat zu sich genommen. Offenbar hatten sie beim Erscheinen des Kometen Hale-Bopp an ein UFO geglaubt, das sie – nach der Lehre der Gruppe – in eine andere Dimension befördern sollte. 1998 kam es in der 32 Personen umfassenden Gruppe um die Psychologin Heide Fitkau-Gate auf Teneriffa zu Selbstmordabsichten, die jedoch rechtzeitig verhindert werden konnten. Am 17. März 2000 verbrannten in Uganda, in dem Dorf Kanungu, mehr als 500 Anhänger der ugandischen Sekte »Wiederherstellung der zehn Gebote Gottes«, die sich offenbar in einer rituellen Selbstverbrennung das Leben genommen hatten.

Experten bezweifeln allerdings in jüngster Zeit immer öfter die Freiwilligkeit, mit der in einzelnen Fällen die Mitglieder einer Sekte in den Tod gehen. Manche Beobachter sprechen mitunter sogar anstelle von Massenselbstmord von einem »Massenmord«: So befanden sich z. B. 1979 unter den Opfern der 900 »Peoples Temple« 276 Kinder. In Uganda befanden sich im Jahr 2000 unter den 500 Opfern des Massenselbstmordes ebenfalls 78 Kinder. Ob diese Kinder das Ausmaß ihres religiösen Freitodes begreifen konnten, muss stark bezweifelt werden. In Uganda war die Polizei in diesen Fällen bereits von Mord ausgegangen. Ebenso im Falle der Sonnentempler 1994: Einige der verkohlten Leichen der Opfer wiesen Einschüsse und Injektionsspuren auf, die eher auf Mord als auf einen Selbstmord hindeuteten. Zusammenfassend lässt sich festhalten, dass keinesfalls jede so genannte Sekte oder Psychogruppe zum Ziel hat, ihre vertretene Lehre mit dem kollektiven Suizid der Mitglieder zu krönen. Es gilt in jedem Einzelfall, eine differenzierte Betrachtung walten zu lassen.

➻ Selbstmord-Sekten

Matching

Anhand von Fotos werden Paare von Mun zusammengestellt (»gematcht«). Auf so genannten ➻ Massenhochzeiten werden diese Paare dann verheiratet. In der Lehre der Mun-Bewegung heißt es hierzu, dass diese Paare »wahre Eltern« sind und »wahre Kinder« bekommen werden. ➻ Dualliebe ➻ Massenhochzeiten

Mediale Botschaft

Es handelt sich hierbei um übersinnliche Botschaften, die durch ein ➻ Medium empfangen und an die Mitglieder der Gruppe weitergegeben werden.
➻ Neuoffenbarung ➻ Neuoffenbarungsgruppen ➻ Medium

Medikamente

Ein Medikament ist im allgemeinen Sprachgebrauch ein Arzneimittel, welches in bestimmten Dosierungen zur Heilung, Vorbeugung oder Linderung von Krankheiten verabreicht wird. Medikamente werden auf dem Psychomarkt meist abgelehnt. Das gilt besonders für Psychopharmaka. Die angebliche Schädlichkeit von Medikamenten dient darüber hinaus als eines der wichtigsten Werbeargumente für selbst hergestellte Heilmittel des ➻ Psychomarktes. ➻ Scientology bezeichnet Medikamente als Drogen oder Schadstoffe. Medikamente hingegen, die von Scientology selbst vorgeschrieben werden, werden als »Vitamine« bezeichnet. ➻ Neue Medizin ➻ Placeboeffekt

Meditation

(lat.: meditatio = das Nachdenken)
Die Meditation ist eine Form religiöser oder spiritueller Kontemplation. Sie hat für viele östliche Religionen, insbesondere den ➻ Hinduismus, den ➻ Buddhismus und den Taoismus denselben Stellenwert wie das Gebet für das ➻ Christentum, den ➻ Islam und das ➻ Judentum. Während im Gebet Gott angerufen bzw. Zwiesprache

mit ihm gehalten wird, zielt die Meditation östlicher Prägung darauf, sich in einen speziellen Bewusstseinszustand zu versenken. Die Tradition der Meditation lässt sich in ihren Ursprüngen bis nach Indien zurückverfolgen. In China entwickelte sich daraus die Technik des »Chan« und in Japan entstand die »Zen-Meditation«. Buddha entwickelte 500 v. Chr. aus ➻ Yoga eigene Meditationsformen. Sein Einfluss prägt bis in die Gegenwart weltweit die Praxis der Meditation. Im 19. und 20. Jahrhundert kamen die verschiedenen Formen der Meditationspraxis in die westliche Welt. Viele Menschen lernten die Meditation durch den Buddhismus und durch Yoga, aber auch durch bestimmte so genannte Sekten, z. B. die ➻ Transzendentale Meditation. Heutzutage wird die Meditation ebenso häufig als nichtreligiöse Methode zur Entspannung und zum Abbau von Stress eingesetzt. Wissenschaftliche Untersuchungen zeigen, dass die Meditation die Hirnströme beinflussen, physiologische Veränderungen hervorrufen und langfristig zu einer psychischen Besserung führen kann.
➻ Bhagwan, Shree Rajneesh ➻ Bhagwan-Osho Bewegung ➻ Zen-Buddhismus

Medium

In der allgemeinsten Bedeutung bezeichnet das Wort Medium einen Träger oder Übermittler von etwas. In der esoterischen bzw. okkulten Szene werden als Medien Personen bezeichnet, die vorgeben transzendentale Botschaften zu empfangen. Diese so genannten Medien sind in den Augen ihrer Anhänger, wie meist auch in ihrer Selbsteinschätzung, eine Verbindung zwischen dem Dies- und Jenseits. Besonders in so genannten Sekten mit Neuoffenbarungscharakter werden Botschaften mit Hilfe eines Mediums empfangen und an die Anhänger weitergegeben.
➻ Mediale Botschaft ➻ Neuoffenbarungsgruppen ➻ Neuoffenbarung

Millennium

Als Millennium wird im allgemeinen Sprachgebrauch die Zeitspanne von 1000 Jahren bezeichnet. In der theologischen Deutung meint das Millennium das 1000-jährige Reich nach dem Ende der Welt, in dem der Teufel angekettet und die Erde von Helligkeit erfüllt sein wird. Diese Vorstellung basiert auf einer wörtlichen Interpretation der biblischen Offenbarung des Johannes (Kap. 20) und weiteren Abschnitten der Bibel. Der Glaube an diese Prophezeiungen des Johannes wird heute besonders von einer kleinen Anzahl protestantischer Glaubensgemeinschaften vertreten, so u. a. von den ➻ Adventisten einschließlich der ➻ Siebenten-Tages-Adventisten.

Mission

Unter dem Begriff Mission bzw. Missionierung versteht man im religiösen Bereich allgemein die Verbreitung einer Glaubenslehre unter Anders- bzw. Nichtgläubigen. So genannte Sekten und Psychogruppen bezeichnen häufig das Anwerben neuer Mitglieder als Mission. Ziel der Missiontätigkeiten ist es, möglichst viele neue Mitglieder für die Bewegung zu werben. Die so genannten Missionare der ➻ Zeugen Jehovas verbringen z. B. häufig bis zu 140 Stunden pro Monat im Predigtdienst. Mitglieder der Psychogruppe ➻ Scientology weisen regelmäßig anhand ihrer Bilanzen die Beitritte neuer Mitglieder nach.
➻ Anwerbung ➻ Druck ➻ Heimbibelstudium

Mormonen

Entstehungsgeschichte

Gegründet wurde ➻ Die Kirche Jesu Christi der Heiligen der Letzten Tage, wie die offizielle Bezeichnung der Bewegung lautet, am 6. April 1830 von dem Amerikaner Joseph Smith (1805–1844) in Fayette im amerikanischen Bundesstaat New York. Smith erhielt nach seinen eigenen Angaben von Gott den Auftrag, die Urkirche wieder herzustellen. Bereits am 21. September 1823 sei Smith der Engel Moroni erschienen, der ihm goldene Platten mit Schriftzeichen übergab. Smith habe den Text ins Englische übersetzt und sei dabei von drei Schreibern unterstützt worden. Es heißt, dass er den Inhalt der goldenen Platten mit Hilfe einer Prophetenbrille übersetzt habe. Der Engel Moroni sei ihm noch zwei weitere Male erschienen. Am 2. Mai 1838 soll er die goldenen Platten und die Brille wieder an sich genommen haben. 1830 wurde das aus den »Übersetzungen« Smiths entstandene »Buch Mormon« erstmals veröffentlicht. Am 6. April

1830 erfolgte die Gründung der »Kirche Jesu Christi der Heiligen der Letzten Tage«. Berichte über die Vielehe in der Gemeinschaft brachten Joseph Smith und seinen Bruder Hyrum ins Gefängnis, wo sie am 27. Juni 1844 erschossen wurden. Die Leitung der Gemeinde übernahm danach Brigham Young (1801–1877), der zum neuen Propheten gewählt wurde. 1847 zog Young mit rund 15000 Anhängern an den großen Salzsee und gründete dort das Mormonenreich mit der Hauptstadt Salt Lake City.

Lehre

Die Lehre der Mormonen beruht auf vier Büchern: der Bibel, dem Buch Mormon und den ebenfalls von Joseph Smith verfassten Schriften »Lehre und Bündnisse« sowie »Köstliche Perle«. Das Buch Mormon besteht aus 15 Teilen. Es umfasst etwa 1000 Jahre mormonischer Geschichte. Die Hauptlehre der Mormonen ist in 13 Glaubensartikeln zusammengefasst. Das Mormonentum unterscheidet sich vom traditionellen Christentum. So glauben die Mormonen an eine vorgeburtliche Existenz der menschlichen Seele. Die Dreieinigkeit Gottes wird nicht als ein, sondern als drei voneinander getrennte Individuen begriffen. Amerika bzw. die USA gelten für die Mormonen als heiliges Land. Jesus Christus wird als älterer Bruder der Menschen angesehen, der nach seiner Auferstehung die wahre Kirche Gottes in Amerika gründen musste. Bereits 1890 wurde die Polygamie aufgehoben. Das Leben der Mormonen ist in vielen Bereichen reglementiert. Es gelten strenge ➻ Ernährungsvorschriften nach denen z. B. Tee und Kaffee als Genussmittel abgelehnt werden. Ahnenforschung nimmt innerhalb der Gemeinschaft einen wichtigen Platz ein. So wird in der Zentrale in Salt Lake City der so genannte International Genealogical Index geführt. In unterirdischen Bunkern sollen persönliche Daten von etwa zwei Milliarden Menschen auf Mikrofilmen liegen.

Gegenwärtige Situation und Verbreitung

In 162 Ländern der Erde gibt es mehr als zehn Millionen Mormonen. 1996 bekannten sich weltweit etwa 9,4 Millionen Menschen zum Mormonentum, davon mehr als 36000 in der Bundesrepublik. Im März 1995 wurde Gordon B. Hinckley als Leiter gewählt. Er gilt als Präsident, Seher und Offenbarer des Wort Gottes. Die Mormonen sind in Deutschland als Körperschaft des öffentlichen Rechts anerkannt. ➻ Körperschaftsstatus

Moses, sechstes und siebentes Buch

Das so genannte sechste und siebente Buch Mose ist der Titel einer Textsammlung aus verschiedenen Zeiten mit sowohl magischen, abergläubischen, okkulten als auch volksheilkundlichen Inhalten. Die Bezugnahme auf die fünf Bücher Mose ist aller Wahrscheinlichkeit nach nicht zufällig, jedoch ohne Substanz. Mit dem biblischen Penateuch hat dieses Werk nichts zu tun. Das sechste und siebte Buch Mose wird im Volksmund auch als »magisch-sympathischer Hausschatz« bezeichnet. Dieser Hausschatz, der aus mehreren Teilen bzw. Bänden besteht, entstand vermutlich im 17. Jahrhundert. Andere Quellen datieren ihn auf die erste Hälfte des 16. Jahrhunderts zurück. Die anonymen Verfasser dieser Bücher behaupten, der Inhalt sei eine schriftliche Überlieferung der Gesetze, die Mose von Gott erhalten habe. Das sechste und siebente Buch Mose gilt in esoterischen und okkulten Kreisen als Sammlung angeblicher Heilmittel gegen Krankheiten und Gebrechen, »magischer Wunderkräfte und Anweisungen für Engel Hülfe zu Schutz und Schirm in großen Nöten« und wird bis in die Gegenwart von verschiedenen Verlagen verbreitet.

Multi-Level-Marketing

Multi-Level-Marketing bildet eine organisatorische Sonderform des Direktvertriebes von Waren über ein in mehrere Ebenen gestaffeltes Netz von meist selbstständig tätigen Verkäufern bzw. Vertretern. Synonyme Begriffe zu dem Begriff Multi-Level-Marketing sind u. a. ➻ Strukturvertrieb oder Network Marketing (Netzwerk Marketing).
➻ Pyramidensystem

Mun, San Myung

Der Koreaner San Myung Mun gründete 1954 die ➻ Mun-Bewegung. Mun wurde am 6. Januar 1920 in Chonjee nahe der Westküste Koreas geboren. Von sich selbst sagte er: »Ich hatte ein starkes Verlangen, ein Leben nach hohen Maßstäben zu führen. Als ich zwölf Jahre alt war, betete ich um größere Weisheit als die Salomos, um stärkeren Glauben als den des Apostels Paulus und um Liebe, größer als die von

Jesus.« (Eine neue Vision für den Weltfrieden, Sinus Verlag 1988, S. 199). Mun behauptete, dass ihm am Ostermorgen des Jahres 1936, im Alter von 16 Jahren, im tiefen Gebet Jesus Christus erschienen sei. Dieser habe mit ihm über das Verlangen Gottes gesprochen, sein Reich auf Erden zu errichten und die Notwendigkeit, dass sich ein Mensch dieser Aufgabe annehme. Moon erkannte die Tragweite einer solchen Verantwortung und kämpfte um eine Entscheidung, ob er seine »göttliche Berufung« annehmen sollte oder nicht. 1948 wurde Mun wegen spalterischer Aktivitäten aus der Presbyterianischen Kirche ausgeschlossen. Die Bezeichnung »Reverend«, den Mun während seiner Mitgliedschaft in dieser Kirchengemeinschaft geführt hatte, behielt er nach seinem Ausschluss bei. Dieser Titel ist auch später in der Mun-Sekte von seinen Anhängern übernommen worden und von Mun selbst nie korrigiert worden. Er wurde nach 1948 mehrfach inhaftiert so u. a. im Februar 1948 im nördlichen Korea wegen des Vorwurfes des kriminellen Ehebruchs und der Bigamie. Nach Darstellung der Mun-Bewegung wurde Mun im Oktober 1950 im Zuge des Korea-Krieges durch US-amerikanische Truppenverbände unter der Flagge der Vereinten Nationen befreit.
➻ Vereinigungskirche

Mun-Bewegung

Entstehungsgeschichte

Die Mun-Bewegung wurde 1954 von dem Koreaner ➻ San Myung Mun (geb. am 6. Januar 1920) gegründet. Man verwendet synonym auch die Begriffe Vereinigte Familie und ➻ Vereinigungskirche (offiziell Gesellschaft vom Heiligen Geist zur Vereinigung des Weltchristentums). Die Mun-Bewegung gilt als eine der klassischen Jugendreligionen der 70er Jahre. Mun hatte 1945 seine Lehren in dem Buch »The Divine Principles« zusammenfasst, das er nach eingehenden Studien der Bibel, des alten koreanischen Schamanismus und der chinesischen Tai-chi-Lehre niederschrieb. Das Buch erschien erstmals 1952 unter dem Titel »Divine Priciples« in den USA. Mun legte in diesem Buch sein Ziel einer vollkommenen, sündlosen und vereinigten Welt unter der Herrschaft der Mun-Familie dar. In der Bundesrepublik Deutschland trat die Bewegung Anfang der 60er Jahre erstmals in Erscheinung. Im Jahr 1964 wurde die Mun-Bewegung unter dem Namen »Gesellschaft zur Vereinigung des Weltchristentums« in Frankfurt am Main als Verein eingetragen. Der damalige Leiter Peter Koch, war in den USA der Mun-Bewegung beigetreten. Er übersetzte in den 70er Jahren die »Divine Principles« unter dem Titel »Die Göttlichen Prinzipien« ins Deutsche. Mit dem Aufkommen der Mun-Bewegung als so genannte Jugendreligion im deutschsprachigen Raum fand dann auch dieses Buch reißenden Absatz.

Lehre

Die Anhänger verehren Mun als »Wiederkunft des Messias«. Ebenso wie Jesus habe Mun unvorstellbare Qualen durchlitten, um die Wahrheit Gottes zu verkünden und den Satan in Form des Kommunismus zu bekämpfen. Es heißt, dass Jesus nicht vollkommen gewesen sei, da er nie geheiratet habe. Mun dagegen hat geheiratet und könne nun, gemeinsam mit seiner Frau Hak Ja Han, als »vollkommenes Ehepaar« »vollkommene Kinder« schaffen. Die Lehre Muns ist zusammengefasst in den so genannten Göttlichen Prinzipien. Diese Schriften beinhalten die Vorstellung, dass der Plan Gottes, ein Himmelreich auf Erden zu errichten, durch den Sündenfall von Adam und Eva zerstört worden wäre. Nach dem Sündenfall hätten Adam und Eva sich und ihre Nachkommen in den geistigen Tod geführt. Luzifer, der Widersacher Gottes, sei zum »Vater der Menschheit« aufgestiegen, weshalb der Mensch auch heute noch dazu neige, sich dem Willen Gottes zu widersetzen. Um die Wiederherstellung des ursprünglichen göttlichen Himmelreiches auf Erden zu erreichen, habe Gott vor 2000 Jahren seinen eigenen Sohn Jesus als Mensch in die Welt gesandt. Dieser habe die Aufgabe gehabt, sich eine Frau zu suchen und eine sündenfreie Familie zu gründen. Damit sollte der Grundstein für das neue Himmelreich gelegt werden. Jesus sei aber mit seiner Mission gescheitert. Aus diesem Grund müsse nach erneut rund 2000 Jahren der neue Messias, der Herr der Wiederkunft, erscheinen, um den Heilsplan Gottes zu vollenden. Nach der Lehre der Mun-Bewegung ist Reverend Mun dieser Herr der Wiederkunft. Er und seine Frau sehen ihren göttlichen Auftrag darin, den Fehler Adam und Evas wieder gutzumachen und der Menschheit als Begründer der wahren Familie, d. h. der auf Gott ausgerichteten Familie, zu dienen und den Grundstein für die wahren Eltern zu legen. Die Bewegung veranstaltet u. a. zu diesem Zweck ➻ Massenhochzeiten, das so genannte ➻ Matching. Bei derartigen Zeremonien schlägt Mun heiratswilligen Mitgliedern einen geeigneten Partner vor. Die

Mitglieder der Bewegung feiern eine Reihe besonderer Festtage: Wahrer Gottestag, Wahrer Elterntag, Wahrer Kindertag, Wahrer Tag aller Dinge, Gründungstag der Nation der vereinigten Welt, Geburtstag der wahren Eltern, Verkündigungstag des ewigen Segen Gottes.

Gegenwärtige Situation und Verbreitung

1961 wurde die erste Mun-Organisation in Kalifornien gegründet. Im Dezember 1971 kam Mun in die USA und übernahm persönlich die Führung. Es begannen die Rekrutierungs- und Geldsammelaktivitäten (»Day-of-hope-tours«), die die Mun-Bewegung in einer breiten Öffentlichkeit bekannt gemacht haben. Unter Missbrauch der Einreisebestimmungen wurden mit Visa für Touristen oder Studenten Hunderte von jugendlichen Mitgliedern für die Fundraising-Teams in die USA gebracht. Nach und nach hatte Mun ein wirtschaftliches Imperium errichtet, das ihm fast unbegrenzten Einfluss auf Politiker, Wissenschaftler und andere Entscheidungsträger auf regionaler Ebene, aber auch in der Weltpolitik ermöglichte. Seine Unternehmungen reichten vom Ginseng-Export bis zur Herstellung von M-16-Kampfgewehren. Die Bewegung veranstaltet auch Seminare zum besseren Verständnis der so genannten Göttlichen Prinzipien. Schwerpunkt der Missionstätigkeit sind seit Mitte der 90er Jahre die Staaten der ehemaligen Sowjetunion. Im Jahr 1998 betrug ihre Mitgliederzahl weltweit mehr als drei Millionen. Zu dieser Zeit war die Vereinigungskirche in mehr als 130 Ländern tätig.

Unterorganisationen und Abspaltungen

- ➻ C.A.R.P. (Collegiate Association für the Research of Principles) – Hochschulvereinigung zur Erforschung der Prinzipien
- CAUSA international (Confederation of Associations for the Unity of the Societies of the Americas)
- Frauenföderation für Weltfrieden
- ICC (Interkonfessionelle Konferenz für Geistliche)
- IRF (international religious foundation) – Internationale Religionsstiftung
- IRFF (International Relief and Friendship Foundation) – Internationale Stiftung für Hilfe und Freundschaft
- IRFMP (Interreligious Federation for World Peace) – Interreligiöse Föderation für Weltfrieden
- New Era (New Ecumenical Research Association) – Neue Ökumenische Forschungsvereinigung

- PWPA (Professor World Peace Academy) – Akademie der Professoren für den Weltfrieden
- RYS (Religious Youth Service) – religiöser Jugenddienst
- WAR (Assembly of the World's religions) – Die Versammlung der Religionen der Welt

Außerdem gehören zur Mun-Bewegung eine Reihe von Verlagen und Zeitschriften:
- Free Press International
- Insight
- New York City Tribune
- Noticias del Mundo
- The Middle East Times
- The Washington Times
- The World & I
- World Media Report

➻ Fundraising

Mühl, Otto

Otto Mühl wurde am 16. Juni 1925 in Grodnau geboren. Während des Zweiten Weltkrieges diente er als Soldat in der deutschen Wehrmacht. Nach Kriegsende begann er ein Studium an der Wiener Universität und arbeitete in den Jahren 1952–1957 an der »Akademie der bildenden Künste«. Nach längerer Tätigkeit als Mathematiklehrer und Maltherapeut gründete er 1966 in Wien das Institut für Direkte Kunst. In den 70er Jahren gründete er im Burgenland die Otto-Mühl-Kommune. Mühl wandte sich früh dem Wiener Aktionismus zu, zu dessen Hauptvertretern er neben Günter Brus und Rudolf Schwarzhogler gehört. Durch Schock, Provokation, Tabubrechung und »Abreaktionsspiele« sollten kathartische und bewusstseinsverändernde Wirkungen erzielt werden.

➻ AAO (Aktionsanalytische Organisation) ➻ Humanismus

Natale-Institut (NI)

Das Natale Institute wurde 1979 in den USA von dem Amerikaner Frank Natale gegründet. Frank Natale wurde vor allem auf dem

➻ Psychomarkt bekannt. Ende der 80er Jahre wurde die Vereinigung in Deutschland aktiv, die bis vor kurzem auch in Berlin zahlreiche Angebote unterbreitete. Frank Natale ist gegenwärtig selbst nicht mehr in Deutschland, sondern nur noch in den USA als Seminarleiter tätig. Seine Ideen werden jedoch auch in Deutschland fortgesetzt, so z. B. in den »Instituten für Lebenskunst und Tantra« in Dortmund und Berlin. Neue Mitglieder werden vor allem übers Internet und durch Mundpropaganda geworben. NI wendet sich besonders an Menschen, die ihre Probleme als selbst geschaffene Grenzen sehen und bereit sind, diese zu überschreiten. Frank Natale gründete seine Lehre auf der so genannten Kultur der Großen Göttin, die es vor 35000 Jahren im europäischen Mittelmeerraum gegeben haben soll. Die Menschen in dieser Kultur haben angeblich ohne Waffen gelebt und Gewalt abgelehnt. Sie glaubten an das, was sie mit ihrem Herzen dachten. Sie verglichen das Gehirn mit einer Antenne und nannten es den »Platz der Seele«. Die Gedanken würden durch diese Antenne kommen und mit dem Herzen würde gedacht. Das ➻ Christentum gilt innerhalb der Lehre als »Übeltäter«. Die Natur hingegen wird idealisiert. Ein zentrales Schlüsselwort innerhalb der Bewegung ist die Energie. ➻ Daime

Naturgesetz Partei

1992 wurde die Naturgesetz Partei als politischer Arm der ➻ Transzendentalen Meditation ins Leben gerufen. Die TM-Organisation definiert den Begriff Naturgesetze in einer Selbstdarstellung als »diejenigen Gesetze, die das Leben im gesamten Universum aufrechterhalten.« Zum Parteiprogramm gehört u. a. der Aufbau einer Gruppe von 7000 Yogischen Fliegern in Deutschland. Der Bundeswahlausschuss hat in seiner Sitzung am 17. Juli 1998 für alle Wahlorgane verbindlich festgestellt, dass u. a. auch die »Naturgesetz Partei« in Deutschland kandidieren darf, die Partei ist also in Deutschland offiziell zugelassen. ➻ Yogisches Fliegen

Neo-Sannyasins

1981 übersiedelte ➻ Bhagwan, der mittlerweile im Gegensatz zu seinen Anhängern einen aufwendigen Lebensstil führte, mit einem Teil

seiner Gemeinde nach Oregon (USA), wo die Stadt Rajneeshpuram entstand. Auf der Suche nach alternativen Lebensformen besuchten zahlreiche Anhänger die von Bhagwan entwickelten Meditations- und Therapiesitzungen, lebten in kommunenähnlichen Gemeinschaften und verrichteten unentgeltliche Arbeiten, deren Erlös der Gemeinschaft und Bhagwan zufloss. Durch diesen unentgeltlichen und dauerhaften Einsatz der Anhänger war es möglich, dass zu Beginn der achtziger Jahre die ersten blühenden Wirtschaftsunternehmen der ➻ Bhagwan-Osho-Bewegung entstanden. Die Neo-Sannyasins, wie die Anhänger seit dem Tode Bhagwans im Jahre 1990 genannt werden, präsentieren sich heute in den zahllosen Magazinen und Prospekten der New Age-Szene. Sie werben im Inseratenteil von Zeitschriften und treten im Fernsehen auf. Nach Schätzung von Experten gibt es gegenwärtig 40 000 Sannyasins in der BRD. Weltweit sollen es ca. 500 000 sein. Die Lehren des ehemaligen Meisters Bhagwan wurden von den Neo-Sannyasins weitestgehend beibehalten, erfuhren jedoch eine durchgreifende Kommerzialisierung.
➻ Esoterik

Neuapostolische Kirche (NAK)

Entstehungsgeschichte

Die Neuapostolische Kirche (NAK) wurde im 19. Jahrhundert in England und in Deutschland gegründet. Prägendes Merkmal der NAK ist die Wiederaufrichtung des Apostelamtes. Erste ➻ Apostel wurden in den Jahren 1832–1835 berufen. Weihnachten 1951 verkündete der damalige Stammapostel Johann Gottfried Bischoff, dass Christus noch zu seinen Lebzeiten auf die Erde zurückkomme, um die Seinen zu sich zu nehmen. 1960 starb Bischoff im Alter von 90 Jahren. Die NAK geriet daraufhin in eine schwere Krise. Bischoffs Nachfolger rettete die Situation mit der Parole, dass nicht der Stammapostel sich geirrt habe, vielmehr habe Jesus seine Pläne geändert.

Lehre

Die Lehre der NAK kennt zehn Glaubenssätze und drei Sakramente: Sie hält sich für die einzig wahre Kirche. Die Mitglieder der NAK kennen u. a. Konfirmation, Verlobungs- und Trausegen, Einsegnungen zu Ehejubiläen und Trauerfeiern. Die heutigen Amtsträger gelten als von Gott und Jesus Christus eingesetzt. Der Stammapostel gilt als

»Repräsentant Gottes auf Erden«. Nur er und seine Apostel seien in der Lage, die Bibel auszulegen und Vermittler des zeitgemäßen göttlichen Willens zu sein. Die NAK ist hierarchisch aufgebaut. An der Spitze steht der Stammapostel, der entweder von seinem Vorgänger bestimmt oder von der Apostelversammlung gewählt wird. Er beruft die Apostel. Mit seiner Zustimmung werden von ihnen die weiteren Amtsträger ernannt. Es gibt Stammapostel, Bezirksapostel, Apostel, Bischöfe, Bezirksälteste, Bezirksevangelisten, Priester, Diakone und Unterdiakone. Die Ämter sind ehrenamtlich mit Ausnahme von Aposteln und Bischöfen. Die Mitglieder werden zudem angehalten, den zehnten Teil ihres Einkommens für die Kirche zu spenden. Die Neuapostolen unterhalten keine karikativen Einrichtungen.

Gegenwärtige SItuation und Verbreitung

Es gibt weltweit 7,5 Millionen Mitglieder. In der Bundesrepublik bekennen sich rund 430000 Menschen zur NAK. Sie sind verteilt auf fast 3000 Gemeinden. International an der Spitze steht seit 1988 der Stammapostel Richard Fehr. Er lenkt die Kirche von Zürich aus. Dem Stammapostel unterstehen Ämter, die nur von Männern auszuüben sind: Apostel, Bischof, Bezirksältester, Bezirksevangelist, Hirte, Gemeindeevangelist, Priester, Diakon, Unterdiakon. Ein Mitbestimmungsrecht für Laien gibt es nicht. Allerdings wird für die Ämterfolge keine spezielle theologische Ausbildung vorausgesetzt. Die Neuapostolische Kirche ist neben den Großkirchen und der islamischen Bewegung die viertgrößte Religionsgemeinschaft in der Bundesrepublik. Die Neuapostolische Kirche genießt den Status einer Körperschaft des öffentlichen Rechts und könnte wie die Großkirchen auf einen eigenen Religionsunterricht in staatlichen Schulen sowie auf Mitsprache in den Aufsichtsgremien der öffentlich-rechtlichen Rundfunkanstalten bestehen.

Unterorganisationen und Abspaltungen

Der katholisch-apostolische Prophet Heinrich Geyer (1818–1896) wurde wegen Lehrdifferenzen und wegen der Berufung neuer Apostel ausgeschlossen und gründete später mit weiteren Ausgeschlossenen in Hamburg die »Allgemeine Christliche Apostolische Mission«.

➻ Hierarchie ➻ Irrtum ➻ Körperschaftsstatus

Neue Medizin

Die so genannte Neue Medizin ist von ➻ Ryke Geerd Hamer gegründet worden. Hamer behauptet Krankheiten wie Krebs würden durch schockartige Konflikte ausgelöst. Die Patienten müssten demzufolge nur die psychischen Ursachen beseitigen, um rasch genesen zu können. Ärztliche Eingriffe und schulmedizinische Betreuung werden in der Regel abgelehnt. Es heißt, der Patient könne sich »selbst heilen«, wenn man ihn genügend in Ruhe lässt. Die Ärzte hingegen würden die Krebspatienten mit Chemotherapie und Bestrahlung umbringen, behauptet Hamer. Für die Anhänger der Neuen Medizin sind Schmerzen Ausdruck des Heilungsprozesses. Das Motto der Neuen Medizin lautet schlicht abzuwarten, bis sich die Krankheit von selbst bessert. Hamer wurde 1986 in Deutschland die Zulassung als Arzt entzogen. Außerdem ist er bereits zweimal zu Gefängnisstrafen verurteilt worden. 1995 geriet Hamer durch den Fall des krebskranken Mädchens ➻ Olivia Pilhar, deren Eltern eine lebensnotwendige Operation verweigerten, in den Blickpunkt der Medien. 1997 wurde Hamer von einem Gericht zu einer 19-monatigen Haftstrafe wegen Verstoßes gegen das ➻ Heilpraktikergesetz verurteilt. Hamer hat in Deutschland Aufenthaltsverbot. Zuletzt lebte er in Spanien, wo er im September 2004 festgenommen wurde, um nach Frankreich ausgeliefert zu werden. Dort war Harmer bereits im Juli 2004 zu 18 Monaten Haft verurteilt worden.

Neupfingstlertum

Das Neupfingstlertum wurde 1971/72 in Deutschland durch die ➻ Jesus-People-Bewegung bekannt, die vor allem Jugendliche aus der Drogenszene missionierte. Dem Neupfingstlertum sind gegenwärtig eine Reihe von Organisationen zuzuordnen: Charismatische Erneuerung, Geschäftsleute des vollen Evangeliums, Aglow, Christ for the Nations, Jugend mit einer Nation, Jugend- Missions- und Sozialwerk, ➻ Jesus-Haus und Sozialwerk.

➻ Evangelikale ➻ Fundamentalismus ➻ klassische Pfingstbewegung ➻ Pfingstlerbewegung

Neue-Welt-Übersetzung

Die Neue-Welt-Übersetzung der Heiligen Schrift (NWÜ) ist eine Übersetzung der Bibel durch ungenannt bleibende Übersetzer (Neue-Welt-Bibelübersetzungs-Komitee) der ➻ Wachtturm-Gesellschaft. Sie wird vorrangig von den ➻ Zeugen Jehovas verwendet. Die Zeugen Jehovas halten die Neue-Welt-Übersetzung für die einzig wahre Bibelübersetzung. Nathan Knorr, der damalige Präsident der Watch Tower Society, schlug im Oktober 1946 vor, eine neue Bibelübersetzung anzufertigen. Die Übersetzung am neuen Testament begann nach Angaben eines Geschichtsbuches der Wachtturm-Gesellschaft am 2. Dezember 1947 (»Jehovas Zeugen – Verkündiger des Königreiches Gottes«). Weiter heißt es dort: »Am 3. September 1949 berief Bruder Knorr dann eine Sitzung der Vorstandsmitglieder der New Yorker und der pennsylvanischen Körperschaft ein. Er teilte ihnen mit, dass das Neue-Welt-Bibelübersetzungs-Komitee die Arbeit an einer neuzeitlichen Übersetzung der Christlichen Griechischen Schriften beendet und das Manuskript der Wachtturm-Gesellschaft zur Veröffentlichung übergeben habe.« Die Neue-Welt-Übersetzung der Heiligen Schrift erschien erstmals 1963 in deutscher Sprache. 1971 und 1985 wurde sie überarbeitet. Bis in die Gegenwart sind mehrere Auflagen erschienen. ➻ Heimbibelstudium

Neuoffenbarungen

Botschaften, die über die Bibel hinausgehen, sie ergänzen oder sogar korrigieren, werden Neuoffenbarungen genannt. Mitglieder von ➻ Neuoffenbarungsgruppen glauben, dass Jesus, Maria oder ein Engel durch ein ➻ Medium zu ihnen spreche.

Neuoffenbarungsgruppen

Sogenannte Neuoffenbarungsgruppen zeichnen sich meist dadurch aus, dass sie Mitteilungen aus dem Jenseits verkünden. Diese Mitteilungen, welche in der Regel durch ein ➻ Medium empfangen werden, gelten als universelle Wahrheiten. Die verschiedenen Gruppierungen legen dabei aber unterschiedliche Schwerpunkte: So ist z. B. das ➻ Universelle Leben antichristlich orientiert, ➻ Fiat Lux

hingegen legt seinen Schwerpunkt auf den Bereich der Heilung. In einer Broschüre des Ordens Fiat Lux heißt es u. a., dass die Neuoffenbarungen, welche Uriella durch Jesus Christus und durch die Mutter Maria empfängt, das gesamte Bibelwissen übertreffen würden.
➻ Volltrancebotschaften

Neurolinguistisches Programmieren (NLP)

– therapeutischer Hintergrund –

Die mittlerweile auch in Psychogruppen und Sekten weit verbreitete Technik des Neurolinguistischen Programmierens (NLP) stammt ursprünglich aus der Verhaltenstherapie und geht auf Iwan Petrowitsch Pawlow (1849–1936) zurück. NLP knüpft an die Theorie von der physiologischen und psychischen Konditionierbarkeit des Menschen an. Es heißt, dass Wahrnehmungsreize von außen gefühlsmäßige Reaktionen im Menschen auslösen würden. Im NLP wird die Ansicht vertreten, dass Symptome verschwinden würden, wenn man die unangenehmen Gefühle und die Lösungskräfte miteinander verschmelzen ließe. »Dieses Phänomen der Verbindung einer Sinneswahrnehmung mit einem dazugehörigen Gefühl setzt NLP gezielt ein: Der Klient wird aufgefordert, sich sein Problem lebhaft zu vergegenwärtigen.[...]« (Goldner, Colin: Psycho. Therapien zwischen Seriosität und Scharlatanerie, Augsburg 1997, S. 250 f.) In den achtziger und neunziger Jahren verflachte die Methode NLP, die ursprünglich aus der Verhaltenstherapie stammt, zunehmend. Immer mehr Laien glaubten, in NLP eine leicht einzusetzende Methode für jedes seelische Problem gefunden zu haben, die unabhängig von der Kompetenz des Beraters funktioniert. Kritiker bemängeln an dieser Methode, dass die Ursache eines »Fehlverhaltens meist nicht beachtet und so auch von der Theraphie nicht berührt wird. So könnten u. U. Symptome nach kurzem Verschwinden verstärkt wiederkehren. Gegenwärtig wird unter dem Begriff NLE (Neurolinguistic Education) auch eine pädagogische Variante des NLP für Kinder propagiert, darunter auch eine NLP- Rechtschreibtherapie.
➻ BEP ➻ EST ➻ Scientology

New Age-Bewegung

New Age bedeutet übersetzt »neues Zeitalter« und ist ein Sammelbegriff für die unterschiedlichsten alternativen Bewegungen und Denkansätze. Die Theosophin Alice A. Bailey (1880–1949) gilt als eine Wegbereiterin der New Age-Bewegung. Sie hatte nach eigenen Angaben die Vision, dass Jesus Christus wiederkehre, um das Zeitalter des Wassermannes einzuleiten. Die New Age-Anhänger glauben ebenfalls, dass das Zeitalter der Fische, das geprägt wurde von den großen Weltreligionen, in Kürze vom Zeitalter des Wassermannes abgelöst werde. Die Worte Fische und Wassermann sind der ➻ Astrologie entliehen. Hier zeigen sich die Querverbindungen zu anderen Bereichen der ➻ Esoterik. Zentraler Gedanke der New Age-Bewegung ist ein Bewusstseinswandel in Wirtschaft, Politik, Erziehung, Psychologie etc. Je mehr Menschen diesen Bewusstseinswandel durchlebten, desto schneller könne das neue Zeitalter entstehen. Die Blütezeit der New Age-Bewegung lag in den 80er Jahren, als Menschen außerhalb der Kirchen verstärkt nach neuer Orientierung suchten. In der Gegenwart löst die Esoterik die New Age-Bewegung ab.
➻ Alternativszene

Nichtigkeit von Psycho-Verträgen

Laut § 306 BGB kann ein Vertrag in der Bundesrepublik juristisch angefochten werden, wenn er auf eine unmögliche Leistung (z. B. Wunderheilung oder Magie) gerichtet war. Weiß ein Kunde allerdings von vornherein, dass eine vereinbarte Leistung objektiv unmöglich zu erbringen ist, ist er zu einer Bezahlung nicht verpflichtet. Bezahlt er hingegen trotzdem, kann er das Geld später nicht zurückfordern.

Nostradamus

Der Prophet Michel de Nostradamus wurde am 14. Dezember 1503 in der Provence als Sohn eines jüdischen Konvertiten geboren. Seine Ausbildung umfasste u. a. Hebräisch, ➻ Astrologie und die ➻ Kabbala. 1555 veröffentlichte er die ersten Bücher seiner Reihe »Siècles« (Jahrhunderte). Das 1568 erschienene Gesamtwerk enthält 10 Siècles mit ca. 100 Versen oder Vierzeilern. Sie umfassten die Zeitspanne von 1555 bis zum Ende der Welt, das Nostradamus für das Jahr 3797 nach Christus voraussagte. Kein anderer Prophet verband wie er die antike griechische Prophetie mit einer umfassenden Kenntnis der jüdischen Kabbala und den Erkenntnissen der Astrologie.

Okkultismus

Okkultismus kommt aus dem Lateinischen *(occultus = dunkel, verborgen)*. Es ist ein Sammelbegriff für die verborgenen Dinge, Methoden und Begebenheiten, die einer anderen Wirklichkeit als der mit normalen Sinnen erfahrbaren zugewiesen werden. Dem Oberbegriff Okkultismus lassen sich eine Reihe von Aspekten zuordnen. Der ➻ Aberglaube mit all seinen Spielarten (➻ Wahrsagen, ➻ Astrologie, Amulette, Gesundbeten usw.), der ➻ Spiritismus, Hexenglaube und der Satanismus als die dunkelste Seite des okkulten Spektrums. Die Beschäftigung mit dem Okkulten ist nicht neu. Sie hat zu allen Zeiten Menschen in den Bann gezogen. Tarotkarten, ➻ Handlesen und ➻ Pendeln sind gegenwärtig längst zu einem festen Bestandteil unserer Konsumgesellschaft geworden.

➻ Divination ➻ Hexen ➻ Tarot

Opferdienst

In einigen so genannten Sekten praktizieren Mitglieder den so genannten Opferdienst, ein oftmals tagelanges Betteln und Fasten.

Orden

Im religiösen Sinne bezeichnet der Begriff Orden eine klösterliche Gemeinschaft, die unter der Aufsicht eines Oberen (Abt, Prior) steht und nach bestimmten Regeln lebt. Neue Mitglieder werden in der Regel nach einer Probezeit (Noviziat) durch feierliche Leistung des Ordensgelübdes in den Ordensstand aufgenommen und binden sich meist lebenslang an ihn. Einige so genannte Sekten bezeichnen sich selbst als Orden, ➻ Gemeinde, ➻ Kirche oder ➻ Bewegung. In der Öffentlichkeit verstärkt sich durch diese Selbstbezeichnung der

Eindruck einer religiösen Bewegung, obwohl die genannten Begriffe juristisch nicht geschützt sind. ➻ Fiat Lux

OSA

Mit dem Begriff OSA (»Organisation for Spezial affairs«) wird eine spezielle Organisation von ➻ Scientology bezeichnet, deren Aufgabe es ist, Informationen über ➻ Kritiker von Scientology zu sammeln. 1966 stellte ➻ L. Ron Hubbard innerhalb der Scientology-Kirche einen eigenen Geheimdienst auf, den er »Guardian Office« (Schutzbüro) nannte, abgekürzt GO. Zum Ausbildungsprogramm des GO gehörte u. a. wie man anonyme Morddrohungen gegen Journalisten richtet, Rufmordkampagnen gegen unfreundlich gesinnte Geistliche inszeniert, Zeitungsausschnitte fälscht und Einbrüche plant und durchführt. Pressesprecher von Scientology wurden darauf gedrillt, die Presse gezielt zu belügen. Die wichtigste Ziele von GO waren Organisationen und Medien, die sich mit der Scientology-Kirche befassten oder kritische Berichte über sie veröffentlichten. Das Guardian Office Deutschland hatte seinen Sitz in München und soll zeitweise bis zu 30 Mitarbeiter gehabt haben. 1982 wurde das GO aufgelöst, nachdem dessen Verantwortliche wegen krimineller Verschwörungen 1979 in den USA vor Gericht gestellt und verurteilt worden waren. Ein Bericht vom Januar 1992 deutete jedoch auf eine entsprechende Nachfolgeeinrichtung des Guardian Office hin, welche sich OSA nannte. Inzwischen haben führende Scientologen in Hamburg zugegeben, dass es eine OSA (Organisation for Special Affairs) gibt, um Material gegen Kritiker in die Hand zu bekommen. In Deutschland wird die OSA mal als »Büro für Öffentliche Angelegenheiten« bezeichnet, mal als »Büro für Spezielle Angelegenheiten«. Die Scientology-Organisation hat im Oktober 1998 eine Stellungnahme veröffentlicht, in der bestätigt wurde, dass die OSA die Nachfolge des GO angetreten hat und auch gegenwärtig aktiv ist.

Osho-Bewegung

Anderer Name für die ➻ Bhagwan-Osho-Bewegung.
➻ Neo-Sannyasins

Oui-ja Brett

(franz.: oui = ja)
Bei einem Oui-ja Brett handelt es sich meist um ein Holzbrett, auf dem in 36 Kreissegmenten die Buchstaben des Alphabets sowie die Zahlen von Null bis Neun aufgezeichnet sind. Das Brett dient meist in Sitzungen mit esoterischem oder okkultem Hintergrund der Kontaktaufnahme der anwesenden Personen zu Geistern. Der »kontaktierte« Geist aus dem Jenseits kann auf gestellte Fragen z. B. über den Ausschlag eines Pendels Buchstaben anzeigen, deren Folge zu einem Botschaftstext zusammengefügt wird.
➻ Esoterik ➻ Okkultismus ➻ Pendeln ➻ Spiritismus.

OVB-Allfinanz

Im Juli 1997 berichtete der Kölner Sonntags-Express über das größte deutsche Finanzunternehmen, den in Köln ansässigen ➻ Strukturvertrieb OVB-Allfinanz, welcher vorrangig in den Bereichen Anlage-, Vermögensberatung und Immobilienwirtschaft tätig ist. Unter anderem hieß es, dass sich die OVB-Mitarbeiter im Betrieb »sektenartigen Riten« unterwerfen würden. Die Journalisten stützten ihre Aussagen auf ein Videoband, das Szenen aus einer Mitarbeiterschulung des OVB zeigte. Ausschnitte des Videos wurden am 27. Juli 1997 vom Fernsehmagazin »Focus TV« ausgestrahlt. Die Mitarbeiter bildeten einen Kreis um den Trainer. Im Hintergrund der Szene war eine Art Altar zu sehen. Dann bekundete jeder Mitarbeiter seine Bereitschaft zum Treueschwur auf die OVB und kniete vor dem Schulungsleiter nieder. Während meditative Musik ertönte, sprachen die Mitarbeiter einen Text nach, in dem sie schworen, ihr Leben dem Betrieb unterzuordnen. Zum Schluss erklärten alle: »Ich schwöre, die Interessen meiner Firma »Objektive Vermögensberatung« zu verwirklichen. Sollte ich jemals diesen meinen feierlichen Schwur verletzen, so möge mich moralische Missachtung sowie die Schmach meiner Familie und meiner Freunde treffen.« Auf dem Höhepunkt des feierlichen Rituals küsste der Trainer jeden Mitarbeiter auf die Wange, um ihn in die OVB-Bruderschaft aufzunehmen. Der OVB-Trainer teilte den Mitarbeitern mit, dass es keinen gelernten Kaufmann in der OVB gäbe. Seine Empfehlung lautete: »Versuchen Sie, wenn es geht, so wenig Fachwissen wie möglich zu haben – am besten gar nicht.« Der

Hauptgeschäftsführer der OVB, Helmut Maier, reagierte auf die öffentlichen Anschuldigungen mit Entsetzen und teilte dem Sonntags-Express mit, dass er sich um lückenlose Aufklärung der Vorgänge bemühen wolle. Es habe sich um eine »regionale Veranstaltung« im April 1995 gehandelt, an der nur eine Hand voll der insgesamt 18000 Mitarbeiter teilgenommen hätten, überwiegend ›OVB-Berater‹ unterer Rangstufen. Verbindungen zu ➻ Scientology oder anderen so genannten Sekten und Psychogruppen wies Maier zurück. Nach Angaben des Wirtschaftsdienstes »Gerlach-Report« sei Helmut Maier ehrlich darum bemüht, die »harten Kloppermethoden und Psychorituale« in der OVB zurückzudrängen.

➻ Multi-Level-Marketing

Pendeln

Pendeln zählt in Esoterikkreisen nach wie vor zu den beliebtesten Praktiken. Das Pendel besteht aus einer 25 bis 30 cm langen Schnur oder dünnen Kette, an deren Ende ein kleines Gewicht hängt. Der Pendler hält das freie Ende der Schnur mit Daumen und Mittelfinger fest und führt diese dann über das vordere Zeigefingerglied, so dass das Gewicht nach unten hängen kann. Beim Pendeln verhält es sich ähnlich wie beim so genannten Tischerücken. Es sind nur Ja oder Nein als Antworten möglich. Ein »kontaktiertes« Geistwesen wird gebeten, seine Antworten durch Schwingen anzuzeigen, wobei z. B. das Schwingen in Längsrichtung als »Ja« und das Schwingen in Querrichtung als »Nein« interpretiert werden kann.

➻ Esoterik ➻ Okkultismus ➻ Spiritismus ➻ Oui-ja Brett

Persönlichkeitstest

Der so genannte Persönlichkeitstest, den die Scientologen »Oxford Persönlichkeitsanalyse« (OPA) nennen, besteht aus 200 Fragen, die sich auf die Persönlichkeit des neuen Mitgliedes beziehen. Die Fragen lauten u. a. wie folgt:

Ist es normalerweise hart für Sie, etwas einzugestehen und die Verantwortung dafür zu tragen?

Bekommen Sie manchmal ein Zucken in Ihren Muskeln, auch wenn es keinen ersichtlichen Grund dafür gibt?

Würden Sie sich eingestehen, im Unrecht zu sein, nur um des lieben Friedens willen?
Glauben Sie, dass es Leute gibt, die Ihnen ganz sicher unfreundlich gesinnt sind und gegen Sie arbeiten?
Geraten Sie gelegentlich in Schwierigkeiten?
Grübeln Sie oft über vergangene Missgeschicke nach?
Kauen Sie an Ihren Fingernägeln oder Gegenständen herum?
Geben Sie Ihr Geld im Verhältnis zu Ihrem Einkommen zu leichtfertig aus?
(Quelle: Oxford Persönlichkeitstest Scientology Organisation)

Die Auswertung des Tests erfolgt mit Hilfe von vier Tabellen, wobei nach weiblich und männlich sowie nach den Altersgruppen 14 bis 18 und über 18 Jahre klassifiziert wird. Aufgabe des Tests ist es, dem Probanden seine persönlichen Schwachstellen zu verdeutlichen. Dann zeigt man ihm die Möglichkeit auf, über das Kurs- und Materialangebot von ➻ Scientology Schritt für Schritt die »totale Freiheit« zu erreichen. Nach Kursabschluss wird der Test wiederholt, um u. a. auch die Steigerung des Intelligenzquotienten der Teilnehmer nachzuweisen.

Persönlichkeitsveränderung

Als Persönlichkeit wird im Allgemeinen der individuell ausgeprägte Charakter sowie die Gesamtheit der persönlichen Eigenschaften eines Menschen bezeichnet. Diese kann sich durch die Mitgliedschaft in einer so genannten Sekte modifizieren. Häufig suchen Angehörige von Anhängern der verschiedensten Gruppen fachlichen Rat bei Sekten-Infostellen oder bei ➻ Sekten- und Weltanschauungsbeauftragten, wenn sie starke Persönlichkeitsveränderungen ihres Familienmitgliedes feststellen. Eine Persönlichkeitsveränderung eines neuen Gruppenmitgliedes verläuft in der Regel in den folgenden Schritten: Kontakt und ➻ Anwerbung, Einweisung in die neue Lehre, Integration in die Gemeinschaft, Entfremdung von der Außenwelt und Festigung der Mitgliedschaft. Es gilt die Faustregel: Je mehr dieser Schritte innerhalb der Gruppe vollzogen wurden, desto größer ist die Wahrscheinlichkeit, dass die Persönlichkeit des Mitgliedes sich verändert hat.
➻ Bewusstseinskontrolle ➻ Sekten-Info Essen e. V.

Pfingstlerbewegung

Es gibt weltweit ca. 146 Millionen Mitglieder der Pfingstkirchen. Das Vorbild der Pfingstler ist die so genannte Urgemeinde. Die meisten Pfingstkirchen kennen die Erwachsenentaufe durch Untertauchen. Es gibt verschiedene Taufformeln. Jeder Christ sollte nach einer persönlichen Pfingsterfahrung streben, die während des emotional sehr ansprechenden Gottesdiensts gemacht wird. Man kann die Pfingstbewegung in drei große Gruppen einteilen: Die ➻ klassische Pfingstbewegung, die charismatische Erneuerung und das ➻ Neupfingstlertum.
➻ Evangelikale ➻ Fundamentalismus ➻ Jesus-Haus ➻ Jesus-People-Bewegung

Pilhar, Olivia

1996 bewegte der Fall der jungen Österreicherin Olivia Pilhar die Medien: Die Ärzte stellten bei dem damals 7-jährigen Kind Krebs fest, einen so genannten Wilmstumor. Die Eltern Pilhar lehnten eine konventionelle Chemotherapie ab. Sie wollten ihr Kind mit Hilfe der ➻ Neuen Medizin von Dr. ➻ Geerd Ryke Hamer heilen lassen. Als die Behörden Einwände gegen die Neue Medizin äußerten, flohen die Pilhars mit dem Kind nach Spanien. Doch die Behörden bestanden darauf, dass das Mädchen schulmedizinisch behandelt wird. Zu diesem Zeitpunkt hatte die Krankheit nach Ansicht der Mediziner bereits lebensbedrohende Ausmaße angenommen. Olivia Pilhar konnte von den Ärzten gerettet werden. Die Eltern der Olivia Pilhar vertrauen auch gegenwärtig noch der Neuen Medizin des Dr. Hamer. Ihre Meinung lautet: »Dr. Hamer hat Recht. Krebs ist genauso eine Lüge wie Aids.« Hamer vertritt die These, dass Krebs sich von selbst heilt. So hatte er im Fall Olivia Pilhar behauptet, dass es sich bei dem Wilmstumor um einen »persönlichen Konflikt« des Kindes handeln würde. Man müsse nur – so Hamer – den psychischen Konflikt lösen, dann würde auf physischer Ebene auch der Krebs verschwinden, ohne dass dafür schulmedizinische Hilfe nötig sei.

Placeboeffekt

Als Placeboeffekt wird medizinisch eine eintretende Krankheitslinderung oder gar ein Heilungseffekt bezeichnet, der u. a. nach unwissentlicher Verabreichung eines wirkungslosen Schein-Medikaments (Placebo) eintreten kann. Die gläubige Erwartungshaltung der Patienten an eine ➻ Heilung bzw. Linderung lässt so oft den gewünschten Effekt auftreten. Dieses Phänomen verhilft Scharlatanen und selbsternannten ➻ Wunderheilern oft zu Heilungserlebnissen, mit denen sie in der Öffentlichkeit Werbung betreiben. ➻ Neue Medizin

Positivliste

Ende 2002 hat das Bundesministerium für Gesundheit und Soziale Sicherung den Entwurf einer Positivliste vorgelegt. Danach sollen nur noch solche Medikamente von den gesetzlichen Krankenkassen bezahlt werden, deren Wirksamkeit wissenschaftlich nachgewiesen ist. ➻ Apotheke Gottes ➻ Heilpraktiker ➻ Heilpraktikergesetz ➻ Heilung ➻ Heilerkult ➻ Neue Medizin ➻ Placeboeffekt ➻ Wunderheiler

Präsidenten

Der Präsident innerhalb der Gemeinschaft der ➻ Zeugen Jehovas leitet ein Gremium, das aus ca. 12 Personen besteht und an der Spitze der ➻ Wachturm-Gesellschaft steht. Die Autorität dieser leitenden Körperschaft ist in etwa mit dem Amt des Papstes vergleichbar, hat aber direkteren Einfluss auf das Leben des einzelnen Anhängers. Die Führung schreibt sehr detailliert vor, wie man die Bibel zu verstehen hat und bestimmt u. a. die Nachfolge des Präsidenten. Obwohl sich die so genannte Leitende Körperschaft ausdrücklich als nicht unfehlbar bezeichnet, wird gleichzeitig unbedingter Gehorsam von den Anhängern verlangt. Kritik an der Führung wird mit Kritik an Gott gleichgesetzt. ➻ Charles T. Russel war der erste Präsident in der Geschichte der Zeugen Jehovas. Russel baute die Wachtturm-Gesellschaft (WTG) auf, wie es sie in ihrer heutigen Form gibt. 1870 gründete er eine eigene Bibelstudiengruppe und verband religiöse Interessen mit kaufmännischem Geschick. Die Zeitschrift »Zions Wachtturm und Verkünder der Gegenwart Christi« wurde von

Russel 1879 ins Leben gerufen. 1915, ein Jahr vor seinem Tod, betrug deren Auflage 55000 Stück. Der Anwalt ➻ Joseph R. Rutherford (1869–1942) übernahm das Präsidentenamt im Jahre 1916. Rutherford war bereits seit 1907 Rechtsberater Russels und der Wachtturm-Gesellschaft gewesen. Er sagte voraus, dass 1925 die Endzeitprophezeiung erfüllt werde, was ihm eine Niederlage bescherte, als das Erwartete ausblieb. Nach dem Tode Rutherfords 1942 übernahm Nathan ➻ Homer Knorr (1905–1977) das Präsidentenamt. Schon als 16-jähriger hatte er sich den »ernsten Bibelforschern« (= früherer Name der Zeugen Jehovas) angeschlossen. Im Alter von 27 Jahren war er verantwortlicher Koordinator für das gesamte Druckereiwesen der Gemeinschaft und mit 35 Jahren wurde er Rutherfords Vizepräsident. Er starb am 8. Juni 1976. Danach wurde ➻ Frederick W. Franz (1893–1992) im hohen Alter von 85 Jahren zum Präsident gewählt und blieb es bis zu seinem Tode im Alter von 99 Jahren. Er studierte zunächst an der Universität Cincinnati Germanistik und Anglistik. 1913 war er den Zeugen Jehovas beigetreten. 1945 war er unter ➻ Knorr Vizepräsident der WTG gewesen, bis er 1977 selbst das Präsidentenamt übernahm. Nach Franz wurde ➻ Milton G. Henschel 1992 der nunmehr fünfte Präsident der Zeugen Jehovas. Er war von Geburt an in diese Gemeinschaft involviert, schon seine Großeltern waren Anhänger Russels gewesen. 1934 ließ er sich 14-jährig taufen. Im März 2003 verstarb Henschel im Alter von 82 Jahren und das Präsidentenamt der Zeugen Jehovas ging an den gegenwärtig amtierenden Don Adams über. ➻ Russeliten

Primärtherapie

Entstehungsgeschichte

Der amerikanische Arzt und Psychotherapeut ➻ Arthur Janov (Jg. 1924) hatte Ende der 60er Jahre seine Theorie der Primärtherapie entwickelt, als er durch Zufall entdeckte, wie ein Psychiatriepatient nach seinen Eltern rief und danach in einen hypnotischen Zustand fiel. Der Patient verkündete im Anschluss, dass ihm dieses Erlebnis geholfen habe, ein geordnetes Gefühlsleben wieder zu finden. Janov beobachtete ähnliche Erlebnisse auch bei anderen Patienten und entwickelte aus diesen Erkenntnissen die so genannte Primal Therapy, die in Deutschland unter dem Begriff Primärtherapie bekannt wurde. Das dazugehörige Buch »Der Urschrei« (1973)

avancierte zum Bestseller und führte zu der Bezeichnung »Urschreitherapie«.

Lehre

Die theoretischen Grundlagen der Primärtherapie lehnen sich an die Neurosenlehre der frühen Psychoanalyse an, wo es heißt, dass der Neurotiker in erster Linie an verdrängten Erinnerungen und an traumatischen Erlebnissen aus seiner Kindheit leide (Schmerz, ➻ Angst, Gefühl der Verlassenheit etc.). Diese unverarbeiteten Erlebnisse seien im Unterbewusstsein nach wie vor gegenwärtig und äußerten sich in einer Vielzahl neurotischer Symptome. Janov vereinfachte die Theorien Freuds und fixierte sich in seinen Ausführungen auf die frühkindlichen Traumata, die den Menschen entscheidend prägen. Auch Traumata pränataler Art wirkten – nach Janovs Ansicht – auf den Fötus ein. Toxische Stoffe wie z. B. Nikotin und ➻ Alkohol könnten während der Schwangerschaft den Fötus zusätzlich traumatisieren. Die Ablehnung eines Kindes von Seiten der Eltern führe schließlich zum Urschmerz. Dieser müsse erinnert und in Form eines so genannten Urschreis überwunden werden, damit der Weg zum »wahren Selbst« frei werde.

Gegenwärtige Situation und Verbreitung

Seit Ende der 70er Jahre wird Primärtherapie unter verschiedenen Bezeichnungen angeboten. Vorrangig wurde diese Therapiemethode innerhalb der ➻ Bhagwan-Osho-Bewegung unter Namen wie »Early life«, »Childhood Deconditioning«, »Rajneesh Primal Transformation« bekannt. Die heutige Primär-Szene ist nach wie vor hauptsächlich dem Umfeld der Bhagwan-Osho-Bewegung zuzuordnen.

Unterorganisationen und Abspaltungen

Primärtherapie, auch PT genannt, wird meist in Form von Wochenendworkshops oder auch als drei- bis zehntägige Gruppen-Marathons angeboten. Im deutschsprachigen Raum ist es besonders der Rebirthing-Lehrer Hermann Nadam Munk, der zusammen mit zwei Heilpraktikerinnen in seinem Center Chiemgau orthodoxe Primärtherapie anbietet. Erwähnenswert ist in diesem Zusammenhang auch Henning Devabhakta von der Osten, der seit Jahren über das oberbayerische Therapiezentrum ZIST Primärkurse anbietet.

Progressive Kundenwerbung (§ 6 c UWG)

Der Paragraph 6 c UWG (Gesetz gegen den Unlauteren Wettbewerb) besagt: »Wer im geschäftlichen Verkehr selbst oder durch andere unternimmt, Nichtkaufleute zur Abnahme von Waren, gewerblichen Leistungen oder Rechten durch das Versprechen zu veranlassen, ihnen besondere Vorteile für den Fall zu gewähren, dass sie andere zum Abschluss gleichartiger Geschäfte veranlassen, denen ihrerseits nach der Art der Werbung derartige Vorteile für eine entsprechende Werbung weiterer Abnehmer gewährt werden sollen, wird mit Freiheitsstrafe bis zu zwei Jahren oder mit Geldstrafe bestraft. Nichtkaufleuten im Sinne des Satzes 1 stehen Personen gleich, deren Gewerbebetrieb nach Art oder Umfang einen in kaufmännischer Weise eingerichteten Geschäftsbetrieb nicht erfordert.« Der Paragraph 6 c gilt in Deutschland für ➻ Kettenbriefe, ➻ Pyramidenspiele und jede Art von Marketing- und Network-Spielen.

Projekt MEIGA

Das Projekt MEIGA (»Modell einer internationalen gewaltfreien Alternative«) ist eine Unterorganisation des ➻ Z.E.G.G. und stellt ein Modell einer internationalen gewaltfreien Alternative dar. MEIGA wurde 1986 von ➻ Dieter Duhm gegründet. Das Projekt will – nach Aussage der Z.E.G.G. Leiter – ein Netzwerk aufbauen, welches »die Bildung neuer Gemeinschaften in aller Welt« betreibt.

PROUT

PROUT (Progressive Nutzungstheorie) ist eine ➻ Unterorganisation der ➻ Ananda Marga und ist im Jahr 1959 von Prabhat Ranja Sarkar, dem Gründer von Ananda Marga, ins Leben gerufen worden. Ziel von PROUT ist der Umsturz der Gesellschaft. PROUT verkündet ein ökonomisch-gesellschaftspolitisches Reformprogramm, das eine völlige Umgestaltung der gegenwärtigen Strukturen impliziert: Die ganze Welt soll in sich selbst versorgende Zonen aufgeteilt werden, die in Kultur, Sprache, Geographie und Rohstoffen zusammenpassen. Regiert werden soll die neue Welt von moralisch einwandfreien, wirtschaftliches Verständnis besitzenden Führungspersönlichkeiten.

Pseudoheilmittel

Pseudoheilmittel gehören häufig zu den Warenangeboten des Psychomarktes. Zu ihnen gehören neben Naturprodukten wie Steinen und Pyramiden aller Art auch solche Hilfsmittel wie das ➻ E-Meter der Scientologen und das Heilmittelsortiment von ➻ Fiat-Lux Chefin Uriella. ➻ Apotheke Gottes ➻ Positivliste ➻ Scientology

PSI

Der 23. Buchstabe des griechischen Alphabets steht für Phänomene, die mit dem bisherigen Wissen nicht zu begreifen sind. ➻ Okkultismus ➻ Parapsychologie ➻ Spiritismus

Psychogruppen

Der Begriff Psychogruppe hat sich in den letzten Jahrzehnten als Bezeichnung der »vielfältigen psychologischen und pseudopsychologischen Angebote zur Lebenshilfe, Lebensorientierung und Persönlichkeitsentwicklung außerhalb der fachlichen Psychologie und des Gesundheitswesens« herausgebildet (zitiert nach: Deutscher Bundestag/Enquete-Kommission (Hrsg.): So genannte Sekten und Psychogruppen – Neue religiöse und ideologische Gemeinschaften und Psychogruppen in der BRD, Bonn 1998, S. 33). Zu diesen Angeboten gehören neben einer Vielzahl esoterischer und okkulter Methoden (z. B. Rebirthing-Kurse) auch alternative psychologische Angebote. Bei der Inanspruchnahme derartiger Dienstleistungen liegt meist eine geschäftliche Kundenbeziehung vor. Zu einer Psychogruppe können derartige Angebote dann werden, wenn sich um einen Lebenshilfedienstleister ein fester Kundenstamm bildet, der von diesem oder dessen Unternehmen Leistungen dauerhaft in Anspruch nimmt. Von einer Psychogruppe oder – schärfer – von einem Psychokult kann dagegen nur dann gesprochen werden, wenn von einem Anbieter und seinen Klienten ein gewisser dauerhafter Organisationsgrad erreicht wird und sich gruppentypische Innen- und Außenbeziehungen etablieren. ➻ Esoterik

Psychomarkt

Das Angebot so genannter Sekten und Psychogruppen umfasst u. a. auch Bereiche, welche die Gesundheit, die Befindlichkeit und die Leistungsfähigkeit der Menschen betreffen. Darunter fallen z. B. so verschiedene Angebote wie psychologische Erfolgskurse für die Wirtschaft, esoterische Beratungen zur Bewältigung von vielseitigsten Problemen, Astralreisen, medialer Kontakt mit außerirdischen Intelligenzen, Rückführungen in frühere Leben usw. Für diese und andere Ziele bieten viele so genannte Sekten und Psychogruppen eine Vielzahl von Methoden an. Diese Methoden haben gemeinsam, dass sie nicht nur von so genannten Sekten und Psychogruppen im Rahmen der Gruppenangebote genutzt werden, sondern auch – unabhängig davon – gewerblichen Zwecken dienen. Es handelt sich bei diesen Angeboten um einen Dienstleistungsbereich, der u. a. auch mit dem Begriff Psychomarkt bezeichnet wird. Neutraler könnte man von einer alternativen, nicht schulmäßigen Pädagogik, Psychologie und Psychotherapie sprechen, die neben den anerkannten Schulen betrieben wird, so wie es neben der Schulmedizin eine nicht schulmäßige Alternativmedizin gibt. Einige Verfahren dieses alternativen Psychomarktes werden auch von schulmäßigen Psychologen eingesetzt.

➻ Heilung ➻ Neue Medizin ➻ Positivliste

Psychotherapeutengesetz

Hinter dem Begriff Psychotherapie kann sich alles Mögliche verbergen, von seriöser Behandlung durch staatlich zugelassene Psychotherapeuten bis hin zur Scharlatanerie. Am 1. Januar 1999 ist das neue Psychotherapeutengesetz in Kraft getreten. Aus § 1 PsychoThG: »Wer die heilkundliche Psychotherapie unter der Berufsbezeichnung »Psychologischer Psychotherapeut« oder die heilkundliche Kinder- und Jugendlichenpsychotherapie unter der Berufsbezeichnung »Kinder- und Jugendtherapeut« oder »Kinder- und Jugendpsychotherapeut« ausüben will, bedarf der Approbation als psychologischer Psychotherapeut oder Kinder- und Jugendpsychotherapeut. [...]«

➻ Heilung ➻ Heilpraktikergesetz ➻ Psychomarkt

Pyramidenspiele

»Es ist nun einmal das Wesen einer Pyramide, dass nur wenige ganz oben stehen können.«

Ende der 80er Jahre wurden die ➸ Kettenbriefe von den Pyramidenspielen abgelöst, die von den USA nach Deutschland kamen. Durch die Zusage von enormen Renditen werden in den meisten Pyramidenspielen Mitspieler zur Investition von Geld bewegt. Die versprochenen Gewinne sollen durch die ➸ Anwerbung weiterer Mitspieler finanziert werden. Bildlich dargestellt ist ein Kettenspiel also eine Pyramide, die nach unten immer breiter wird: Je weiter unten man in der Pyramide ist, umso fraglicher wird es, ob man noch einmal Mitspieler findet, die den notwendigen Einsatz zahlen, damit das System funktioniert. So genannte Piloten- oder Generalspiele wie Jump, Titan, Light, Time, Spring, Champ etc. kamen in Mode, bei denen die Teilnehmer nicht selten bis zu 1000 Mark in das angebliche Gewinnsystem einzahlten. Mit dem Versprechen unfehlbarer Gewinnchancen wurden die Besucher vom European Kings Club Ende der 80er Jahre in die totale Euphorie getrieben. Dieses Pyramidenspiel gilt als der größte Anlagebetrug in der deutschen Nachkriegsgeschichte. Den Mitgliedern in 40 Ländern hatten die Betreiber des European Kings Club rund zwei Milliarden Mark abgeknöpft, bevor das ungesetzliche Strukturspiel 1994 zusammenbrach. »Fassungslos nahmen Wirtschaftsfahnder und Staatsanwälte zur Kenntnis, dass über 94000 Menschen den hohen Rendite-Versprechungen der Täter gefolgt waren.« (Nordhausen, Billerbeck: Psychosekten, 1997, S. 402) Die »Präsidentin« ging 1997 wegen Betrugs und Gründung einer kriminellen Vereinigung für acht Jahre ins Gefängnis.
➸ Kettenspiele ➸ § 168, 168a (1)

Quorum

Die Firma Quorum mit Sitz in Phoenix (Arizona) vertreibt seit Anfang der 90er Jahre auch in Deutschland Sicherheits- und Unterhaltungselektronik sowie Kosmetika. Die Struktur des Betriebes weist Parallelen zu ➸ AMWAY auf: Die Mitarbeiter kaufen der Firma Produkte ab und finden ihrerseits Abnehmer. Außerdem werben sie

Unterverkäufer an. Die Aktivitäten dieser Firma sind gegenwärtig in Deutschland stark zurückgegangen.
➻ Strukturvertrieb ➻ Multi-Level-Marketing

Raelismus

Die Rael-Bewegung, auch Raelismus oder Raelistische Religion genannt, war bis 1976 ebenso unter der Bezeichnung MADECH (movement pour l'acceuil des extraterrestres, createurs de l'humaniteurs) bekannt. Rael heißt übersetzt: »Der das Licht der Elohim bringt«. Die Religion wurde 1973 von Claude Vorilhon (geb. 1946) gegründet, der in jenem Jahr eine Begegnung mit einem Außerirdischen gehabt haben will. Die Raelisten glauben nicht an die Existenz von Gott oder Göttern, sondern denken, dass wissenschaftlich weit fortgeschrittene, menschenähnliche Wesen in UFO's die Erde besucht hätten und dies weltweit der Ursprung für viele Religionen gewesen sei. Der eigentliche Kern der Bibel bestünde darin, dass so genannte Elohims vor ca. 25000 Jahren die Erde leer vorgefunden und in einem »Terraforming Prozess« schrittweise alles Leben geschaffen hätten, das wir heute kennen. Rael und andere Propheten (Buddha, Moses, Jesus, Mohammed, Elia, Joseph Smith) seien von den Elohim geschickt worden, um die Menschheit voranzubringen. Es heißt im Raelismus sogar, dass die Elohim sich mit den Menschen paaren könnten. Ziel der Raelisten ist es, u. a. ein Botschaftsgebäude auf neutralem Territorium zu bauen, in dem die Elohim empfangen werden können. Sie glauben, dass die Menschen irdische Unsterblichkeit und paradiesische Zustände erreichen könnten, wenn sie den wissenschaftlichen Fortschritt und die Erweiterung des Bewusstseins vorantrieben. Die Rael-Bewegung ist vollkommen atheistisch und glaubt an kein Leben nach dem Tod. Im Jahre 2002 hatte die Bewegung ca. 40000 Mitglieder weltweit.
➻ Santiner ➻ Ufo-Glaube

Rajneeshismus

Die Lehre der ➻ Bhagwan-Osho-Bewegung wird auch als »Rajneeshismus« bezeichnet.
➻ Bhagwan, Shree Rajneesh ➻ Neo-Sannyasins ➻ Primärtherapie

Reich, Wilhelm

Wilhelm Reich (1897–1957) war ein amerikanischer Psychoanalytiker österreichischer Herkunft. Am 24. März 1897 wurde Reich in Dobrzcynica (damals Galizien, Österreich) geboren. Von 1922 bis 1928 leitete er in Wien das »Seminar für psychoanalytische Therapie«. Er gehörte zunächst dem Kreis um Sigmund Freud an, bevor er sich von Freud und der klassischen Psychoanalyse entfremdete. Reich gründete die »Sozialistische Gesellschaft für Sexualberatung und Sexualforschung«. 1930 entstand in Berlin, wo Reich damals arbeitete, die »Sexpol-Bewegung«. In seinem Werk »Die Funktion des Orgasmus« (1927) versuchte er, psychoanalytische und marxistische Ansätze mit einer befreiten Sexualmoral zu verknüpfen. Er entwickelte die »Theorie vom Charakterpanzer«, welche autoritäres und destruktives Verhalten von einer unterdrückten Sexualität ableitete. 1933 erschien Reichs Buch »Die Massenpsychologie des Faschismus«. Diese Veröffentlichung führte endgültig zum Bruch sowohl mit der Kommunistischen Partei als auch mit der »Internationalen Psychoanalytischen Gesellschaft«, deren Mitglied Reich bis dahin gewesen war. Nach der nationalsozialistischen Machtergreifung 1933 floh er über Dänemark und Schweden nach Norwegen, von dort emigrierte er schließlich in die USA. Zwischen 1939 und 1941 hatte Reich einen Lehrstuhl für medizinische Psychologie an der »New School for Social Research« in New York inne. Er entwickelte ab 1940 seine »Orgontheorie«. Diese basierte auf einer universellen Lebensenergie, von Reich »Orgon« genannt. Auf der »Orgonon-Farm« in Maine entwickelte er den »Orgon-Akkumulator«. Es handelte sich um einen schrankartigen Kasten aus Holz und Metall, in den man sich hineinsetzen konnte, um mit kosmischer Energie aufgeladen zu werden. 1954 wurde Reich von der amerikanischen Bundesbehörde wegen Kurpfuscherei angeklagt. Er hatte seinen »Orgon-Akkumulator« für die Krebstherapie empfohlen. Reich starb am 3. November 1957 im Gefängnis von Lewisburg.

➻ AAO (Aktionsanalytische Organisation) ➻ Mühl, Otto

Reinigungs-Rundown

Bei dem so genannten Reinigungs-Rundown handelt es sich um einen Begriff aus dem Sprachgebrauch von ➻ Scientology. Damit wird ein Prozess bezeichnet, den i. d. R. neue Mitglieder der Gruppe durchlaufen müssen. Das Programm besteht aus körperlicher Bewegung, Saunaaufenthalten sowie der Einnahme von Speiseöl und großen Mengen Vitaminpräparaten und Mineralien. 24 Stunden vor Beginn des Rundowns soll kein ➻ Alkohol mehr getrunken werden und es wird empfohlen, Arztbesuche mit einem fachkundigen Mitarbeiter der Scientology abzusprechen. Der Reinigungs-Rundown soll nach der Lehre der Scientology die Teilnehmer gegen Atomstrahlen immunisieren. Dazu soll vor allem das von ➻ Hubbard verordnete Vitaminpräparat Niacin (Nicotinsäure) verhelfen. Auch Säuglingen und Kleinkindern wird die Teilnahme am Reinigungs-Rundown empfohlen. Kritiker warnen allerdings vor den Folgen, welche der Reinigungs-Rundown besonders auf Kleinkinder und ältere Menschen haben kann. Es kommt nicht selten zu Kreislaufzusammenbrüchen und Gesundheitsschäden, da der Rundown bis zu 12 Stunden täglich dauern kann. Hinzu kommen die enorm hohen Preise, welche Teilnehmer für das Reinigungs-Programm bezahlen müssen. Diese belaufen sich in der Regel auf mehr als 5000 Euro. Viele Teilnehmer verschulden sich hoch, um das Programm absolvieren zu können. Mediziner bestreiten die beabsichtigte Zielsetzung des Rundowns mit der Begründung, dass Saunabesuche wohl kaum gegen Atomstrahlen helfen würden. ➻ Kunstwörter

Reinkarnation

Der Begriff Reinkarnation bezeichnet die Vorstellung, dass eine Seele wieder geboren werden kann. Die Wiederkunft kann dabei in einem neuen Leib als Mensch, als Tier oder (seltener) als Pflanze geschehen. Im Deutschen wird anstelle von Reinkarnation auch der Begriff »Seelenwanderung« oder »Wiedergeburt« benutzt. Die bedeutendsten Religionen mit Reinkarnationsvorstellungen sind der ➻ Hinduismus und der ➻ Buddhismus. ➻ Christentum, ➻ Judentum und ➻ Islam kennen keine Reinkarnationslehre.

Ritual

Im allgemeinen Sprachgebrauch bezeichnet man mit dem Begriff Ritual eine regelmäßig stattfindende weitgehend gleichmäßige

Handlungsfolge. Ein Ritual setzt sich aus mehreren rituellen Handlungen zusammen. ➻ Ritus

Ritus

Ein Ritus ist eine kultische Handlung, deren Ablauf nach einem bestimmten Schema vollzogen wird. Riten sind feste Bestandteile von Religionen.

Rohkost-Eremitage der Stiftung Bethanien GmbH

Im Ibacher Ortsteil Lindau befindet sich in einem aufwendig restaurierten Gasthof die »Rohkost-Eremitage Bethanien« sowie das Versammlungszentrum des Ordens ➻ Fiat Lux. Im Gasthof werden Vorträge gehalten und man kann die »Stimme Gottes« über das ➻ Medium ➻ Erika Bertschinger-Eicke alias Uriella vernehmen. In der Rohkost-Eremitage wird gesungen, musiziert und Rohkost angeboten. Übernachten ist möglich.
➻ Neuoffenbarungen ➻ Neuoffenbarungsgruppen ➻ Sprachrohr Gottes

Rosenkreuzer

Entstehungsgeschichte

Der Name »Rosenkreuzer« bezeichnet einen internationalen Bruderorden, der es sich zum Ziel gesetzt hat nach »esoterischer Wahrheit« zu streben. Der Name Rosenkreuzer erinnert an einen fiktiven Mann namens Christian Rosencreutz, der zwischen 1378 und 1484 gelebt haben soll, wahrscheinlich in Wirklichkeit aber nie existiert hat. Er ist vermutlich die Erfindung eines übereifrigen württembergischen Theologen namens Johann Valentin Andreae (1585–1654), der damit die Idee einer edlen, aber geheimen Bruderschaft hochhalten wollte. In dessen Umfeld erschienen im 17. Jahrhundert insgesamt drei anonym verfasste religiöse Manifeste, die zum Teil die angebliche Existenz eines mystischen Ordens um besagten Rosencreutz beschrieben, der vermutlich im alten Ägypten entstanden sein soll und in der Form von Geheimbünden weiter existiert hätte.

Die Mitgliedschaft im Orden galt schon immer als exklusives Vorrecht und erklärt somit das große Selbstbewusstsein der Rosenkreuzer.

Lehre

Die Rosenkreuzer sehen sich auf der Suche nach einem göttlichen Kern im Menschen. Dazu streben sie eine geistige Umwandlung des Menschen in mehreren Weihestufen, auch durch Wiedergeburten an. Der Gedanke der Höherentwicklung verbindet die Rosenkreuzer mit der Theosophie und der Anthroposophie sowie mit einigen so genannten Sekten. Er ist typisch für eine esoterische Lehre, die eine Selbsterlösung des Menschen verheißt.

Gegenwärtige Situation und Verbreitung

Die heutigen Rosenkreuzer veranstalten Vorträge, veröffentlichen Broschüren und nehmen an so genannten Tempel-Diensten (Ritualen und Zeremonien) teil. Die esoterischen Aktivisten sind heute vor allem in zwei Bruderschaften anzutreffen: im Lectorium Rosicrucianum und im Antiquus Mysticus Ordo Rosae Crusis (AMORC). Beide wurden im ersten Viertel des 20. Jahrhunderts gegründet. In Deutschland dürften sie einige hundert Anhänger haben.

➻ Esoterik ➻ Ritual

Russel, Charles T.

Charles Taze Russell (1852–1916) war der erste Präsident in der Geschichte der ➻ Zeugen Jehovas, welche damals noch »Ernste Bibelforscher« genannt wurden. Russell, der ursprünglich Adventist war, wurde am 16. Februar 1852 in Allengheny (USA) als Sohn eines Kaufmanns geboren. In frühen Jahren war er bereits Teilhaber am Textilunternehmen seines Vaters. 1870 versammelte er eine Gruppe um sich, die sich dem Studium der Bibel widmete und gründete eine eigene Bibelstudiengruppe. Er begann seine eigene, vor allem adventistisch geprägte Lehre zu entwickeln. Es bildeten sich kleine Lesezirkel, die anhand von Russels Artikeln die Bibel studierten. 1879 gründete Russel eine eigene Zeitschrift »Zions Wachtturm und Verkünder der Gegenwart Christi«. Zwei Jahre später wurde als wirtschaftliches Standbein für diese Zeitschrift die »Wachtturm-Gesellschaft« gegründet, die später eine Aktiengesellschaft wurde. Im darauf folgenden Jahr veröffentlichte Russell erstmalig die Zeitschrift »The Watchtower« (Der Wachtturm), in der er seine religiösen Anschauungen darlegte. Russell erwartete den endgültigen Anbruch des Reiches Gottes im Jahr 1914. Ein Jahr später – nachdem das erwartete Ereignis zum prophezeiten Termin ausgeblieben war – verlegte er seine Vorhersage auf das Jahr 1918. Russell verstand sich selbst als »Kanal Gottes«, durch den die Botschaften an die Anhänger weitergegeben werden. Er verstarb im Jahre 1916. ➻ Präsidenten ➻ Russeliten

Russeliten

Ursprünglich wurden die ➻ Zeugen Jehovas meist von Außenstehenden als Russeliten bezeichnet, nach ihrem Gründer ➻ Charles Taze Russell. Sie selbst bezeichneten sich bis 1931 als »Ernste Bibelforscher«. Namen wie »Russelliten« oder »Rutherfordianer« bezogen sich auf die ersten beiden Hauptrepräsentanten oder Präsidenten dieser Vereinigung. In späteren Jahren wurden Bezeichnungen wie »New World Society« (»Neue-Welt-Gesellschaft«) oder »Theokratische Gesellschaft« immer mehr gebräuchlich.

Rutherford, Joseph R.

Rutherford war der zweite Präsident in der Geschichte der ➻ Zeugen Jehovas. Er wurde am 8. November 1869 als Sohn eines Farmers in Missouri geboren und starb am 8. Januar 1942. Der studierte Jurist Rutherford war bereits seit 1907 Rechtsberater ➻ Russels und Anwalt der ➻ Wachtturm-Gesellschaft. 1917 wurde er auf der Jahreshauptversammlung der Gesellschaft zum neuen Präsidenten gewählt. Unter dem Schlagwort »theokratische Organisation« führte er eine zentralistische Leitung in die Wachtturm-Gesellschaft ein. Jehova galt in diesem System als oberster Befehlshaber, demokratische Strukturen gab es nicht mehr. Rutherford veröffentlichte als Endzeittermin das Jahr 1925. In der Broschüre »Millionen jetzt lebender Menschen werden nie sterben« (1920) sagte er dezidiert voraus, dass sich das Königreich Jehovas, das 1914 im Himmelreich begonnen habe, 1925 auf der Erde ausbreiten werde. Als das errechnete Ereignis ausblieb, gestand Rutherford öffentlich ein, dass er sich nicht nur geirrt, sondern auch »blamiert« habe. ➻ Präsidenten

Sakrament

Der Begriff Sakrament *(von lat. sacramentum)* bezeichnet im Christentum einen symbolischen Akt, bei dem einem Gläubigen die Gnade Gottes weitergegeben werden soll, wie sie einst durch Jesus Christus vermittelt wurde. Zu den sieben Sakramenten der katholischen Kirche zählen: Taufe, Firmung, Priesterweihe, Eucharistie, Bußsakrament, Krankensalbung und Ehe. Die evangelische Kirche beschränkt die Sakramente auf Taufe und Abendmahl. In vielen so genannten Sekten werden Sakramente wie Taufe und Ehe vollzogen.
➻ Bibel ➻ Christentum ➻ Evangelien

Sant Thakar Singh

– hinduistischer Hintergrund –

Entstehungsgeschichte
Radhasoami Satsang (»Herr der Seele«) bezeichnet eine Reformbewegung im ➻ Hinduismus. Die Meditationsform Sant Mat, »die Lehre der Heiligen« oder »Pfad des Meisters«, geht auf den indischen Mystiker Shiv Dayat Singh (1818–1878) zurück. Er gründete 1861 in Ayra eine Vereinigung, die Radhasoami Satsang als höchste Gottheit verkündete.

Lehre
Sant Mat (Lehre der Heiligen) versteht sich als der »Weg zum Leben«. Shiv Dayal Singh forderte innere Gottesverehrung und Verehrung eines erleuchteten Meisters. Als es Anfang der 50er Jahre zu mehreren Abspaltungen kam, entstand die Gruppe »Muhani Satsang« von Kirpal Singh. Der Inder Sant Thakar Singh, geboren 1929 im indischen Punjab, gilt als wichtigster Vertreter dieser Lehre. Ziel eines jeden Menschen sei es, die innere, »immerwährende Quelle von Freude und Frieden« zu finden. In der ➻ Meditation sollen das göttliche Licht und der göttliche Ton erfahren werden und der Weg zur »Überseele« frei werden. Thakar Singh lehrt, dass die Seele von mehreren Hüllen umgeben ist. Für die physische Ebene gäbe es den physischen Körper, auf der Astralebene den Astralkörper, auf der Kausalebene wirke der Mensch im Kausalkörper und im Superkausalkörper auf der Superkausalebene. Nur die Überseele sei frei. Diese zu erken-

nen sei das höchste Ziel. Dafür sei es notwendig, dem Meister Thakar Singh zu folgen. Jedes Mitglied erhält bei der Einweihung fünf heilige Namen. In diesen fünf Wörtern, die »Simran« genannt werden, soll der Lebensimpuls Gottes liegen. Mit der Einweihung erhalten die Schüler »durch die Gnade der Meisterkraft die Segnungen des heiligen Lichtes und des Tones.« Die Mitglieder sollen auf ➻ Alkohol und Nikotin verzichten und strenge ➻ Ernährungsvorschriften einhalten. Fisch und Fleisch sind verboten. Seit 1987 sind die Schriften von Thakar Singh auch in Deutschland verbreitet, nachdem der Guru selbst damals ganz Europa bereist und dabei auch zehn Mal Deutschland besucht hatte. In die Schlagzeilen der Medien geriet Thakar Singh wegen der besonderen Form der Kindererziehung (die so genannten Lichtheim Aktivitäten zur Kindererziehung): Säuglingen wurde gleich nach der Geburt das rechte Ohr mit Silicon verschlossen und eine Augenbinde angelegt, damit das Kind – nach der Lehre Thakar Singhs – den göttlichen Ton und das göttliche Licht sehen könne und von der Außenwelt unbeeinflusst bliebe. Diese Praxis mit Kleinkindern war zunächst nur im ➻ Ashram der Bewegung in Indien gebräuchlich gewesen, verbreitete sich aber später auch in Deutschland. Mitte der 90er Jahre wurden die Medien auf diese Form der Kindesmisshandlung aufmerksam und verbreiteten Informationen darüber in der Öffentlichkeit. Zu den möglichen gesundheitlichen Schäden dieser Meditationspraxis bei Kleinkindern existiert ein einschlägiges Gutachten vom Institut für Soziale Pädiatrie und Jugendmedizin der Ludwig-Maximilians-Universität München, das vom bayerischen Landesjugendamt in Auftrag gegeben worden war.

Gegenwärtige Situation und Verbreitung

Die früher durchgeführten sogenannten Lichtheim Aktivitäten zur spirituellen Kindererziehung sollen angeblich eingestellt worden sein. Die Kinderkommission des deutschen Bundestages stellte 1993 fest: »Der Ashram des Guru ist für die Kinder ein Gefängnis, die Behandlung bedeute Folter. Auch sei davon auszugehen, dass die Kinder schwere seelische Schäden davontrügen.« (Deutscher Bundestag: Kinderkommission, Bonn, Nr. 148 vom 06.7.1993) Die Verbreitung der Lehre geschieht mit Hilfe von Seminaren und Meditationsveranstaltungen sowie Satsangs, die in 46 deutschen Zentren veranstaltet werden. Die Mitgliederzahl der Holosophischen Gesellschaft in Deutschland wurde 1998 von der Enquete-

Kommission des Deutschen Bundestages auf ca. 300 bis 400 Mitgliedern geschätzt.

Unterorganisationen und Abspaltungen

- Holosophische Gesellschaft Deutschland e. V. (Verein zur Förderung des ganzheitlichen Menschen)
- der Verein »Kirpal Ruhani Satsang e. V.
- der NAAM-Verlag
- Verein zur Förderung der Lichtheim-Kindergärten und -Schulen e. V.

Santiner

Der Santinerglaube ist dem ➻ Ufo-Glauben zuzurechnen. Als Santiner werden so genannte Außerirdische bezeichnet, welche im Glauben der Anhänger die Erde nach einer Naturkatastrophe mit Hilfe von Raumschiffen evakuieren werden. Diese Rettung der Menschheit bedeute zugleich den Übertritt der Erde in die vierte Dimension.
➻ Raelismus

Schamane

Als Schamanen werden im allgemeinen Sprachgebrauch Menschen bezeichnet, denen die Fähigkeiten zugeschrieben werden, zwischen den Welten zu wandern, Kranke zu heilen und mit Geistern oder Toten Kontakt aufzunehmen. Sie fungieren häufig als Mittler zwischen Menschen und Göttern. Die Aufgabe eines Schamanen besteht meist darin, dass er – stellvertretend für seinen Stamm oder für seine Gemeinschaft – Reisen in die Geisterwelt unternimmt. Er soll die Seelen der Menschen von bösen Geistern befreien und auf diese Weise Krankheiten heilen. Ein Schamane begleitet auch die Seelen von Verstorbenen auf ihrem Weg ins Jenseits. Der Schamane muss sich lange auf seine Aufgaben vorbereiten. Während einiger Zeremonien verliert ein Schamane sogar das Bewusstsein, identifiziert sich mit Tieren und nimmt Kontakt mit Geistern auf. Er bekommen Zugang zur Totenwelt und durchlebt seinen eigenen Tod. Anschließend findet er zu einer neuen Identität. ➻ Schamanismus ist somit der Tod des Ichs und das Erreichen einer neuen Identität, begleitet durch die wirre Vielfalt schrecklicher und heilsamer Träume und Visionen.

Schamanismus

Der Begriff leitet sich von dem sibirischen Wort »shaman« ab, das »sich anheizen, verbrennen, mit Hitze oder Feuer arbeiten«, aber auch »verrückt sein« bedeutet. Schamanismus hat sich als magische, religiöse Ausdrucksform bei vielen Naturvölkern herausgebildet, besonders ausgeprägt ist Schamanismus im sibirischen Raum. Im Zuge von New Age und Esoterik hat der Westen den Schamanismus entdeckt.

➻ Esoterik ➻ New Age-Bewegung

Schenkkreise

In Deutschland gibt es seit einiger Zeit so genannte Schenkkreise. Diese Kreise sind oft als Kaffeekränzchen oder »Tupper-Party« initiiert. Es geht in den Schenkkreisen darum, dass sich die Teilnehmer untereinander Geld schenken sollen. Mit Hilfe esoterischen Gedankengutes wird hierbei an das Gefühl appelliert: »Geld schenken, heißt loslassen lernen«, »Geld ist eine Energie, die fließen muss.« So genannte Schenkkreise sind meist nach derselben Struktur aufgebaut: 15 Teilnehmer bilden eine Pyramide. Die auf der Schenkebene stehenden schenken den, auf den oberen Ebenen stehenden Personen der Pyramide zum Beispiel eine Summe von 10 000 Euro. Danach wird die Gruppe geteilt und alle Teilnehmer rücken eine Position nach oben. Jetzt müssen neue Teilnehmer gesucht werden, die bereit sind, 10 000 Euro zu verschenken. Bis sich einer der Mitspieler aus der ersten Gruppe an die »Empfangsposition« herangearbeitet hat, hat das System schon 127 Mitspieler, davon 15 Beschenkte – und 112 Verlierer. Der Verbraucherschutz NRW warnt mit den folgenden Worten: »Einige wenige, die früh einsteigen, machen einen großen Reibach. Aber die große Masse, die später dazukommt, ist ihr Geld los.« Schenkkreise treten unter verschiedenen Namen auf. Sie nennen sich u. a. Herzkreis, Herzspirale, Sternenkreis, Sonnenmännerkreis, Lotusblütenkreis, Power Circle, Ellipsen-Kreis, Ballkreis, Herzclub, Sterntaler, Die Tafelrunde oder Arthurs Tafelrunde.

➻ Esoterik ➻ Love-Bombing ➻ Pyramidenspiele ➻ Frauen für Frauen ➻ Tafelrunden

Schleichwerbung

Als Schleichwerbung wird i. d. R. die Bewerbung eines Produktes in Massenmedien bezeichnet, welche nicht in erster Linie der kommerziellen Reklame dienen bzw. ihren Werbecharakter verschleiern. Auf dem ➻ Psychomarkt dient die so genannte Schleichwerbung als eine der wichtigsten Verbreitungsformen. Das gilt insbesondere für Talkshows und Magazin-Sendungen im Fernsehen, in denen Personen häufig mit viel Begeisterung über den Psychomarkt sprechen und so viele Menschen zur Neugier und Nachahmung anregen.

Schwarze Magie

Die Schwarze Magie wird u. a. dazu verwendet, einer Person oder einer Sache Schaden zuzufügen. ➻ Hexen ➻ Magie

Scientology

Entstehungsgeschichte

(lat.: scire = wissen, logos = Lehre)
Scientology bedeutet übersetzt »Lehre vom Wissen«. Der Gründer von Scientology war ➻ Lafayette Ronald Hubbard. Er wurde am 13. März 1911 in Nebraska (USA) geboren. Hubbard diente im Ersten Weltkrieg bei der Marine. In den 30er Jahren verfasste er zahlreiche Sciencefictionromane. Hubbard beschäftigte sich bereits in frühen Jahren mit den Fähigkeiten des menschlichen Geistes. Sein Buch »Dianetik«, das Standardwerk der scientologischen Lehre, verhalf ihm in den USA zu seinem schriftstellerischen Durchbruch. Als Todesdatum Hubbards wird das Jahr 1986 angegeben.

Lehre

Die Grundlagen der Lehre von Scientology setzen sich aus Sciencefictiongeschichten, Psychologie, östlichen Philosophien und Satanismus zusammen.
Laut L. Ronald Hubbard besteht das Universum aus MEST, was die Abkürzung von Matter, Energy, Space und Time bedeutet. Ein lebendiger Organismus setze sich demnach aus Materie, Energie, Raum und Zeit zusammen und sei durch den so genannten ➻ Thetan

belebt. Thetan ist griechisch und bedeutet Geist oder Gedanke. Nach Hubbard ist der Thetan unsterblich. Ziel von Scientology ist es, den Zustand eines Thetans, einer unsterblichen Seele, zu erreichen. Hierfür müsse der Mensch mittels einer Therapiemethode (➻ Auditing) und eines umfangreichen Kurssystems die so genannte »Brücke zur Freiheit« emporsteigen. Der Mensch setzt sich laut Scientology aus drei Teilen zusammen:
Thetan (unvergänglicher Geist)
Mind (menschlicher Geist)
Body (vergänglicher Körper)
Der Mind besteht nach Hubbard aus dem analytischen und dem reaktiven Teil zusammen. Der reaktive Teil sei der schlechte und dessen negative Einflüsse müssten durch das Auditing mittels eines speziellen Elektrometers (➻ E-Meter) beseitigt werden. Das E-Meter ist ähnlich aufgebaut wie ein Lügendetektor. Die Organisation von Scientology ist streng hierarchisch aufgebaut. An der Spitze steht das Internationale Management in Los Angeles, darunter folgen die kontinentalen Organisationen (für den deutschen Sprachraum in Kopenhagen) und die lokalen Kirchen.

Gegenwärtige Situation und Verbreitung

Seit Herbst 1970, als das erste Scientology-Center in München errichtet wurde, ist diese Gruppierung nicht nur in den USA, sondern auch in Deutschland präsent. Die regionalen Schwerpunkte liegen gegenwärtig in Berlin, Hamburg, München, Stuttgart und Frankfurt/M. und vereinzelt auch in Österreich und der Schweiz. Es gibt sieben Hauptcenter und 22 Ortsgruppen. In den neuen Bundesländern haben die Scientologen nach der Wende mit umfangreichen Immobiliengeschäften begonnen. Im deutschsprachigen Bereich beträgt die Anzahl der festen Mitglieder ca. 10000 und weit mehr Kursteilnehmer. In den Vereinigten Staaten gilt Scientology als Religion, wird als gemeinnützige Organisation vom Staat anerkannt und erhält Steuerbefreiungen. In Deutschland wird Scientology dagegen als »kommerziell orientierte Gruppe unter dem Deckmantel einer Religion« betrachtet. Das deutsche Bundesarbeitsgericht hatte bereits am 22. März 1995 festgestellt, dass Scientology der Status einer Religionsgemeinschaft nicht zukommt. Die Weltanschauung von Scientology sei mit der traditionellen Theologie von ➻ Christentum, ➻ Judentum und ➻ Islam nicht vereinbar. Diese kritische Einschätzung bestätigte auch ein Urteil des Verwaltungsgerichts Köln, das im

November 2004 eine Klage von Scientology gegen die Beobachtung der Organisation durch den Bundesverfassungsschutz abwies. Werbung betreibt die Bewegung mit Büchern, Werbezetteln, Broschüren und in Zeitungen und Zeitschriften, oft mit einem Bild Albert Einsteins unter dem Slogan: »Wir nutzen nur 10 % unseres geistigen Potenzials«.

Unterorganisationen und Abspaltungen

- ➻ ABLE
- Aktionskomitee Sag NEIN zu Drogen
- Celebrity-Zentren
- Criminon (soll Kriminellen bei der Resozialisierung helfen)
- College für angewandte Philosophie
- Dianetik-Zentren
- ➻ Kommission für Verstöße der Psychiatrie gegen die Menschenrechte
- Narconon
- New Era Publications
- Scientology Missions International
- WISE
- ZIEL (Zentrum für individuelles und effektives Lernen)

➻ Ethik ➻ Kommunikationskurs ➻ Kunstwörter ➻ Persönlichkeitstest ➻ Reinigungs-Rundown ➻ Tarnorganisationen

Sekten

Die Amerikanerin Margret Singer erweiterte in ihren theoretischen Schriften die religionsphänomenologische Definition des Sektenbegriffs, welche den Terminus der so genannten Sekte vorrangig mit religiösen Inhalten verbindet. Singer geht dagegen davon aus, dass theoretisch jede Art von Gedankengut »versekten« kann: »Eine Sekte kann sich um jede Art von Inhalt bilden, sei es Politik, Religion, Handel, Selbstvervollkommnungs-Techniken, modische Gesundheitsrezepte und -artikel, Sciencefiction, Psychologie, Weltraumphänomene, Meditation, asiatischer Kampfsport, Öko-Lebensstil und so fort. Die Fehleinschätzung, alle Sekten seien religiös, hat jedoch zur Folge, dass vielen nicht klar ist, welch unterschiedliche Inhalte Sekten vertreten können, und dass nicht wahrgenommen wird, wie sehr große und kleine Sekten in unserer Gesellschaft schon verbreitet sind.« (www.religio.de/publik/allg/singer.html) Nach Singer gibt es zehn Kategorien von Sekten. Die Vielfalt dieser Gruppen wird auch in diesem Lexikon deutlich:

- neuchristlich-religiöse Gruppen
- hinduistische und östlich-religiöse Gruppen
- okkulte Gruppen, in denen Hexen- und Satanskult betrieben wird
- spiritualistische Gruppen
- von Zen und anderen chinesisch-japanischen, philosophisch-mystischen Orientierungen beeinflusste Gruppen
- rassistische Gruppen
- an UFO's und anderen Weltraumphänomenen interessierte Gruppen
- psychologische und psychotherapeutische Gruppen
- politische Gruppierungen
- Selbsthilfegruppen, Gruppen zur Selbstvervollkommnung und Lebensstil-Gruppen

➻ Esoterik ➻ Okkultismus ➻ Strukturvertriebe ➻ Sektenmerkmale

Sekten- und Weltanschauungsbeauftragte

An den Evangelischen Landeskirchen und Bistümern der Katholischen Kirchen werden Sekten- und Weltanschauungsbeauftragte eingesetzt, um Ratsuchenden Informationen über jede Art von Weltanschauung zu vermitteln. Die Landeskirchen setzen für diese Tätigkeiten meist einen Pfarrer aus ihren eigenen Reihen ein, d. h. der Weltanschauungsbeauftragte hat vorher bereits als Pfarrer in dieser Kirche gearbeitet und ist dort bekannt. Verbunden mit der Ernennung durch die Kirchen ist ein Weltanschauungsbeauftragter verpflichtet eine bestimmte Stundenzahl seiner Diensttätigkeit für die informierende und beratende Tätigkeit zu weltanschaulichen Fragen zur Verfügung zu stellen. In diesen Bereich fallen auch Informationen über so genannte Sekten und Psychogruppen. Neben Sekten-Informationsstellen und Elterninitiativen sind die Sekten- und Weltanschauungsbeauftragten eine wichtige Informationsquelle für die Öffentlichkeit. Eine Anlaufstelle ist in jeder Stadtkirche gegeben.

➻ Aufklärung ➻ Elterninitiativen ➻ Sekten-Info Essen e. V.

Sekten-Identität

Der amerikanische ➻ Ausstiegsberater ➻ Steven Hassan geht davon aus, dass Sektenmitglieder zwei Identitäten haben: Die ursprüngliche Persönlichkeit (»authentisches Ich«) und eine so genannte Sekten-Identität, die sich während der Mitgliedschaft in der Gruppe gebildet hat und das authentische Ich des Mitglieds verdrängt.
➻ Bewusstseinskontrolle ➻ Persönlichkeitsveränderung

Sekten-Info Essen e. V.

Die Sekten-Info Essen e. V. ist eine weltanschaulich neutrale Beratungsstelle in Essen (Ruhrgebiet), deren Mitarbeiter sich auf Fragen zu so genannten Sekten, Psychogruppen und Strukturvertrieben spezialisiert haben. Die Berater und Beraterinnen des Sekten-Info Essen e. V. informieren über zahlreiche neue religiöse und ideologische Gemeinschaften und Psycho-Gruppen, zu denen gegenwärtig die folgenden Bereiche gehören:
- Scientology und andere Psychogruppen
- Synkretistische Neureligionen
- Fundamentalistische Bewegungen
- Guruistische Gruppierungen
- Heilergruppen und bedenkliche Aktivitäten im (psycho-) therapeutischen Bereich
- Esoterische Bewegungen
- Okkultismus/Spiritismus und Satanismus
- Strukturvertriebe

Sekten-Infos gibt es in vielen großen und kleinen Städten. Die Zusammenarbeit mit anderen Aufklärungsstellen ist sehr eng. In einem Flyer (Werbebroschüre) der Sekten-Info Essen heißt es: »Der Sekten-Info Essen e. V. ist Mitglied im Deutschen Paritätischen Wohlfahrtsverband (DPWV), in der Aktion für geistige und psychische Freiheit (AGPF) und im europäischen Zusammenschluss der im Bereich neue religiöse und ideologische Gemeinschaften und Psychogruppen arbeitenden Informations- und Beratungsstellen (F.E.C.R.I.S.). Darüber hinaus besteht ein Kooperationsvertrag mit dem Informations- und Dokumentationszentrum IDZ der Aktion Jugendschutz des Landes NRW. Die Arbeit wird zu einem großen Teil vom Land NRW sowie der Stadt Essen finanziert. Die Deckung der Gesamtkosten

muss jedoch durch Spenden gewährleistet werden.« In einem anderen Informationsblatt der Sekten-Info Essen e. V. aus dem Jahr 2004 heißt es außerdem: »Das Bereitstellen von Informationen über eine bestimmte Gruppe bedeutet nicht, dass die Berater und Beraterinnen diese in jedem Fall als konfliktträchtig einschätzen.« Die Beratung bildet den Schwerpunkt der Arbeit. Außerdem werden die Bereiche Prävention und Öffentlichkeitsarbeit angeboten. Die Beratung ist kostenlos und unterliegt der Schweigepflicht. Trotz der betonten Neutralität der Tätigkeit dieser und anderer Informationsstellen zum Thema der so genannten Sekten und Psychogruppen werden die Mitarbeiter und die Einrichtungen von den meisten Gruppen angefeindet, nicht selten werden Prozesse angestrengt und Mitarbeiter bedroht.
➻ Aufklärung ➻ Elterninitiativen ➻ Sekten- und Weltanschauungsbeauftragte

Sektenmerkmale

So genannte Sekten und Psychogruppen weisen in ihrem inneren Kern strukturelle Merkmale auf, die auf alle Gruppen in mehr oder weniger ausgeprägter Form zutreffen. Zu solchen Merkmalen gehören u. a. das Vorhandensein einer Führerfigur, das Heilsversprechen und die Missionstätigkeit.

Selbstmord-Sekten

So genannte Sekten und Psychogruppen, die ihre Anhänger zum kollektiven Selbstmord auffordern, werden in den Medien mit dem Schlagwort Selbstmord-Sekten bezeichnet.
Solche Massaker, wie sie in regelmäßigen Abständen immer wieder vorgekommen sind, können verschiedene Ursachen haben: So kann es sich z. B. um eine Abwehrhandlung der Gruppe gegenüber einer vermeintlich äußeren Gefahr handeln, wie dies im April 1993 im texanischen Waco bei der Davidianer-Sekte der Fall war. David Koresh flößte seinen Anhängern während seiner Predigten eine große ➻ Angst vor der Außenwelt ein. Es hieß, dass es besser sei »in den Tod zu gehen«, als dem Feind in die Hände zu fallen. Als die Polizei das Anwesen stürmte, weil Nachbarn die Sekte angezeigt hatten, eskalierte die Situation. Aus Angst, dem Feind in die Hände zu

fallen, steckten die Sektenmitglieder das Anwesen in Brand und gingen gemeinsam in den Tod.
Eine weitere Ursache für den kollektiven Selbstmord besteht in der Möglichkeit, dass dieser Schritt von vornherein zur Lehre der jeweiligen Gruppe gehörte: So glaubten z. B. die 53 Mitglieder des französischen Ordens der Sonnentempler, welche im Oktober 1994 in der Schweiz tot aufgefunden wurden, daran, dass der Tod nicht existiere. Sie glaubten, nach ihrem kollektiven Tod auf dem Stern Sirius wiedergeboren zu werden, um dort eine neue Menschheit zu begründen. Im Dezember 1995 und im März 1997 kam es innerhalb des Sonnentempler-Ordens zu weiteren Selbstmorden. Aus vergleichbaren Motiven heraus ereigneten sich weitere Beispiele für Massenselbsttötungen in verschiedenen Gruppen: So begingen im März 1997 insgesamt 39 Mitglieder der amerikanischen Sekte Heaven's Gate (Himmelstor) gemeinsam Selbstmord. Sie hatten Schlafmittel, ➻ Alkohol und ein Opiat zu sich genommen. Beim Erscheinen des Kometen Hale-Bopp hatten sie geglaubt, dass nun das erwartete Ufo komme, welches sie von der Erde in eine andere Dimension transformieren würde. Im Januar 1998 wollten sich 32 Anhänger der Psychologin Heide Fittkau-Gate, einer Anhängerin der ➻ Brahma Kumaris, auf Teneriffa gemeinsam das Leben nehmen. Sie glaubten an die Lehre, dass »alle Seelen die Reise nach Hause in die Seelenwelt« antreten können. Durch das Eingreifen der spanischen Polizei konnte das Unglück rechtzeitig verhindert werden.
Obwohl sich derartige Massaker bislang vorrangig im Ausland abgespielt haben, gehen Sektenexperten davon aus, dass Ähnliches sich unter Umständen auch in Deutschland ereignen könnte.
➻ Massenselbstmord

Self-fulfilling prophecy

Wenn eine Person vom Eintritt eines Geschehens oder Ereignisses überzeugt ist, kann ihr Verhalten und Handeln dazu beitragen, dass dieses tatsächlich geschieht. Dies trifft u. U. auch zu, wenn es sich um ein negatives Ereignis handelt, welches man eigentlich vermeiden sollte. Dieses psychologische Phänomen wird Self-fulfilling prophecy (»Selbsterfüllende Prophezeiung«) genannt.

Sendungsbewusstsein

Als Sendungsbewusstsein wird im allgemeinen Sprachgebrauch die Einstellung von Personen und/oder Gruppen verstanden, dass die von ihnen vertretene religiöse Lehre oder Weltanschauung auch von Außenstehenden angenommen werden muss. Experten bezeichnen u. a. die extreme Missionstätigkeit von Mitgliedern so genannter christlicher Sekten als »Sendungsbewusstsein«.
Im Bereich des Psychomarktes halten sich Menschen mit Sendungsbewusstsein u. a. für fähig, kranke Menschen durch Handauflegen zu heilen. Hierbei gehen sie von dem Glauben aus, dass ihnen die übernatürlichen Fähigkeiten von Gott gegeben wurden.
➻ Bertschinger-Eicke, Erika ➻ Bruno Gröning-Freundeskreise ➻ Fiat Lux ➻ Geistheiler ➻ Wunderheiler

Shepherding-Principle

(engl.: shepherd = Schafhirte)
Unter den so genannten Sekten gibt es einige Gruppierungen, die das Shepherding–Principle anwenden, ein im Wesentlichen als autoritär und hierarchisch zu charakterisierendes Führungsprinzip. Die Mitglieder sollen sich wie Schafe in hohem Maße ihrem »Hirten« (i. S. d. Gruppenleitung) unterordnen. Ein Beispiel ist die u. a. die United Bibel Fellowship (UBF), die von ihren Mitgliedern fordert, dass sie jede Form von Fehlverhalten öffentlich rechtfertigen. Auch die ➻ Boston Church of Christ (BCC) verfährt nach dem Shepherding-Principle. Jedem neuen Mitglied wird ein persönlicher Hirte zugeordnet. Die Kontrolle kann sich durch alle Lebensbereiche ziehen.
➻ Hierarchie ➻ Kontrollieren ➻ MacKean, Kip

Shiva

Shiva, übersetzt »der Gnädige«, ist neben ➻ Brahman und ➻ Vishnu einer der drei Hauptgötter des ➻ Hinduismus. Hindus, die Shiva als höchsten Gott verehren, heißen Shivaiten. Die vielen Kulte, die Shiva gewidmet sind, bilden zusammen den Shivaismus.

Siebenten-Tags-Adventisten

Entstehungsgeschichte

Die bei weitem größte Gruppe der ➻ Adventisten ist jene der Siebenten-Tags-Adventisten. Sie zählt nach eigenen Angaben weltweit circa 13 Millionen Mitglieder (Stand 2002), davon in Deutschland etwa 35000 (Stand 2001). Die Kirche entstand zwischen 1844 und 1855 unter der Leitung der drei amerikanischen Milleriten Joseph Bates sowie James und Ellen White, wurde aber erst 1863 offiziell gegründet.

Lehre

In der Lehre ihrer Kirche sind zwei Grundsätze maßgebend: der Glaube an die sichtbare, persönliche Wiederkunft Christi zu einem frühen, jedoch unbestimmten Zeitpunkt sowie die Einhaltung des Sabbats. Die Mitglieder glauben an die Bibel als einzige religiöse Autorität und vertrauen insbesondere der wörtlichen Auslegung der Weissagungen. Für sie ist allein Barmherzigkeit ausschlaggebend für die Erlösung. Die Siebenten-Tags-Adventisten praktizieren u. a. die Erwachsenentaufe, die Fußwaschung sowie das Feiern des Abendmahls. Der Lehre zufolge ist der Körper der Sitz des Heiligen Geistes. Deshalb ist Gesundheit für sie ein Hauptanliegen. Demzufolge meiden sie den Genuss von Fleisch und Rauschmitteln.

Gegenwärtige Situation und Verbreitung

Die Kirche ist in allen Teilen der Welt verbreitet und ihre Publikationen werden in zahlreichen Sprachen gedruckt. Die Siebenten-Tags-Adventisten sind als Körperschaft öffentlichen Rechts in vielen deutschen Bundesländern anerkannt.

Unterorganisationen und Abspaltungen

Weltweit betreiben die Siebenten-Tags-Adventisten Hunderte von Krankenhäusern und Kliniken. Ihre Tätigkeiten werden über ein Spendensystem, den so genannten Zehnten (ein Zehntel des Einkommens der Mitglieder) und über freie ➻ Spenden finanziert. Von allen protestantischen Religionsgemeinschaften leiten die Siebenten-Tags-Adventisten eines der größten Schulsysteme.

➻ Körperschaftsstatus

Siloismus

Die ➻ Gemeinschaft wird nach ihrem Gründer Mario Luis Rodgiguez Cobos alias Silo auch Siloismus genannt. Silo ist das selbstgewählte Pseudonym des Gründers.

Sonnentempler-Orden

Im Oktober 1994 sorgte der französische Sonnentemplerorden mit 53 Toten weltweit für Aufsehen. Luc Joured, der Führer der Gruppe, ging gemeinsam mit seinen Mitgliedern in den Tod. Gegründet worden war der Orden der Sonnentempler am 24. Juni 1976 von Di Mambo in Genf und hatte sich in der Folgezeit nach Frankreich und Kanada ausgebreitet. Am 7. Februar 2000 schrieb die Französische Regierungsbehörde zur Bekämpfung der Sekten in einem Artikel, dass die Sonnentempler trotz der rituellen Selbstmorde allem Anschein nach noch aktiv sind. Aufgrund der bisherigen dramatischen Vorfälle, die sich im Umfeld dieser Gruppierung ereignet haben, werden sie jedoch stärker vom Staat beobachtet. Experten äußern die Befürchtung, dass es im Umfeld einiger so genannter Sekten und Psychogruppen – möglicherweise auch in Deutschland – zu ➻ Massenselbstmorden kommen könnte. ➻ apokalyptische Endzeiterwartung ➻ Selbstmord-Sekten

Spagyrische Tinkturen

Spagyrische Mittel basieren in erster Linie auf den mittelalterlichen Vorstellungen der Alchemie: Zerkleinerte Pflanzenteile werden mit Hefe vergoren oder mit Weingeist versetzt und wiederholt destilliert. Als Hauptvertreter mittelalterlicher Spagyrik gilt der Arzt Theophrastus Bombastus von Hohenheim (1493–1541), auch unter dem lateinischen Namen Paracelsus bekannt. Die moderne Spagyrik geht auf den selbstberufenen Wunderheiler Carl-Friedrich Zimpel (1801–1879) zurück. Dessen Heilkunde basierte vor allem auf astrologischen Gegebenheiten. Die Leiterin des Ordens ➻ Fiat Lux, ➻ Erika Bertschinger-Eicke alias Uriella, stellt beispielsweise über hundert verschiedene Heilmittel her, u. a. Ätherampullen gegen Leukämie, Tuberkulose, Multiple Sklerose und Aids. Die meisten Mitglie-

der des Ordens sind von der Wirksamkeit dieser Heilmittel, die im Orden Spagyrische Tinkturen genannt werden, überzeugt. 1996 verstarben einige Mitglieder des Ordens, weil sie den Arztbesuch verweigerten und stattdessen auf die Heilmittel Uriellas zurückgegriffen. Uriella wurde daraufhin vom Landgericht Waldshutthingen wegen fahrlässiger Tötung angeklagt. Die Klage wurde jedoch abgewiesen, da der Nachweis nicht erbracht werden konnte, dass sie ihre Anhänger gezielt vom Arztbesuch abgehalten hatte. Gegenwärtig empfiehlt Uriella ihren Mitgliedern, im Krankheitsfalle unbedingt einen Arzt aufzusuchen.
➻ Apotheke Gottes ➻ Das Heilmittelgesetz ➻ Positivliste ➻ Wunderheiler

Spenden

Mit dem Begriff Spenden bezeichnet man freiwillige Zuwendungen, die Personen zum Beispiel gemeinnützigen Organisationen aber auch Parteien zukommen lassen. Diese Spenden können neben Geldleistungen auch Sach- bzw. Dienstleistungen umfassen. Häufig werden die Mitglieder so genannter Sekten von der Leitung zu Spenden aufgefordert. Durch die Spenden der Mitglieder können sich diese Gruppen auf lange Sicht finanzieren.

Spiritismus

(lat.: spiritus = Hauch, Geist)
In der Psychologie und den Religionswissenschaften wird als Spiritismus die Lehre von den Beziehungen zwischen den Geistern von Verstorbenen und Lebenden bezeichnet. Dabei wird angenommen, dass die Toten mit den Lebenden durch einen Hellseher oder durch ein ➻ Medium in Verbindung treten können. In Deutschland befassen sich u. a. die Abteilung für Psychologie und Grenzgebiete der Psychologie der Universität Freiburg im Breisgau, das Institut für Grenzgebiete der Psychologie und Psychohygiene e. V. und die Gesellschaft zur Förderung der Parapsychologie e. V., die alle ihren Sitz in Freiburg im Breisgau haben, mit diesem Phänomen.
➻ Okkultismus ➻ PSI ➻ Qui-ja Brett

Spontanheilungen

Als Spontanheilungen werden Heilungen ohne therapeutisches Zutun bezeichnet. ➻ Neue Medizin ➻ Placeboeffekt

Steinbruchexegese

Unter dem Begriff Steinbruchexegese versteht man, dass einzelne Bibelverse zur Argumentation herangezogen werden. Dazu werden diese aus ihrem eigentlichen Kontext gelöst und ohne auf den ursprünglichen Sinn im Zusammenhang mit einem größeren Textabschnitt zu achten, verwendet. Es gibt so genannte Sekten, welche in ihren Argumentationen häufig nach der Steinbruchexegese verfahren, d. h. sie suchen sich aus der Bibel diejenigen Stellen heraus, die scheinbar zu dem Sachverhalt passen.
➻ Zeugen Jehovas

Straßenwerbung

Einige so genannte Sekten betreiben ihre Mission in Form von Straßenwerbung. Die bekannteste Gemeinschaft darunter sind sicherlich die ➻ Zeugen Jehovas, die in vielen großen und kleineren Städten zum gewohnten Straßenbild gehören. Sie bieten Passanten auf der Straße die Zeitschriften ➻ »Wachtturm« und ➻ »Erwachet!« an. In der Regel ist mit der Straßenwerbung das Ziel verbunden, neue Mitglieder für die Bewegung zu werben.
➻ Mission

Strukturvertriebe

Unter einem Strukturvertrieb ist der Definition nach ein Verkaufssystem zu verstehen, das sich darauf beruft, dem Kunden die Möglichkeit zu geben, selbst Vertreter der jeweiligen Firma zu werden. Der Kunde konsumiert also das gekaufte Produkt in der Regel nicht nur selbst, sondern reicht es darüber hinaus als freier, meist nebenberuflicher Handelsvertreter noch an andere Kunden weiter. Hierfür erhält er Provisionen. Diese werden für gewöhnlich nicht nur für die

eigenen Verkäufe gezahlt, sondern auch für diejenigen, die von Leuten erzielt wurden, welche der Kunde zuvor als Käufer geworben hatte. An jedem Verkauf verdienen also mehrere, manchmal auch viele Personen. Seriöse Strukturvertriebe richten sich ausschließlich an Handelsvertreter i. S. d. § 84-92 c Handelsgesetzbuch (HGB), was rechtlich unbedenklich ist. Strukturvertriebe haben für gewöhnlich eine Pyramidenstruktur und funktionieren nach dem Schneeballsystem. Sie sind in den USA auch unter den Begriffen Network Marketing oder ➻ Multi-Level-Marketing bekannt. Die Mitglieder von Strukturvertrieben sollen sich nach Möglichkeit mit dem Produkt, das sie vertreiben, identifizieren können. Die starke Einbindung der Mitglieder in den Vertrieb kann dazu führen, dass dem Vertrieb ähnliche Heilserwartungen entgegen gebracht werden, wie man dies bei Mitgliedern so genannter Sekten und Psychogruppen beobachten kann. Auch können Strukturvertriebe eine ebenso starke Innenbindung aufweisen, wie sie in der Regel bei Sekten und Psychogruppen vorkommt. Manche Mitglieder ordnen dem Vertrieb alle anderen Lebensbereiche unter.
➻ AMWAY ➻ Pyramidenspiele

Studenten-Sekten

University Bible Fellowship (UBF) und ➻ C.A.R.P, der studentische Zweig der ➻ Vereinigungskirche (➻ Mun-Bewegung), wurden in den 80er Jahren unter dem Schlagwort Studenten-Sekten zusammengefasst, da sie ihre Anhänger verstärkt an Universitäten unter Studenten warben. ➻ Shepherding-Principle

Suche

Menschen, die sich so genannten Sekten oder Psychogruppen anschließen, sind häufig auf der Suche nach einem tieferen Lebenssinn.

Sucht

Als Sucht kann in der allgemeinsten Betrachtungsweise eine psychische und/oder physische Abhängigkeit definiert werden. Die Mitgliedschaft in einer so genannten Sekte oder einer Psychogruppe kann im Einzelfall zur ➻ Abhängigkeit führen, die von Experten mit dem Begriff Sekten-Sucht bezeichnet wird. Die Betroffenen weisen häufig spezifische Reaktionen auf, die man sonst nur bei Suchtkranken beobachten kann, wie z. B. Entzugserscheinungen nach Austritt aus der Gruppe.

Synkretismus

Der Begriff Synkretismus (griech.) bezeichnet in der Religionswissenschaft die Verschmelzung alter und neuer religiöser Lehren zu einem neuen, in sich stimmigen Ganzen, wobei die Herkunft der verschiedenen Elemente, die im Zuge dieser Synthese meist eine Reinterpretation erfahren, noch zu erkennen sein muss. In der ➻ Esoterik werden häufig religiöse und weltanschauliche Bausteine aus unterschiedlichsten Bereichen ausgewählt, miteinander verbunden und neu definiert. Auch im ➻ Christentum und im ➻ Islam finden sich Elemente des ➻ Judentums und anderer Religionen.

System der Dinge

In der Lehre der ➻ Zeugen Jehovas wird die Außenwelt als so genanntes »böses« System der Dinge bezeichnet, welches in der Schlacht von ➻ Harmagedon untergehen wird. Der Lehre gemäß ist das »System der Dinge« feindlich und steht unter der Herrschaft Satans, während das Heil dagegen im inneren Kern der Gruppe zu finden sei. Die Zeugen Jehovas werden von der Gruppenleitung angehalten, sich vom so genannten System der Dinge möglichst fern zu halten (»Ihr seid kein Teil der Welt«). ➻ Dualismus

Tafelrunden

Die Tafelrunden sind eine besondere Variante der ➻ Schenkkreise. Gegründet wurden sie in Osnabrück. Die Teilnehmer sind nur Männer. An der Spitze steht der so genannte König. Es folgen in der Hierarchie die Edelleute, die aus vier Rittern und acht Knappen bestehen. Die Geldübergabe wird als »Krönung des Königs« bezeichnet. Sie findet für gewöhnlich in einem gediegenen Ambiente statt. Oft werden mittelalterliche Utensilien verwendet (Thron, Königsumhang, Krone, Ritterschläge, Schwertträger etc.) Jeder beschenkte König zahlt einen Beitrag, der 200 Euro in der Regel nicht übersteigt. Tafelrunden fallen in Deutschland unter den ➻ § 168, 168 a (1) StGB und gelten von daher als sittenwidrig. ➻ Frauen für Frauen

Tagesanbruch Bibelstudien-Vereinigung

1929 spaltete sich in Pittsburgh/USA eine Gruppe Ernster Bibelforscher von der ➻ Wachtturm-Gesellschaft ab. Sie trafen sich in der alten Bibelhaus-Kapelle ➻ Russels und propagierten die Rückkehr zu dessen Lehren, die sie bei den Anhängern ➻ Rutherfords zum Großteil preisgegeben sahen. Die Tagesanbruch Bibelstudien-Vereinigung, die vor allem in den USA einen gewissen Einfluss besitzt, betrachtet sich bis in die Gegenwart als »Hüterin der Lehren Charles Taze Russels«.
➻ Präsidenten ➻ Zeugen Jehovas ➻ Russeliten

Tantra

Der Begriff Tantra bezeichnet eine Gruppe von esoterisch religiösen Schriften und ➻ Ritualen des ➻ Hinduismus und ➻ Buddhismus. Der buddhistische Tantrismus ist die dritte große Schulrichtung des Buddhismus, die sich aus dem ➻ Mahayana-Buddhismus entwickelte. Heute ist der Tantrismus nur noch in Nordindien zu finden.

Tarnnamen

Einige so genannte Sekten und Psychogruppen gründen ➻ Unterorganisationen, deren Namen in der Öffentlichkeit einen geringen Bekanntheitsgrad haben und die vorhandenen Verbindungen zur ursprünglichen Bewegung oder Gruppe verschleiern. Manche Gruppen führen Veranstaltungen unter diesen Tarnnamen durch.
➻ Mission

Tarot

Tarot ist der Name eines Kartenspiels, das in erster Linie zur Selbstfindung genutzt wird. Tarot ist einer der ältesten Kartensätze: Er war bereits im frühen 14. Jahrhundert in Italien bekannt. Ein Tarotblatt besteht aus 78 Karten, von denen 22 symbolisch Objekte oder Figuren darstellen, die »Großen Arkana«. Zu den »Großen Arkana« gehören z. B. Narr, Gaukler, Wagen, Gerechtigkeit, Rad, der Gehängte, der Tod, der Teufel und der Turm. 56 Karten stellen die so genannten »Kleinen Arkana« dar. Zu diesen gehören jeweils 14 Karten mit der Symbolik der Schwerter, der Stäbe, der Münzen und der Kelche.
➻ Divination ➻ Wahrsagen

Telekinese

(griech.: tele = fern, kinein = bewegen)
Es handelt sich um die Fähigkeit eines Menschen, allein durch seine Gedanken Gegenstände zu bewegen. Dies geschieht ohne sie zu berühren und ohne sichtbare pysikalische Erklärung.
➻ Okkultismus ➻ Parapsychologie ➻ Spiritismus

Terrorismus

Die Bezeichnung Terrorismus ist die Sammelbezeichnung für politisch motivierte Gewaltkriminalität extremistischer Organisationen, Gruppierungen oder Einzelpersonen in Form von gezielten, direkten Aktionen gegen hohe Funktionsträger in Staat, Wirtschaft und Gesellschaft oder gegen symbolträchtige Einrichtungen und Institutionen. Ziel des Terrorismus ist es, durch Androhung und Verwendung von Gewalt, die Verbreitung von ➻ Angst und Schrecken zu erreichen und durch die Schaffung eines Klimas der tiefen Verunsicherung und Bedrohung, die bestehende politische und gesellschaftliche Ordnung zu destabilisieren. Damit soll der Boden für eine grundlegende politisch-gesellschaftliche Umwälzung bereitet werden. Terroristische Aktivitäten konzentrieren sich häufig auf gezielte Einzelaktionen wie z. B. Anschläge auf öffentliche Gebäude und Einrichtungen, Entführungen von Personen oder Flugzeugen. Rücksicht auf mögliche Opfer in der Zivilbevölkerung wird in aller Regel nicht genommen.

Gegenwärtig ist der Terrorismus international, wobei die radikale, fundamental-islamische Richtung zunehmend in den Vordergrund tritt. In den eigenen Ländern ist der islamistische Terror primär auf die Schaffung islamischer Staatswesen ausgerichtet, wie etwa in Algerien und Afghanistan, aber auch in Palästina, wo einige der Widerstandsgruppen wie z. B. die Hamas die Errichtung eines islamischen Palästinenser-Staates anstreben. Ideologische Hauptgegner von Teilen der arabischen Welt und vor allem des fundamentalistischen Islam aber sind (neben Israel) die westlichen Industrieländer, allen voran die USA. Dementsprechend werden durch terroristische Aktionen zunehmend Ziele außerhalb der islamisch-arabischen Welt attackiert. Der bisher dramatischste Terroranschlag in der Geschichte der USA ereignete sich am 11. September 2001: Terroristen entführten vier Verkehrsflugzeuge und steuerten zwei der Maschinen in die beiden Türme des World Trade Centers in New York. Die Türme gingen in Flammen auf und stürzten binnen kurzer Zeit ein; das dritte Flugzeug lenkten sie in das Pentagon bei Washington D.C., den Sitz des Verteidigungsministeriums. Die vierte Maschine sollte vermutlich Camp David, den Landsitz des amerikanischen Präsidenten treffen, stürzte aber nahe Pittsburgh ab. Die Zahl der Todesopfer ging in die Tausende.
➻ Fundamentalismus ➻ Islamischer Fundamentalismus

The Way International

– christlicher Hintergrund –

Entstehungsgeschichte

The Way International ist eine religiöse Organisation, die von ➻ Victor Paul Wierville (1916–1985) gegründet wurde. Wierville stammte aus Ohio und war Mitglied der fundamentalistischen Evangelikal and Reformed Church. Ab 1941 war er als Pastor tätig. 1942 empfing er nach eigenen Angaben direkt von Gott die Weisung, das Wort unverfälscht zu verkünden. 1955 gründete er die Bibelvereinigung The Way. Seine Bibelforschung entfernte ihn so weit von seiner Kirche, dass er 1958 austreten musste. Im Zuge der ➻ Jesus-People-Bewegung der 60er Jahre begann für die Bewegung ein Aufschwung unter dem Namen The Way International. Wierville wollte im Auftrage Gottes dessen unverfälschtes Wort über die ganze Welt verbreiten. Als er 1985 starb übernahm L. Craig Martindale die Leitung der Gruppe.

Lehre

Die Lehre von The Way wird in kostenpflichtigen Kursen vermittelt. Zentral ist der Kurs »Kraft für das Leben in voller Genüge«, der den Teilnehmern die Befreiung von Furcht, Zweifeln, Armut und Krankheit verspricht. Wichtig und markant sind die Ablehnung der Gottheit Jesu, der Trinität und der Zugehörigkeit der Evangelien zum Neuen Testament, die Betonung der Gaben des Heiligen Geistes, insbesondere das Zungenreden und die Kraft der Heilung. Die Anhänger Wiervilles verstehen sich als Auserwählte Gottes und wollen ihre Lebensform und ihr Verständnis von Christentum weltweit verbreiten.

Gegenwärtige Situation und Verbreitung

Das Hauptquartier von The Way International befindet sich auf einem ehemaligen Farmgelände in New Knoxville/Ohio, dem Heimatort Wiervilles. Die Organisation wird symbolisch mit einem Baum verglichen: Der Stamm ist das Zentrum in New Knoxville, die Seitenarme mit ihren Ästen werden von den verschiedenen nationalen Bewegungen gebildet, die weiteren Stadtzentren sind die Zweige und jedes Mitglied ist ein Blatt. Die Bewegung findet sich jährlich bei unterschiedlichen Festivals zusammen, z. B. bei dem »Rock of Ages« in Amerika und den »Frühlingstreffen« in Deutschland. Besondere Aufmerksamkeit wird jenem Treffen geschenkt, wo die Botschafter rekrutiert werden. Diese genießen einen besonderen Status innerhalb der Bewegung. Die Botschaftergruppen – auch WÜW genannt (Wort über die Welt) – verpflichten sich für ein Jahr, »das Wort Gottes über die Welt zu bewegen« und neue Mitglieder zu werben. Sie leben in Wohngemeinschaften mit strengen Regeln zusammen. Jede »Botschafter-Familie« wird von einem Familienkoordinator geleitet, der die Verantwortung für die Zweiggemeinschaft besitzt und die Aufgabe hat, alle Aktivitäten der Familie zu koordinieren. Er hat das letzte Wort bei allen Entscheidungen und er berichtet dem so genannten Landeskoordinator regelmäßig über die Vorkommnisse innerhalb des jeweiligen Zweiges. Das Botschafterprogramm schreibt weiter vor, dass jeder WÜW-Botschafter einer geregelten Arbeit von zwanzig Stunden wöchentlich nachgehen soll und mindestens 48 Stunden in der Woche missioniert. Die Botschafter verpflichten sich in der Regel für ein Jahr. Die Bewegung ist in 61 Ländern der Welt verbreitet und verfügt über 10000 bis 20000 Mitglieder.

Unterorganisationen und Abspaltungen

Die Bewegung tritt unter verschiedenen Bezeichnungen, Unterorganisationen und Splittergruppen auf: Im englischen Sprachraum verbreitet sind vor allem: The Way International, The Way Corps, Spirit & Truth Fellowship International, Truth of Tradition, Christian Educational Services (CES), Biblical Unitarians, Rock of Ages Festivals, American Christian Press, Power of Abundant Living, The Way of Abundance and Power.

In Deutschland gibt es keine direkten Untergruppen von The Way International. Der Weg e. V. ist nicht mit The Way International identisch. Der deutsche Verein stand ursprünglich mit The Way International in Verbindung, hatte sich aber ca. 1987/88 völlig von der amerikanischen Bewegung getrennt und scheint auch seit Mitte der 1990er Jahre nicht mehr aktiv zu sein.

➻ Fundamentalismus ➻ Mission

Theosophische Gesellschaft

(griech.: theos = Gott, sophia = Weisheit)

Der Begriff Theosophie ist die allgemeine Bezeichnung für philosophische und theologische Denkansätze, die versuchen, durch philosophische Untersuchungen und durch mystische Schau eine höhere Erkenntnis Gottes und des Göttlichen zu gewinnen. Die Theosophische Gesellschaft wurde 1875 von Helena Petrowna Blavatsky (1831 –1891) in New York gegründet. Zielsetzung der theosophischen Gesellschaft war es, ein universelles Prinzip zu finden, das alle Religionen miteinander verbindet. Auf diese Weise wollte man zur vollen Wahrheit über Gott gelangen. Das Selbstverständnis der Theosophen ist von daher nicht die Religion, sondern die Gottesschau. Es handelt sich bei der Theosophischen Gesellschaft um eine Weltanschauungsgemeinschaft, die Okkultismus und Spiritismus des 19. Jahrhunderts mit hinduistischen und buddhistischen Vorstellungen verbindet. 1923 bildete sich die Anthroposophische Gesellschaft, die sich von der Theosophischen Gesellschaft abspaltete. Helena Petrowna Balvatsky starb am 8. Mai 1891 in London. Grundlage der Theosophischen Gesellschaft sind die Bücher »Isis entschleiert« (1877) und »Die Geheimlehre« (1888) von Helena Petrowna Balvatsky. Die Theosophische Gesellschaft besteht bis in die Gegenwart. Die Mitglieder treffen sich in regelmäßigen Zusammen-

künften. Im Rahmen dieser Zusammenkünfte wird u. a. Lehrmaterial besprochen, welches von der Theosophischen Gesellschaft herausgegeben wird. Die Teilnahme ist kostenlos. Die Versammlungszentren befinden sich in Deutschland u. a. in Stuttgart, Bonn, München und in Österreich.
➻ Buddhismus ➻ Hinduismus ➻ Okkultismus ➻ Spiritismus

Therapie

Der Begriff Therapie bezeichnet allgemein die Behandlung einer Krankheit. Eine Therapie umfasst die Behandlung und Pflege eines Patienten mit dem Ziel, eine körperliche oder geistige Schädigung bzw. Beeinträchtigung zu beheben. Viele Psychogruppen bieten ihren Mitgliedern eine Therapie an. Oft wird dabei nicht auf den ersten Blick deutlich, welche Ziele und tatsächlichen Möglichkeiten mit diesem Vorgang verbunden sind.
➻ Psychogruppen ➻ Psychotherapeutengesetz

Thetan

Das Ziel der Lehre von ➻ Scientology besteht darin, den Menschen zu einem so genannten ➻ Thetan, einer Art geistigem Übermenschen, werden zu lassen. Nach der Lehre ➻ L. Ron Hubbard besteht der Mensch aus Body (Körper), Mind (Geist, Sinn, Verstand) und dem Thetan. Die wahre Identität des Menschen sei die Geistseele, die sich von Körper zu Körper reinkarnieren müsse.
➻ Church ➻ Reinkarnation

Thora

Das heilige Buch der Juden ist die ➻ Bibel. Sie wird im Jüdischen Tenach genannt. Das ist eine Abkürzung aus den hebräischen Namen der drei Hauptteile: Thora (Bücher der Gebote), Newiim (Bücher der Propheten) und Chetuwim (Bücher der Schriften). Der Tenach wird von den Christen als Altes Testament bezeichnet und ist Teil der christlichen Bibel. Von den drei genannten Teilen ist die Thora der wichtigste. Darin steht die Geschichte des Volkes Israel und der Stammväter Abraham, Isaak und Jakob. Dort findet sich auch die Geschichte von Moses, der die Zehn Gebote von Gott empfing und sie dem Volk Israel überbrachte. Man nennt die Thora auch die Fünf Bücher Mose oder den Pentateuch. Die Zehn Gebote, die auch das Christentum übernommen hat, sind der bekannteste Teil. Die Thora und die anderen Teile des Tenach sind Hebräisch geschrieben. In jeder Synagoge, dem jüdischen Gebets- und Versammlungshaus, wird mindestens eine handgeschriebene Thora aufbewahrt. Im Laufe eines Jahres wird die Thora in Abschnitten einmal ganz vorgelesen. Es ist eine Ehre für jedes Gemeindemitglied, aus der Thora vorzulesen.

➻ Judentum ➻ Weltreligionen

Tier 666

Die Zahl 666 erscheint im biblischen Buch der Offenbarung des Johannes Kapitel 13, Vers 18: »Wer Verstand hat, berechne den Zahlenwert des Tieres. Denn es ist die Zahl eines Menschennamens; seine Zahl ist sechshundertsechsundsechzig.« Aleister Crowley, der Begründer des Satanismus, glaubte, dass das Tier 666 der ➻ Antichrist sei. Eine Abspaltung der ➻ Adventisten, die »Missionsgesellschaft zur Erhaltung und Förderung adventistischen Glaubensgutes« meint, das Tier 666 und den Antichrist in der Person des Papstes ausgemacht zu haben. Sie fügen dem lateinischen Namen des Papstes »Vicarius Christi« (Statthalter Jesu Christi) bewusst fälschlicherweise das Wort Filii (= des Sohnes) hinzu, damit der Zahlenwert der lateinischen Buchstaben (V = 5, I = 1, C = 100 usw.) mit der Zahl 666 übereinstimmt.

Titan

Titan war ein ➻ Kettenspiel, das von dem gelernten Chemie-Laborant Andreas Metzler in den 80er Jahren in Deutschland ins Leben gerufen wurde. Jeder Spieler zahlte ca. 5400 DM ein. Der Spieler durfte sich anschließend »Gastgeber« nennen. Der Gastgeber erhielt für jeden neugewonnenen Mitspieler ungefähr 800 DM Provision, die restlichen 4600 DM reichte er nach oben weiter. Aufstiegschancen zum Marketingleiter, Marketingdirektor, Landesdirektor und

Kreativdirektor waren möglich. Der Bundesgerichtshof hatte Titan als sittenwidrig und strafbar eingestuft. Seitdem laufen gegen die ehemaligen Betreiber von Titan mehrere Strafverfahren. Seit 1998 werben in Nordrhein-Westfalen jedoch Mitarbeiter der Firma Dr. Krüger Forschung und Vertrieb GmbH für ein Systemlottospiel der Firma TIP MIT System Management AG. Die Verbraucher-Zentralen und Rechtsexperten warnen vor diesen beiden Firmen. Der Grund ist, die Macher, die Organisation und die Vertriebsmethoden ähneln stark früheren so genannten Schnellballsystemen bzw. Kettenspielen. So arbeiten im Vertrieb des TIP MIT-Spiels, den die Firma Krüger übernommen hat, viele ehemalige Mitarbeiter der Firma Titan mit. Nach Recherchen des WDR ist das Lottogeschäft aber nur vorgeschoben. In Wirklichkeit drängen die Vertriebsleute darauf, neue Lotto-Lizenzen an »Mitspieler« zu verkaufen. Die Preise liegen bei rund 6 000 DM. Gegen die Vertragsgestaltung und die Methoden von TIP MIT ermittelt die Staatsanwaltschaft Frankfurt.
➻ Pyramidenspiele ➻ § 168, 168 a (1) StGB

Tvind-Bewegung

Die Tvind-Bewegung ist eine Unterorganisation der ➻ Humana-Tvind-Bewegung.

Transzendentale Meditation TM

– hinduistischer Hintergrund –

Entstehungsgeschichte

Gegründet wurde die Transzendentale Meditation 1958 durch Maharishi (der große Weise, geb. 1918) in Indien. Gezielte Werbekampagnen (z. B. Beatles, Rolling Stones als TM-Anhänger) führten zu einer starken Verbreitung der Bewegung in Amerika und in Deutschland.

Lehre

Ziel der Lehre ist es, mit Hilfe verschiedener Meditationsformen eine Stärkung der Leistungsfähigkeit sowie Abbau von Stress und das Erreichen persönlicher Erfolge zu erlangen. Es wird davon ausgegangen, dass es einen Zustand des transzendentalen Seins gäbe, in dem die geistige Kreativität erfahrbar werden würde. Die innere Ruhe der Meditierenden soll sich u. a. positiv auf den Weltfrieden auswirken. Die neuen Mitglieder erhalten ein ➻ Mantra, das zweimal täglich 20 Minuten lang während der Meditationssitzungen wiederholt werden soll. Das Mantra wird auf diese Weise zu einer Art Bindeglied zwischen dem Meditierenden, Maharishi und der TM-Organisation. Von besonderer Bedeutung sind der so genannte Maharishi-Effekt und das ➻ Yogische Fliegen, Phänomene, welche die TM-Organisation in breiten Teilen der Öffentlichkeit bekannt gemacht haben.

Gegenwärtige Situation und Verbreitung

Die Verbreitung erfolgt durch Plakate, Seminare, Anzeigen, öffentliche Vorträge und durch Ärzte.
Die Transzendentale Meditation ist in etwa 140 Ländern der Welt vertreten. Man schätzt, dass in Deutschland gegenwärtig rund 100000 Personen TM betreiben.

Unterorganisationen und Abspaltungen

- Deutsche Kulturstiftung
- Gesellschaft der Weltregierung des Zeitalters der Erleuchtung
- Gesellschaft für transzendentale Meditation (GTM)
- Internationale Meditationsgesellschaft
- Maharishi Ayurveda Gesundheitszentrum
- MERU (Maharishi European Research University)
- Naturgesetz Partei
- Studentische Internationale Meditationsgesellschaft (SIMS)
- VDÄ (Vereinigung deutscher Ärzte zur Förderung der Gesundheit durch TM)
- Vedisches Friedenskonzept e. V.
- Vereinigung meditierender Juristen in Deutschland e. V.
- Wissenschaft der Kreativen Intelligenz (WKI)

➻ Ayurveda ➻ Meditation ➻ Naturgesetzpartei

UFF

Die Bewegung Humana-UFF, die überwiegend in Skandinavien Altkleidersammlung betreibt, und DAPP (»Development Aid for People to people«) sind Föderationen der ➻ Humana-Tvind-Bewegung deren Hauptaufgabe im Sammeln von Altkleidern besteht.

Universelles Leben

– christlicher Hintergrund –

Entstehungsgeschichte

Die Gründerin des Universellen Lebens ist ➻ Gabriele Wittek, geborene Maden. Als am 12. November 1970 ihre Mutter starb, die ihr eine enge Vertraute war, kam es zu einem Schlüsselerlebnis. Gabriele Wittek sah ihre Mutter im Astralleib im Badezimmer stehen. Sie vernahm zu dieser Zeit erste ➻ innere Worte und geriet durch eine Nachbarin in spiritistische Zirkel. 1974 erschien ihr – nach eigenen Angaben – zum ersten Mal ein Geist namens »Bruder Emanuel«, der sich auch »Emanuel der Cherub« nannte. Im Januar 1975 erschien dieser Geist zum zweiten Mal und überbrachte ihr die Botschaft des Herrn. Gabriele Wittek sah sich selbst fortan als ➻ Medium, durch das Gott seine Lehre verkünde. Es heißt, Jesus Christus habe ihr im Jahre 1975 das Amt der Prophetin übertragen und ihr seinen mächtigen Plan enthüllt, den sie an ihre Anhänger weitergibt.

Lehre

Das Universelle Leben versteht sich selbst als die urchristliche Kirche Jesu Christi. Es heißt, dass die Amtskirchen sich im Laufe der Jahrhunderte stark vom Idealbild der Urkirche entfernt hätten und dadurch die Lehre Jesu Christi verfälscht worden sei. Die Lehre des Universellen Lebens ist eine Mischung aus New Age-Gedankengut, ➻ Esoterik, apokalyptischer Prophezeiungen, Karma- und Reinkarnationsvorstellungen. Der Mensch müsse viele Wiedergeburten erleben und so sein ➻ Karma, die Summe aller guten und bösen Taten aus allen Leben, erarbeiten. Christus habe zwar das Menschheitskarma getilgt, aber jeder einzelne müsse sich dennoch selbst erlösen. Die ➻ Bibel wird kritisch betrachtet, weil in ihr nachweislich Fälschungen, Verdrehungen und Widersprüche vorhanden seien. Die Bergpredigt Jesu wird dagegen vorbehaltlos als wahr anerkannt und als Richtschnur für ethisches Handeln angenommen. Charakteristisch für die Lehre des Universellen Lebens ist auch der starke Glaube an einen nahen Weltuntergang, an den sich ein tausendjähriges Reich des Friedens anschließen würde. Die Mitglieder sollen zu »wahren Christenmenschen« werden. Um diesen Zustand schneller zu erreichen, soll der Mensch bestimmte ➻ Ernährungsvorschriften beachten. So wird u. a. vom Kaffee- und Fleischkonsum abgeraten.

Gegenwärtige Situation und Verbreitung

Seit 1975 bestehen Zellen des späteren ➻ Heimholungswerkes Jesu Christi (HHW) in Nürnberg und Würzburg. Seit 1980 sieht sich Gabriele Wittek als das einzige Bindeglied zwischen Gott und Welt und wird seitdem als »Prophetin der Jetztzeit« bezeichnet. Sie könne nach dem Glauben ihrer Anhänger neue Inhalte (➻ Neuoffenbarungen) vermitteln. Mitte der 80er Jahre benannte sich das Heimholungswerk in Universelles Leben um, da die Botschaften, die Wittek an ihre Anhänger weitergibt, innerhalb der Gemeinschaft als »universelle Wahrheiten« gelten. Am 6. März 1985 gründete das Universelle Leben in Frankfurt a. M. einen Verein mit dem Ziel, »positive Kräfte der Welt« zu sammeln, die bei der Verbreitung und Anwendung der Lehre Jesu Christi und der Herstellung der Harmonie des Lebens mitwirken würden. Die Lehre Jesu Christi soll in Wort, Schrift und Tat sowohl auf nationaler als auch internationaler Ebene erneuert werden. Das Universelle Leben betreibt zudem biologischen Landbau und vermarktet die Produkte in hauseigenen »Christusbetrieben«. Es ist daneben durch eine eigene »Christusklinik« auf dem Gebiet alternativer Medizin tätig. Besonders wichtig ist für das Universelle Leben der pädagogische Bereich: 1985 kam es zur Gründung des Vereins Kindergartenland e. V. und 1991 wurde der Schulverein »Ich helfe dir« e. V. gegründet. Seit 1995 übernimmt die »Bundgemeinde Neues Jerusalem« die Verantwortung für das Universelle Leben. Dabei handelt es sich um ca. 800 Mitglieder, die in Wohngemeinschaften zusammenleben und zum inneren Kreis der Gruppe gehören. Seit Ende 2000 ist der Aufbau eines so genannten Friedensreiches im Landkreis Würzburg zentrales Anliegen. Die Zahl der Anhänger des Universellen Lebens wird weltweit auf 100000 (davon ca. 40000 in Deutschland) geschätzt (Stand Juni 2004).

Unterorganisationen und Abspaltungen

- All Sein Beteiligungs-Fonds GmbH
- Gut zum Leben GmbH
- Haus des Gemeinwohls
- Naturklinik Michelrieth
- Schulverein e. V. Esselbach
- Verlag »Das Wort«

➻ apokalyptische Endzeiterwartung ➻ Neuoffenbarungsgruppen ➻ Reinkarnation ➻ Spiritismus ➻ Vegetarische Kost

Ufo-Glaube

Von Ufoglaube spricht man, wenn bei Personen oder Gruppen die Auffassung vorherrscht, dass Außerirdische Wesen die Erde in UFO's (von engl.: unidentified flying object = unidentifiziertes fliegendes Objekt) besuchen und dass diese Besucher eine höhere Wahrheit vermitteln, die zu einem Glaubenssystem oder einer Religion zusammengefasst wird. Eine Form des Ufoglaubens ist der ➻ Raelismus.➻ Fiat Lux ➻ Santiner

Unterorganisationen

Es gibt so genannte Sekten und Psychogruppen, welche Unterorganisationen bilden, die in der Öffentlichkeit wenig bekannt sind. Unterorganisationen haben meist das Ziel, neue Mitglieder für die Bewegung zu werben. ➻ Tarnorganisationen

Veda

Die Heilige Schrift der Hindus wird als Veda bezeichnet.
➻ Hinduismus

Vegetarische Kost

In den meisten so genannten Sekten mit hinduistischem Hintergrund ist der Verzicht auf Fisch und Fleisch Vorschrift. Aber auch viele so genannte Sekten mit christlichem Hintergrund geben Ernährungsregeln vor: So wird z. B. im ➻ Universellen Leben und im Orden ➻ Fiat Lux der Verzicht auf Fleisch und Fisch verlangt. Bei Fiat Lux wird zudem generell von gekochtem Essen abgeraten. Nach Ansicht des Ordens würde die Nahrung im Magen auf 60 Grad erhitzt (anstelle des Wortes Magen wird in der Lehre des Ordens Fiat Lux die Wortschöpfung »Magenmund« gebraucht). Dieser Vorgang sei – so die Auffassung der Ordensmitglieder – notwendig, weil Störungen im Organismus auftreten könnten, wenn der Mensch bereits gekochte Nahrung aufnimmt. Daher ist bei Fiat Lux die Ernährung auf Rohkost ausgerichtet. ➻ Ernährungsvorschriften ➻ Hinduismus

Verein

Nach dem Grundrecht der Vereinigungsfreiheit (Artikel 9 GG) ist jedem Bürger der Bundesrepublik Deutschland die Gründung eines Vereins freigestellt. Als Verein wird ein dauerhafter Zusammenschluss von Personen verstanden, die unter einer beschlossenen Satzung gemeinsamen Interessen nachgehen bzw. diese vertreten. So genannte Sekten und Psychogruppen gründen häufig einen Verein, wobei eine Vereinsgründung auch steuerrechtliche Vorteile mit sich bringt.
➻ Bewegung ➻ Gemeinde ➻ Kirche ➻ Spenden

Vereinigungskirche

Die ➻ Mun-Bewegung ist in der Öffentlichkeit auch unter dem Namen Vereinigungskirche bekannt.

Verfolgungsängste

In so genannten Sekten und Psychogruppen besteht häufig eine große Abweichung zwischen Fremd- und Selbstbild. Die Diskrepanz zwischen dem Bild, das die Gruppenmitglieder von sich haben und dem Bild, das sich die Außenwelt von der Gruppe macht, kann dazu führen, dass sich die Mitglieder von der Außenwelt abgelehnt fühlen. Nicht selten entstehen im Gruppenmitglied Verfolgungsängste.

Verhaltenskontrolle

Manche Mitglieder so genannter Sekten und Psychogruppen entwickeln die Tendenz, sich einer intensiven Verhaltenskontrolle zu unterwerfen. Diese Kontrolle kann selbst die intimsten Bereiche betreffen. Der Begriff der so genannten Verhaltenskontrolle stellt nach ➻ Steven Hassan eine Komponente der so genannten Bewusstseinskontrolle dar, der die Mitglieder von Sekten und Psychogruppen häufig ausgesetzt sind. Grundlegend für das Verständnis der ➻ Bewusstseinkontrolle ist die Theorie der Kognitiven Dissonanz (L. Festinger, 1950). Nach Festinger versucht der menschliche Geist stets Verhalten, Gefühle und Verstand in Übereinstimmung miteinander zu bringen. Zu starke Diskrepanz zwischen Verhalten, Gefühlen und Verstand versuche der Mensch dadurch auszugleichen, dass er die Komponenten entsprechend seiner Möglichkeiten anpasst. Hierbei wird im Allgemeinen davon ausgegangen, dass die Gedanken das Handeln beeinflussen. Jedoch begründet diese Theorie auch den umgekehrten Vorgang: Wenn man das Verhalten eines Menschen verändert, so ändern sich auch seine Gedanken und seine Gefühle. In so genannten Sekten herrscht häufig eine starke Kontrolle des Verhaltens der einzelnen Mitglieder, da man sich in diesen Gruppen nicht selten rituellen (streng strukturierten) Abläufen und einem strikt organisierten Tagesablauf anpassen muss. Diese umfassende Verhaltenskontrolle kann so – nach Hassan – im Laufe der Zeit zu einem veränderten Bewusstsein führen.

Verräter

Aussteiger aus so genannten Sekten und Psychogruppen fühlen sich nicht selten schuldig, weil sie glauben, die Gruppe verraten zu haben. In manchen Fällen werden die Schuldgefühle durch die Lehre der jeweiligen Gruppe verstärkt. So sieht die Lehre der ➻ Zeugen Jehovas vor, Aussteiger als »Abgefallene« zu bezeichnen und jeglichen Kontakt mit ihnen zu meiden. ➻ Ausstieg

Vishnu

Vishnu, übersetzt mit »der Alldurchdringende«, ist neben ➻ Shiva und ➻ Brahman eine der drei großen Gottheiten des ➻ Hinduismus. Seine Anhänger werden »Vaishnavas« genannt. Die vielen religiösen Bekenntnissen und Praktiken Vishnus werden unter dem Oberbegriff Vishnuismus zusammengefasst.

VPM

Verein zur Förderung der psychologischen Menschenkenntnis
– therapeutischer Hintergrund –

➻ Friedrich Liebling gründete 1955 zusammen mit seinem Pflegesohn, dem namhaften Psychologen Josef Rattner, in Zürich die

Psychologische Lehr- und Beratungsstelle. Diese Einrichtung legte den Grundstein für die 1967 von Liebling selbst so benannte Zürcher Schule, aus der später der VPM hervorging. ➻ Friedrich Liebling war Autodidakt und kein wissenschaftlich ausgebildeter Psychologe. Sein ➻ Sendungsbewusstsein und die charismatische Ausstrahlung seiner Persönlichkeit führten dazu, dass seine Veranstaltungen bald viel Zulauf unter den politisch links stehenden Arbeitern und Intellektuellen fanden. Zeitweise war der Zulauf so groß, dass als Therapieform u. a. auch die ➻ Großgruppentherapie verwandt wurde. ➻ Liebling starb am 28. Februar 1982. Nach seinem Tod übernahm Annemarie Buchholz-Kaiser die Leitung der Zürcher Schule. Am 24. August 1986 gründete sie mit ehemaligen Anhängern Lieblings den Verein zur Förderung der Psychologischen Menschenkenntnis (VPM), der fortan unter ihrer Leitung stand. Im März 2002 hat sich der VPM überraschend selbst aufgelöst.
➻ Großgruppentherapie

Volltrancebotschaften

➻ Erika Bertschinger-Eicke, die im Orden ➻ Fiat Lux als ➻ Medium dient, empfängt nach ihren eigenen Angaben während eines Zustandes der Volltrance Botschaften direkt von Gott. Diese Volltrancebotschaften gelten innerhalb des Ordens als ➻ Neuoffenbarungen Gottes und der Mutter Maria. ➻ Neuoffenbarungsgruppen

Wachtturm

»Der Wachtturm«, eine Zeitschrift der Zeugen Jehovas, erscheint in zweiwöchigen Abständen und wird in Deutschland von der Wachtturm Bibel- und Traktat-Gesellschaft der Zeugen Jehovas e.V. in Selters/Taunus herausgegeben. Die Gesamtauflage pro Heft beträgt weltweit ca. 16,5 Millionen Exemplare. Die Zeitschriften Der »Wachtturm« und ➻ »Erwachet!« werden kostenlos von den ➻ Zeugen Jehovas an Interessierte abgegeben, die Kosten hierfür tragen die Verkündiger der ➻ Wachtturm-Gesellschaft (➻ Zeugen Jehovas).

Wachtturm-Gesellschaft

Die Wachturm-Gesellschaft ist das organisatorische Zentralorgan der ➻ Zeugen Jehovas. Ihr offizieller Name lautet in Deutschland vollständig: Wachturm Bibel- und Traktat-Gesellschaft der Zeugen Jehovas e. V., der Sitz befindet in Selters/Taunus. Sie wird von einem ➻ Präsidenten und den ihm unterstellten Direktoren geleitet. In Deutschland ist die Gesellschaft als eingetragener ➻ Verein anerkannt.

Wahrsagen

Die Zukunftsdeutung durch übersinnliche Methoden wird auch als so genanntes Wahrsagen bezeichnet.
➻ Aberglaube ➻ Divination ➻ Esoterik ➻ Tarot

Weiße Magie

Weiße Magie dient dazu, die Wirkungen der so genannten ➻ Schwarzen Magie zu beheben und ihnen entgegenzuwirken. Im Mittelalter umfasste die Schwarze Magie Hexerei, Zauberei und die Anrufung von Dämonen; die Weiße Magie hingegen beschäftigt sich mit ➻ Astrologie und Kräuterkunde.
➻ Hexen ➻ Magie ➻ Wicca

Weltpfingstkonferenz

Seit 1947 findet alle zwei bis drei Jahre die Weltpfingstkonferenz statt, an der die meisten Pfingstkirchen teilnehmen. Nach einer Schätzung von 1987 gibt es ca. 146 Millionen Mitglieder der Pfingstkirchen.
➻ Pfingstlerbewegung

Weltreligionen

Als Weltreligionen werden religiöse Bewegungen bezeichnet, die weltweit die höchste Mitgliederzahl aufweisen. Zu den fünf Weltreligionen gehören ➻ Christentum, ➻ Judentum, ➻ Buddhismus,

➻ Hinduismus und der ➻ Islam. Die höchste Mitgliederzahl, mit weltweit über 1,5 Milliarden Menschen, weist das Christentum auf. Dann folgt der Islam mit ca. 1 Milliarde Anhängern, der Hinduismus mit 735 Millionen Anhängern, Buddhismus mit 300 Millionen Menschen und das Judentum mit 17,4 Millionen.

Werk

– christlicher Hintergrund –

Entstehungsgeschichte

Das Werk ging aus einer bereits 1946 von der Belgierin Julia Verhaeghe (1910–1997) gegründeten Schwesterngemeinde hervor. Julia Verhaeghe wurde 1910 im belgischen Flandern geboren und stammte aus ärmlichen Verhältnissen. Im Anschluss an ihre Schulzeit arbeitete sie als Dienstmädchen. Nach ihrer Heirat mit dem Vikar Arthur Hillewaere wurde sie Mitglied der katholischen Arbeiterjugend. 1938 hatte sie nach eigenen Aussagen erste Visionen, in denen ihr mitgeteilt worden sei, dass Gott sie beauftragt habe, die Kirche vor dem Untergang zu retten. 1946 gründete sie eine Schwesterngemeinschaft namens »Paulusheim«. 1954 wurde diese Gruppe in »Opus Christi Regis« (Christkönigswerk) umbenannt. Später ging aus diesem Namen »Das Werk« hervor.

Lehre

Es handelt sich beim Werk um eine katholische Endzeitgemeinde. Die Mitglieder glauben, dass die Kirche vom Kommunismus bedroht sei und zusammenbrechen wird. Nach eigenen Angaben besteht der Auftrag des Werkes darin, »eine Familie Gottes zu sein, die die erlösende Gegenwart des Herrn ausstrahlt und so zu einem Abglanz des Geheimnisses der Kirche als Mystischer Leib wird«.

Gegenwärtige Situation und Verbreitung

Weltweit gibt es rund 250 Schwestern und 100 Priester. In Europa, Afrika und Jerusalem wirken Mitglieder in über 20 Häusern.

Unterorganisationen und Abspaltungen

Das Zentrum des Werkes ist das Kloster Thalbach in Österreich.

➻ apokalyptische Endzeiterwartung

Wicca

(engl.: wiccan = Hexe)
In den vergangenen Jahren hat in den modernen Gesellschaften allgemein das Interesse an okkulten Praktiken zugenommen. Als ein Resultat dieser Entwicklung ist das Auftauchen einer modernen Form der Hexerei, der so genannte Wicca-Kult, zu sehen. Das Wort »Wicca« leitet sich von dem englischen Wort »wit« (Weisheit, Wissen) ab. Der Wicca-Kult selbst ist in den 50er Jahren in England entstanden und setzt sich aus vielen heidnischen Religionen zusammen. Der Wicca-Kult ist in so genannte Coven unterteilt, die maximal 12 Mitglieder haben dürfen. Zentrales Werk des Wicca-Kultes ist das »Buch der Schatten«, das nur handschriftlich weitergegeben werden darf, um eine unkontrollierte Verbreitung zu verhindern. In diesem Buch sind Rezepte für Flugsalben und Heilzauber enthalten. Es steht auf dem gleichen Niveau wie das sechste und siebente Buch Moses.
➻ Hexen ➻ Mose, sechstes und siebentes Buch ➻Magie ➻ Okkultismus ➻ Schwarze Magie ➻ Weiße Magie

Wierville, Victor Paul

Victor Paul Wierville (1916–1985) gründete die Bewegung ➻ The Way International. Wierville war Pfarrer in der sehr konservativen »Evangelical and Reformed Church«. Nach eigener Aussage hörte er 1942 wie Gott zu ihm sprach und ihm sagte, dass er ihn führen wolle und dass »Wierville die Bibel genauer interpretieren wird als irgendjemand seit der Zeit der Apostel«. 1948 kaufte sich Wierville einen Doktortitel von einer Titelschmiede in Colorado. 1953 begann er Kurse unter dem Titel »Power for Abundant Living« abzuhalten. Einige Jahre später erfolgte sein Austritt aus der Kirche, die ihn wegen seiner unorthodoxen Lehren stark kritisiert hatte. In den folgenden Jahren wurden seine Lehren bezüglich der Trinität und der Natur von Christus immer unähnlicher zu den in den christlichen Kirchen vertretenen Auffassungen. Aus der ➻ Jesus-People-Bewegung der 60er Jahre bekam die Gruppe einigen Zustrom. In den 70er Jahren veranstaltete sie jährliche Rockfestivals, z. B. das »Rock of Ages Festival«, wo sie ebenfalls Mitglieder gewann. 1982 zog sich Wierville offiziell von der Leitung zurück und setzte stattdessen L. Craig Martindale ein.

WISE

Zur Unterstützung ihrer wirtschaftlichen Interessen hat die Scientology-Organisation 1979 das World Institute of Scientology Enterprises (WISE) gegründet, das insbesondere in den Bereichen Immobilien und Personalwesen aktiv ist. Kritiker behaupten allerdings, WISE ziele auf die Gewinnung von einflussreichen Personen in der Wirtschaft ab. Die Scientology-Organisation wird in Deutschland seit Juni 1997 von den Verfassungsschutzbehörden beobachtet.
➻ Hubbard, L.Ron ➻ Scientology ➻ Unterorganisationen ➻ Tarnorganisationen

Wissenschaft der Kreativen Intelligenz

Der Inder Mahesh Pranad Varma begründete 1958 mit seinem Buch »Wissenschaft der Kreativen Intelligenz« die ➻ Transzendentale Meditation.

Wittek, Gabriele

Gabriele Wittek ist die Gründerin des ➻ Universellen Lebens. Wittek, geborene Maden, wurde am 7. Oktober 1933 als Tochter eines Schneidermeisters geboren. Sie wuchs in einem Münchener Vorort auf und wurde im katholischen Glauben erzogen. Wittek absolvierte eine Ausbildung zur Kontoristin. 1955, im Alter von 22 Jahren, heiratete sie den Ingenieur Rudolf Wittek. 1964 wurde die gemeinsame Tochter Michaela geboren. 1967 zog die Familie aus beruflichen Gründen nach Würzburg. Gabriele Wittek war in dieser Zeit viel allein zu Hause. Als am 12. November 1970 ihre Mutter starb, die ihr eine enge Vertraute war, kam es zu einem Schlüsselerlebnis. Gabriele Wittek sah ihre Mutter im Astralleib im Badezimmer stehen. Sie vernahm zu dieser Zeit erste ➻ innere Worte und geriet durch eine Nachbarin in spiritistische Zirkel. 1974 erschien ihr – nach eigenen Angaben – zum ersten Mal ein Geist namens »Bruder Emanuel«, der sich auch »Emanuel der Cherub« nannte. Im Januar 1975 erschien dieser Geist zum zweiten Mal und überbrachte ihr die Botschaft des Herrn. Gabriele Wittek sah sich fortan als ➻ Medium, durch das Gott seine Lehre verkündete. ➻ Heimholungswerk Jesu Christi ➻ Neuoffenbarungen ➻ Neuoffenbarungsgruppen

Wunder

Mit dem Begriff Wunder wird ein auf göttliche Einwirkung oder auf übernatürliche Kräfte zurückgeführtes Phänomen bezeichnet, das den Erkenntnis- und Erfahrungshorizont des Menschen übersteigt und den Gesetzen der Naturwissenschaften widerspricht. Traditionell besteht eine enge Verbindung zwischen Wunder und Glaube. Dies erklärt, warum wunderbare Ereignisse, insbesondere Heilungen, in so genannten Sekten und bei spirituellen Erneuerungen eine große Rolle spielen.

Wunderheiler

Zu den berühmtesten Vorläufern der heutigen Wunderheiler zählt der Wiener Arzt Franz Anton Mesmer (1734–1815). Er legte Patienten Hände auf, um kosmische Heilenergien zu übertragen. An dieser Vorgehensweise halten Wunderheiler bis in die Gegenwart fest. Häufig wird von diesen behauptet, dass man die Übertragung der kosmischen Heilenergie ohne weiteres auch in Abwesenheit der Person durchführen könne. Es bedürfe hierzu lediglich eines Fotos oder eines anderen Gegenstandes aus ihrem persönlichen Besitz. Heutige Wunderheiler teilen sich in zwei verschiedene Bereiche: esoterisch-spirituell und wissenschaftlich orientiert. Beide Richtungen verbindet die Gemeinsamkeit, dass sie sich auf übernatürliche oder kosmische Energien berufen. Diese sammeln sich angeblich in den Handflächen oder Fingerspitzen des Heilers und können als Heilkräfte an andere Menschen weitergegeben werden. Beide Bereiche weisen aber auch zentrale Unterschiede auf: Die esoterisch-spirituelle Richtung geht von der Vorstellung aus, dass die heilerischen Fähigkeiten von einer transzendentalen Macht (Gott, Engel oder Jesus) auf den Heiler übertragen worden sind. Die wissenschaftlich orientierte Richtung hingegen bemüht sich darum, die Effizienz des Verfahrens wissenschaftlich zu beweisen und rational zugänglich zu machen. Ein wissenschaftlich eindeutiger Beweis konnte bis in die Gegenwart jedoch nicht erbracht werden.

➻ Bertschinger-Eicke, Erika ➻ Bruno Gröning-Freundeskreise ➻ Fiat Lux ➻ Geistheiler ➻ Sendungsbewusstsein

Wünschelrute

Der Begriff Wünschelrute bezeichnet einen gegabelten Stab aus Metall oder Holz. Wünschelruten dienen in der Regel dazu, unterirdische Vorkommen (Wasserquellen oder Mineralvorkommen) aufzuspüren. Der Rutengänger muss die Wünschelrute mit beiden Händen umklammern. Es heißt, dass die Wünschelrute über der Reizzone ausschlagen würde. Einige Wissenschaftler können gegenwärtig die Effizienz dieser Methode nicht völlig ausschließen.
➻ Esoterik

Yin und Yang

Die Begriffe Yin und Yang stammen aus der chinesischen Philosophie. Yang bedeutet Himmel und bezeichnet die männliche, verstandesmäßig ausdehnende Kraft. Yin bezeichnet das weibliche Prinzip (Erde). Wenn beide Zeichen zu einem einzigen Symbol vereint werden, wird die Überwindung der Gegensätze abgebildet.

Yoga

Yoga bezeichnet eine Form der körperlichen und geistigen Entspannung, die auf eine Strömung der indischen Philosophie zurückgeht. Mit Hilfe von Körperübungen und bestimmten Sitzpositionen sowie kontrolliertem Atmen soll vollkommene Konzentration erzielt und der Körper aus der Last des Daseins befreit werden. Ziel ist die Selbstvervollkommnung durch die Harmonisierung von Körper, Geist und Seele sowie die Vereinigung mit dem göttlichen Geist und das Erlangen der vollkommenen Konzentration. Das Erlernen von Yoga sollte immer auch eine Veränderung der Ernährungs- und Lebensweise mit sich bringen.
➻ Hinduismus ➻ Esoterik

Yogisches Fliegen

Das Yogische Fliegen lernt man in den Siddhi-Kursen für Fortgeschrittene. Das Fliegen ist in Wirklichkeit ein Hüpfen. Der Meditierende schnellt in sitzender Haltung einen Augenblick lang hoch, fällt dann aber unverzüglich wieder auf den Boden. Die ➻ Transzendentale Meditation wirbt u. a. mit Bildern von »fliegenden Menschen« neue Mitglieder.

Z.E.G.G

Entstehungsgeschichte

Das »Zentrum für experimentelle Gesellschaftsgestaltung« (Z.E.G.G) ist aus einer Idee des promovierten Soziologen und Diplompsychologen ➻ Dieter Duhm (Jg. 1942) und der evangelischen Theologin und ehemaligen Prostituierten Sabine Lichtenfels entstanden und wurde 1991 in der brandenburgischen Stadt Belzig gegründet. Duhm war ein wichtiger Denker der 68er Bewegung. Er gehörte einer Richtung an, die unter dem Begriff »Sexpool« bekannt wurde. Ihre Anhänger versuchten, die damals aktuelle Forderung nach einer freieren Sexualität zum Bestandteil einer alternativen Politik zu machen. Duhm wollte nicht nur den Kapitalismus überwinden, sondern auch das Privatleben verändern. Ebenso wie ➻ Otto Mühl sah er als größtes Hindernis einer neuen Gesellschaft die Kleinfamilie. Wohngemeinschaften, Kommunen und Kooperativen sollten diese ersetzen. 1978 gründete Duhm mit Studenten und Studentinnen die ➻ Bauhütte e. V., welche mittlerweile aufgelöst ist. Duhms Ziel war es, ein funktionierendes Modell für eine humane Lebenspraxis zu schaffen. Verschiedene Einflüsse verbanden sich in der Bauhütte e. V.: Marxistische Ideen, ➻ Zen-Buddhismus, Elemente aus der Psychoanalyse und der Kunstgeschichte. Duhm hatte Kontakt zu Otto Mühl und zur ➻ AAO.

Lehre

Grundgedanke des Z.E.G.G. ist die These, dass die befreite Sexualität ein Weg ist, um alles Übel von der Erde zu verbannen. ➻ Dieter Duhm selbst vertritt die Ansicht, dass an »unerlöster Liebe mehr Menschen sterben als an Autounfällen«. Die sexuelle Energie wird als Heilungsenergie bezeichnet. Sabine Lichtenfels, evangelische Theologin und ehemalige Prostituierte, ist neben Duhm eine der führenden Z.E.G.G.-Repräsentantinnen. Geplant ist die Errichtung des Projektes MEIGA 3000, einer Begegnungsstätte, in der freie Sexualität mit wechselnden Partnern gelebt werden soll.

Gegenwärtige Situation und Verbreitung
Die Gemeinschaft besteht gegenwärtig aus 80 Erwachsenen und Kindern. Im Kern stehen Mitarbeiter, die das Tagungszentrum und den Gemeinschaftsaufbau tragen. Verbreitung geschieht über Tagungen, Vorträge, Bücher, Videos und Internet.

Unterorganisationen
- Aktion Perestroika e. V.
- Delphinprojekt »ARION e. V«
- Forschungsschiff Kairos
- Haus der 1000 Möglichkeiten
- ➻ JETZT e. V. – Jugend entwickelt Zukunft
- La Massilia – Treffpunkt für Eros und Kultur
- La Massilia – Treffpunkt für Eros und Kultur Lanzarote (bis 1993 »Casa Las Piteras«)
- Ökotec GmbH für ökologische Forschung und Entwicklung
- Tamera – Zentrum für Humanökologie, Portugal (im Februar 1999 größtenteils abgebrannt)
- Verlag MEIGA
- Z.E.G.G. Universität (getragen vom Verein für eine humane Erde e. V.)
- Wüstencamp

➻ Reich, Wilhelm

Z.I.E.L

Das »Zentrum für individuelles und effektives Lernen« (Z.I.E.L) ist eine ➻ Unterorganisation von ➻ Scientology, die mittlerweile in vielen größeren und kleineren Städten Deutschlands tätig ist. Z.I.E.L verbreitet scientologische Methoden unter Schülern und Studenten mit dem Versprechen, schneller und effektiver zu lernen. Die Lehrbücher der Organisation stammen von ➻ L. Ron Hubbard, dem Gründer von Scientology. Der Zweck des Unterrichts ist in erster Linie die Heranführung der Kinder an die Scientology-Organisation.

Scientology treibt den Aufbau der Nachhilfegruppen intensiv voran. Mindestens elf Filialen von »Applied Scholastics«, der Dachorganisation von Z.I.E.L, gibt es bereits in Deutschland: In Velbert bei Wuppertal, Erzhausen bei Darmstadt, Kriftel bei Frankfurt, Heilbronn, Hartheim bei Freiburg, Hamburg, Berlin, Köln und München. Der Bereich der Auswirkungen scientologischer Methoden auf die Entwicklung von Kindern und Jugendlichen ist weitgehend noch unerforscht und bedarf nach Ansicht des nordrhein-westfälischen Innenministeriums »dringend der wissenschaftlichen Klärung. Immer häufiger sind deutsche Gerichte – insbesondere in Sorgerechts- und Vormundschaftssachen – mit diesen Fragestellungen befasst und benötigen dafür gesicherte Entscheidungsgrundlagen.«
➻ Tarnorganisationen

Zen-Buddhismus

Das Wort Zen leitet sich vom Sanskrit-Wort »dhyana« ab und bedeutet »Versenkung, Meditation«. Der Zen-Buddhismus steht in einer engen Verbindung mit dem ➻ Buddhismus, dem ➻ Hinduismus und dem ➻ Yoga. Gegründet wurde er aller Wahrscheinlichkeit nach um 520 n. Chr. in China durch den indischen Mönch Boddhidharma. Seine Schule wurde »Chan« genannt; später kam er nach Japan. Dort entstanden zwei Schulen des Zen, die Rinzai-Schule (begründet von Eisei, gestorben 1215) und die Soto-Schule (begründet durch Dogen, gestorben 1253). Zen ist eine Übung, die im Sitzen (vorzugsweise im Lotossitz) und im strengsten Schweigen vollzogen wird. Der Mönch oder Schüler übt sich darin, alle Gedanken und Gefühle, die aufkommen, loszulassen: »Denke das Nicht-Denken!« (Dogen). Ziel dieses – oft jahrzehntelangen – Übens ist die Erleuchtung (Satori) zu erreichen, die begrifflich nicht erklärt werden kann: »das ungeteilte absolute Sein« (Enomiya-Lassalle). Satori hängt mit der Selbstwerdung des Menschen wie auch mit den Gedanken der Mystik (Meister Eckhart) zusammen. Der Zen-Buddhismus wurde Anfang des 20. Jahrhunderts in den Westen vermittelt, u. a. durch die Schriften des Japaners Daisetz Taitaro Suzuki (1870–1966) über Zen. Suzuki wirkte auch in Amerika. Sein umfangreiches Werk beeinflusste die Beat-Generation (z. B. den Schriftsteller Jerome D. Salinger), die Psychotherapie und die ➻ Esoterik. Auch das ➻ Christentum entdeckte die Zen-Meditation. Der

Jesuit Hugo M. Enomiya-Lassalle (1898–1990), der in Japan missionierte und dem später selbst im Zen-Kloster die Erleuchtung zuteil wurde, lehrte seit 1967 Zen in Europa; er hatte Tausende von Schülern. Ein anderer berühmter Mittler war Karlfried Graf Dürckheim (1896–1988), der im Schwarzwald ein weltweit bekanntes Bildungszentrum begründete.
➻ Meditation ➻ New Age ➻ Karma

Zentrum

So genannte Sekten und Psychokulte treten in der Öffentlichkeit u. a. auch unter Bezeichnungen wie Zentrum, ➻ Bewegung, ➻ Kirche oder Orden auf.

Zeugen Jehovas

– christlicher Hintergrund –

Entstehungsgeschichte

➻ Charles Taze Russel (1852–1916), Sohn eines Kaufmanns, gründete 1870 die Ernsten Bibelforscher. 1879 entstand eine eigene Zeitschrift »Zions Wachturm und Verkünder der Gegenwart Christi«. Aus der Gründung dieser Zeitschrift entwickelte sich im Laufe der Jahre die ➻ Wachtturm-Gesellschaft, wie es sie in ihrer heutigen Form gibt. 1931 erhielt die Gemeinschaft unter dem ➻ Präsidenten ➻ Rutherford den Namen »Jehovas Zeugen«.

Lehre

Die Führer der Wachtturm-Gesellschaft, welche innerhalb der Organisation »Leitende Körperschaft der Zeugen Jehovas« genannt werden, erheben den Anspruch, ein eigenes theokratisch organisiertes Volk mit »richtiger Regierung und richtigen Gesetzen und richtigen Bürgern« zu sein (das »wahre« Volk Gottes). Die Zeugen Jehovas sind eine apokalyptische Endzeitgemeinschaft. Sie orientieren sich an einer eigenen Bibelübersetzung, der so genannten ➻ Neuen-Welt-Übersetzung, die von der Wachtturm-Gesellschaft herausgegeben wird. Das Kernstück der Lehre bildet der Glaube an Gott Jehova und an den nahen Weltuntergang. Nach der Vernichtungsschlacht

(➽ Harmagedon), welche nur die Zeugen Jehovas überleben würden, wolle Gott Jehova ein »Paradies auf Erden« errichten. Die gesellschaftlichen Aktivitäten der Zeugen Jehovas bestehen in der Hauptsache aus dem Predigtdienst und dem Verkauf der Schriften. Sichtbare Zeichen der Nächstenliebe (Krankenhäuser, Pflegestationen u. a.) werden in Erwartung des nahenden Weltuntergangs nicht gesetzt. Geburtstage, Feste wie Weihnachten, Ostern, Pfingsten oder Muttertag gelten als heidnische Gebräuche und werden in der Regel nicht gefeiert. Gewisse Sportarten, Liedersingen und Bastelarbeiten sind von der Wachtturm-Gesellschaft offiziell verboten. Auch die Mitgliedschaft in Parteien, Gewerkschaften, Verbänden und Vereinen ist nicht gestattet (»Ihr seid kein Teil der Welt«). Als unbiblisch abgelehnt wird auch die so genannte »Ernährung mit Blut«. Unter diesen Begriff fallen nicht nur alle Medikamente oder Lebensmittel, bei denen der Verdacht bestehen könnte, dass in irgendeiner Form Blut enthalten ist, sondern auch medizinische Bluttransfusionen.

Gegenwärtige Situation und Verbreitung

Die Verbreitung der Lehre geschieht mit Hilfe von Haus-zu-Haus ➽ Missionen und der Zeitschriften ➽ »Der Wachtturm« und ➽ »Erwachet!«. Darüber hinaus werden auf großen Kongressen neue Bücher und Schriften an die Mitglieder weitergegeben. Die Zeugen Jehovas versuchen seit 14 Jahren in Deutschland als Körperschaft des öffentlichen Rechts (KdöR) anerkannt zu werden. 1997 hatte das Berliner Oberverwaltungsgericht (OVG) verlangt, dass die Zeugen Jehovas die Demokratie achten müssen, um den ➽ Körperschaftsstatus zu erhalten. Das täten sie nicht, weil sie Bundes- und Kommunalwahlen für sich ablehnen und daran auch nicht teilnehmen. Das Oberverwaltungsgericht verlangt vor einer erneuten Entscheidung über den Körperschaftsstatus der Zeugen Jehovas eine definitive und aussagekräftige Beweislage zu folgenden Punkten:

Inwieweit Grundrechte der Kinder verletzt werden, wenn ihnen aus Glaubensgründen medizinisch notwendige Maßnahmen (Verabreichung von Blutprodukten) vorenthalten werden.

Inwieweit Grundrechte von Familienangehörigen, die aus der Gemeinschaft ausgeschlossen wurden, verletzt werden, weil sie häufig nicht nur von der Gemeinschaft, sondern auch von ihren eigenen Familienangehörigen abgegrenzt werden. (Denn diese gehören in der Regel der Gemeinschaft weiterhin an.)

Bestehen Verletzungen der Grundrechte bezüglich der freien Entfaltung der Persönlichkeit von Kindern?
Voraussichtlich entscheidet das Berliner Oberverwaltungsgericht (OVG) erst 2005, ob die Zeugen Jehovas rechtstreu genug sind, um den Körperschaftsstatus zu erlangen. In Deutschland waren 1998 ca. 172 000 Zeugen Jehovas tätig. Weltweit gibt es ca. 5,8 Millionen aktive Mitglieder (Stand 1998).

Unterorganisationen

- ➻ Freie Bibelgemeinde e. V.
- Kirche des Reiches Gottes
- ➻ Kitawala
- ➻ Laien-Heim-Missionierung
- Tagesanbruch

➻ Apokalypse ➻ Antichrist ➻ Ausstieg ➻ Blutkult ➻ Irrtum ➻ Steinbruchexegese ➻ System der Dinge ➻ Russeliten

§ 168, 168 a (1) StGB

In Paragraph 168 und 168 a (1) des StGB heißt es: »Wer ein Gewinnerwartungssystem, dessen Teilnehmern gegen Einsatz ein Vermögensvorteil unter der Bedingung in Aussicht gestellt wird, dass diesem oder einem damit in Zusammenhang stehenden System unter den gleichen Bedingungen weitere Teilnehmer zugeführt werden, und bei dem die Erlangung des Vermögensvorteils ganz oder teilweise vom bedingungsgemäßen Verhalten jeweils weiterer Teilnehmer abhängt (Ketten- oder Pyramidenspiel)
1. in Gang setzt oder veranstaltet
oder
2. durch Zusammenkünfte, Prospekte oder auf eine andere zur Anwerbung vieler Teilnehmer geeignete Weise verbreitet
oder
3. sonst die Verbreitung eines solchen Systems gewerbsmäßig fördert, ist mit Freiheitsstrafe bis zu sechs Monaten oder mit Geldstrafe bis zu 300 Tagessätzen zu bestrafen, es sei denn, dass das System bloß zu gemeinnützigen Zwecken veranstaltet wird oder bloß Einsätze geringen Wertes verlangt werden.
Wer durch die Tat eine größere Zahl von Menschen schwer geschädigt hat, ist mit Freiheitsentzug bis zu drei Jahren zu bestrafen.«

Stichwortverzeichnis

Y

Z

Literaturhinweise

Bender, Klaus-Martin/Grandt, Guido/Grandt, Michael: Fiat Lux – Uriellas Orden, München 1992. (Münchener Reihe im evangelischen Presseverband)

Cammans, Heide-Marie: Okkultismus – zwischen Suche und Sucht, Recklinghausen 1990. (Edition Bitter)

Eimuth, Kurt-Helmuth: Kinder in Sekten, Freiburg 1996. (Herder)

Eimuth, Kurt-Helmuth: Sektenratgeber – Informationen und Ratschläge für Betroffene, Freiburg 1997. (Herder)

Eimuth, Kurt-Helmuth (Hg.): Gott, Jehova, Krishna oder was – Kurzinformationen zu Sekten und religiösen Strömungen, Frankfurt a. M. 1997. (Evangelische Arbeitsstelle für Religions- und Weltanschauungsfragen)

Funke, Klaus (Hg.): Erste Auskunft »Sekten«. Herausgegeben vom Arbeitskreis Neue Jugendreligionen im Auftrag des Erzbistums Berlin, Leipzig 1999. (Benno Verlag)

Gandow, Thomas: Mun-Bewegung – Carp, Causa und Vereinigungskirche des San Myung Mun, München1993. (Münchener Reihe im Evangelischen Presseverband für Bayern)

Goldner, Colin: Die Psycho-Szene, Aschaffenburg 2000. (Alibri Verlag)

Goldner, Colin: Psycho – Therapien zwischen Seriosität und Scharlatanerie, Augsburg 1997. (Pattloch)

Gross, Werner: Psychomarkt – Sekten – destruktive Kulte, Bonn 1996 (Deutscher Psychologen-Verlag)

Haack, Annette/Haack, Friedrich-Wilhelm: Jugendspiritismus und -satanismus, München 1990. (Münchener Reihe im Evangelischen Presseverband für Bayern)

Haack, Friedrich Wilhelm: Die neuen Jugendreligionen Teil 2, Dokumente und Erläuterungen, München 1979. (Münchener Reihe im Evangelischen Presseverband für Bayern)

Haack, Friedrich Wilhelm: Jehovas Zeugen, München 1980. (Münchener Reihe im Evangelischen Presseverband für Bayern)

Hassan, Steven: Ausbruch aus dem Bann der Sekten, Hamburg 1993. (Rowohlt)

Hauth, Rüdiger: Hexen, Gurus, Seelenfänger: Einblicke in die Welt moderner Seelenfänger, Wuppertal 1994. (Brockhaus Verlag)

Hauth, Rüdiger: Kleiner Sektenkatechismus, Wuppertal 2004. (Brockhaus Verlag/ 7. überarbeitete Auflage)

Hemminger, Hansjörg: Was ist eine Sekte? Stuttgart 1995. (Quell)

Herrmann, Sascha/Schäfer, Andrew/Schmidt-Dominé, Joachim (Hg.): Im Labyrinth der Seelenfänger - die Arbeit der Sekten- und Weltanschauungsbeauftragten, Frankfurt a. M. 2002. (Gemeinschaftswerk der Evangelischen Publizistik)
Kaiser, Eva-Maria/Rausch, Ulrich: Die Zeugen Jehovas. Augsburg 1996. (Pattloch)
Keden, Joachim/Gehentges, Ursula/Hemminger, Hansjörg/Schmidt-Dominé, Joachim: Sekten, Geister, Wunderheiler. Orientierungshilfen für den Markt der Sinnanbieter, Neukirchen-Vluyn 1995. (Aussaat)
Klaus, Thomas: Der Messias mit dem Hakenkreuz, Leutkirch 1991. (Verlagswerkstatt)
Klöcker, Michael/Tworuschka, Udo: Religionen in Deutschland: Kirchen, Glaubensgemeinschaften und Sekten, München 1994. (Olzog)
Mandau, Luise: Tödlicher Sektenwahn, Essen; München 1995. (Bettendorf'sche Verlagsanstalt)
Nordhausen, Frank/von Billerbeck, Liane: Psycho-Sekten, Frankfurt a. M. 1999. (Fischer)
Reimer, Hans-Dieter (Hg.): Stichwort Sekten, Stuttgart 1995. (Quell Verlag)
Roderigo, Beate: Der Ausstieg aus einer Sekte – Strategien zur Problembewältigung: Beratung und Therapie.. In: Gross, Werner (Hg.): Psychomarkt/Sekten/Destruktive Kulte, Bonn 1996. (Deutscher Psychologen Verlag) S. 120ff.
Schulze-Berndt, Hermann: Basiswissen – Sekten, Kulte, Weltanschauungen, Gütersloh 2003. (Gütersloher Verlagshaus)

Weitere Informationen

Seelenernte – Wie Reinhard Bonnke die Menschheit retten will.« In der Reihe 37 Grad: ZDF 1996.

Websites im Internet:

www.adventisten.de
www.agpf.de
www.ezw-berlin.de
www.holosophic.org
www.iskcon.de
www.kath.ch/infosekten
www.ksa-hamm.de
www.mormonen.de
www.nak.de
www.opusangelorum.de
www.osho.com
www.religio.de
www.relinfo.de
www.scientology.de
www.sekten-sachsen.de
www.sequiem.de
www.sinus-ffm.de
www.srichinmoycentre.org
www.thefamily.org
www.transzendentale-meditation.de
www.universelles-leben.org
www.wohnhof.de
www.sekteninfo-essen.de

Und last but not least noch einmal ganz herzlichen Dank an die Mitarbeiter vom Sekten-Info Essen e. V., Rottstraße in Essen, vor allem Herrn Grotepass für die freundliche Unterstützung und natürlich an Marlies Schwochow.